Content Industries and Innovation

コンテンツ産業とイノベーション
テレビ・アニメ・ゲーム産業の集積
The Agglomerations of the Television Production, Animation and Console Videogame Industries.

半澤誠司
HANZAWA Seiji

勁草書房

目　次

第1章　序論 …………………………………………………………………… 1
　1　本書の主題　1
　2　用語の確認　2
　3　研究の社会的背景　6
　4　本書の構成　7

第2章　問題の所在と研究視角 ……………………………………………… 13
　1　文化産業の生産と流通　13
　2　文化産業の集積傾向とグローバル化　16
　3　文化産業集積におけるイノベーション、知識創造、学習概念再考　18
　4　文化産業におけるイノベーションを可能にする冗長性　27
　5　文化産業集積の分析視角　30

第3章　コンテンツ産業の立地と市場規模概観 …………………………… 37
　1　はじめに　37
　2　コンテンツ産業の立地　37
　3　コンテンツ産業の市場規模　43

第4章　テレビ番組制作業の地域的展開と産業集積 ……………………… 47
　1　はじめに　47
　2　日本のテレビ放送業の成立過程と特徴　49
　3　テレビ放送業と番組制作業の関係性　57

4　番組制作業の地理的構造　66
　　5　創造性および制作力の減退　83
　　6　小括　88

第5章　アニメーション産業における工程分業の進展と
　　　　産業集積の形成……………………………………………………………95
　　1　はじめに　95
　　2　アニメーション産業の概観　96
　　3　アニメーション産業の地理的構造　108
　　4　小括　117

第6章　アニメーション産業におけるデジタル化と地理的変容への
　　　　萌芽……………………………………………………………………123
　　1　はじめに　123
　　2　2000年代に生じたアニメ産業の変化　126
　　3　動画工程と仕上げ工程の作業効率格差　131
　　4　内製工程の強化　135
　　5　アニメーション産業集積の強みと限界　142
　　6　小括　145

第7章　家庭用ビデオゲーム産業における分業と産業集積……………151
　　1　はじめに　151
　　2　ゲーム産業の概観　153
　　3　ゲーム会社の立地と経営　162
　　4　産業集積発生の要因と集積利益　175
　　5　小括　179

第8章　家庭用ビデオゲーム開発技術の変化と福岡市におけるゲーム産業集積の誕生……………………………………………………187
　1　はじめに　187
　2　開発技術の変化と産業集積　188
　3　GFFを核とする福岡市におけるゲーム産業集積の形成　190
　4　開発様式と地域性　198
　5　小括　201

第9章　結論……………………………………………………………205
　1　分析枠組みと知見の整理　205
　2　創造的な場としての産業集積　207
　3　総括　214

参考文献
あとがき
事項索引
人名索引

第1章　序論

1. 本書の主題

　本書は、テレビ番組制作業・アニメーション（以下アニメと略す）産業・家庭用ビデオゲーム（以下ゲームと略す）産業という日本の代表的なコンテンツ産業を事例にして、イノベーションを継続的に発展させる地域とはいかなるものであるかを、経済地理学の視点から検討する試みである。ひいては、コンテンツ産業のように製品需要の不確実性が高い産業において継続的にイノベーションの成果が達成されるために欠かせない要素を明らかにすることを目指している。本書で論じたいのは、一個人・一作品・一企業といった個別事例の成功例あるいは失敗例ではなく、究極はコンテンツ産業の仕組みでもない。研究対象として取り上げているものは個別のコンテンツ産業であるが、その比較検討によって、継続してイノベーションが生まれる地域の社会的条件とはどのようなものであるかが本書の主題である。

　もちろん、たとえ主題が抽象的なものであろうと、それは事実の積み上げによって議論されるべきものであるため、個別産業の具体的な情報を粗略に扱う意図はない。むしろ、現場の情報を基盤として議論を展開することで、学問的な理論にも修正を加えながら、読者に対しては可能な限り「現場の実感」を届けるつもりである。この意図が成功しているか否かの判断はもとより読者に委ねるよりほかはない。ただ、本書で実施した調査の対象企業の大部分は、業界を代表するようないわゆる大手企業ではなく、相対的に中小規模でありながら実際の制作現場の主力を担っている企業群であり、それが本書の最大の特徴となっている。大手企業に焦点を当てて等閑視されたり、しばしばそれらが抱え

る困難な側面ばかりが強調されたりしがちなこれら企業の営みこそ、各産業の土台でありコンテンツ産業やイノベーションに関する様々な示唆が得られる豊潤な源泉であるという立場に本書は立脚している。

　ここで強調しておく必要があるのは、本書で結論づけるような社会的条件が揃ったとしても、全ての作品や企業が常にイノベーティブになるなどと主張するつもりは全くないことである。逆に、第2章で検証するように、そのようなことは現実的に不可能であるどころか、イノベーティブな作品自体がそもそも少数派にならざるを得ない。それゆえ、継続的に一定のイノベーションが生まれ続ける地域がいかなるものであるかを検討する際に重視すべきは、イノベーションに挑む主体が常に存在する状態の持続性 sustainability であって、個別の作品や企業の成功譚ではないとの立場に本書は立脚している。本書の視点は、いわば企業という木の営みにも極力目を配りながら産業や地域という林や森の理解を目指すものである。個別の作品や企業がどのようにすればイノベーティブになり得るかといった課題に対して本書の議論が結果的に寄与することがあったとしても、それはあくまでも副次的な産物である。それゆえ、本書の主題に答えるために、本書が焦点を当て解明しようとしている対象は、「そのような持続性を担保するために必要な地域的要素、特に集積利益は何か」である。

2. 用語の確認

　本論を進める前に、「コンテンツ産業 content industries」という用語だけではなく、それとほぼ同義で用いられることがあるものの、若干の相違がある「文化産業 cultural industries」や「創造産業 creative industries」といった用語の定義や含意と、本書における使い分け方を簡単に整理しておく必要がある[*1]。なぜなら、各種の文献や資料において、これら3つの用語の違いが意識されずに使用されている場合も少なくないが、本書ではそれぞれの用語が用いられるようになった背景にも留意して、使い分けを行うためである。

　これら3つの用語のうち、最も歴史が古いのが「文化産業」である。ただし、日本語では同じ「文化産業」と訳されてしまうが、英語では単数形の「The Culture Industry」と複数形の「cultural industries」では含意が異なっている。

前者の形でこの用語を初めて使用したHorkheimer and Adorno (1947) は、資本主義体制下において、音楽産業や映画産業のように、文化的な商品を大量生産し大衆に受動的な消費を強いることで大衆文化を生み出す産業を文化産業と呼び、人びとから批判能力や主体性を奪うものとして批判した。

　美学や社会学の分野では、今でも文化産業という用語がこの伝統的な意味で使われることがあるものの、後年になるにつれ、一般的な用法からはこのような含意が薄らいでいった。特に、1970年代にフランスの社会学者達が、HorkheimerとAdornoによる文化産業概念の一様性を拒否し、文化産業が内包する複雑性や多様性に目を向けて、Culture Industryをcultural industriesという用語に置き換えていった (Hesmondhalgh, 2013, p. 23-25)。現在の経済地理学においても、文化産業という用語を用いる場合には、批判的観点は皆無といってよく、基本的にcultural industriesが用語として使用されている。そして、文化産業を「実用目的に比べて主観的意味、より厳密には消費者にとっての記号的価値が高い財やサービスを生産する産業」(Scott, 2004) 程度の意味で理解し、地域経済の成長に欠かせない産業として肯定的に捉えてきた。そのため、定義が必ずしも明瞭ではないが、多くの論者は文化産業を多岐に渡る産業の集合体と捉えている。実際、映画、音楽、印刷メディア、美術館、服飾、宝飾などが文化産業とされ、いくつかの集団に分類する試みもなされてきた (Pratt, 1997, 2004; Scott, 2000, 2004; Power, 2003)[*2]。言い換えれば、「文化」の定義は曖昧にしたまま、一般的に「文化」とされる要素を利用した経済活動を行っている産業を、少なくとも経済地理学では「文化産業」と呼んできたのである。

　ただし、「創造産業」が政策用語としても学問用語としても一般化するにつれ、経済地理学でも、「文化産業」との区別は曖昧なままに「創造産業」が用語として使用されるようになってきた[*3]。この用語は、イギリスのブレア政権が自国のブランド化と経済振興を狙って1997年から始めた「クール・ブリタニア政策」の一環で作成した報告書である「Creative Industries Mapping Documents 1998」(DCMS, 1998) によって広まったもので[*4]、その定義は「個人の創造性や技能、才能が源泉となり、知的財産の生成と活用によって富と雇用を産み出す潜在力を有する産業」(DCMS, 2001, p. 5) とされていた。つまり、

創造産業であるか否かの判断基準として、文化性あるいは芸術性の高低や大量生産の有無ではなく、知的財産を活用して経済的成果を上げられるかに主眼が置かれたのである[*5]。クール・ブリタニア政策自体は発展的解消を遂げたが、類似の文化政策推進の動きは収まるどころか、むしろ先進国以外においても無視しえないものとして重要視されるようになった（中村, 2013）。このことからも分かるように、経済的観点からの当該産業に対する注目が世界的に高まるにつれ、「文化産業」よりも「創造産業」が使用されるようになってきたのも当然といえよう。

　日本においても、「創造産業」は徐々に市民権を得てきたが[*6]、今のところは「コンテンツ産業」の方が人口に膾炙しているといえるだろう。たとえば、2004年6月に「コンテンツの創造、保護及び活用の促進に関する法律（略称コンテンツ振興法）」が成立している。この法律が規定するコンテンツとは、「…映画、音楽、演劇、文芸、写真、漫画、アニメーション、コンピュータゲームその他の文字、図形、色彩、音声、動作若しくは映像若しくはこれらを組み合わせたもの又はこれらに係る情報を電子計算機を介して提供するためのプログラム（電子計算機に対する指令であって、一の結果を得ることができるように組み合わされたものをいう。）であって、人間の創造的活動により生み出されるもののうち、教養又は娯楽の範囲に属するもの」である。ゆえに、この法律の定義に従えば、コンテンツには演劇のような実演芸術も含まれるが、そうではなく娯楽性の強い情報財との認識も一般的である（田中, 2003; 出口, 2009）。実際、経済産業省が監修する形で2001年より毎年発行されており、日本のコンテンツ産業の概観把握に最も利用されている資料の一つであると思われる『デジタルコンテンツ白書』によれば、コンテンツの定義は、「様々なメディアで流通され、動画・静止画・音声・文字・プログラムなどによって構成される"情報の中身"」となっており（財団法人デジタルコンテンツ協会編, 2015, p. 4）、コンテンツ産業はメディア・情報産業の一種と捉えられている。

　こうした認識が一般的である要因として、そもそもコンテンツという概念が生まれた社会的背景が、情報化の進展にあったことが指摘できる。つまり、情報技術の進歩によって放送と通信の区別が曖昧になったように、たとえばテレビ放送・インターネット・Blu-rayといった異なる技術とインフラを使用した

媒体（メディア）を利用しても消費者は同一の映像作品を視聴できるため、映像のような情報の内容とそれを運搬あるいは格納するものであるメディアは分離可能な要素と捉えるのが自然になった結果、コンテンツ概念が成立したのである（福富, 2007）。したがって実演芸術などは、それが映像などに収められればコンテンツとなるが、そうでないならサービスの一種であり無形の情報財ではないため、本来的にはコンテンツ産業には含まれないと考えられる。

　以上を踏まえると、原義からすれば「文化産業」には大量生産型の大衆文化を産み出す産業のみが当てはまり、「創造産業」にはそれらに加えてデザインや実演芸術などの大量生産とも大衆文化とも捉えがたい産業も含まれている。そしてコンテンツ産業は、娯楽性のある無形の情報財を産み出す産業であるため、有形財を扱う服飾業や、財ではなくサービスを提供している観光業などは、一般的に含まれないといえる。

　このように、それぞれの用語が誕生した背景には大きな違いがあることから、指し示す範疇の線引きも可能ではある。しかし、それらの範疇はかなり重複している上に、論者や文脈による例外も多々みられるため、定義の厳格化は難しくその意義も薄いと考えられる。そこで本書では、それらの背景を踏まえて以下のように用語を使い分けるものの、あくまで本書の議論の円滑化を意図した便宜的なものであり、普遍性的定義ではない点には留意してもらいたい。

　まず、本書はいわゆる社会批判を目的とせず、経済地理学の視点から経済現象を扱うという立場に立脚することから、斯学で広く使われてきた「文化産業」を「生産物に創造性を含んでいて、いくらかの知的財産を体化し、象徴的意味を伝達する」(Throsby, 2001, p. 112) 財・サービスを扱う産業と定義し、その限りでは製造業や観光業あるいは実演芸術なども含むと理解する。この定義に基づくと、「文化産業」と「創造産業」が実質的に同義となるため、政策名などの固有名詞に触れる場合を除いて、本書では「創造産業」を用いない。一方「コンテンツ産業」は、文化産業の中でも情報財を扱う産業であると定義する。次章以降で明らかにするように、コンテンツが無形の情報財であるか否かは本書の議論において重要な意味を持つため、コンテンツ振興法の定義は採用しない。ただし、引用元となる資料がこれら3用語の使い分けを特に意識していないと判断した場合には、「コンテンツ産業」に関する情報として引用を

行っている。

3. 研究の社会的背景

　いずれの呼び方を用いるにせよ、クール・ブリタニア政策が 1997 年から開始されたことからも分かるように、こうした産業に対して経済的影響力の観点から注目が集まるようになったのは 1990 年代のことであり、経済地理学分野では 1990 年代後半以降である。研究成果の確認と検討については第 2 章に譲り、本節では当該産業に対する研究がこの時期から活発化した背景をみておこう。

　1970 年代に発生した二度の石油危機や、冷戦終結以降顕著になった中国などの新興国の隆盛によって、20 世紀中頃までの先進国の経済成長を牽引してきた大量生産型製造業の量産工程を先進国で維持することは困難になってきた。その結果、産業の空洞化に直面した先進国は、サービスや知的資産を核とする産業構造への転換を迫られ、脱工業化と知識・サービス経済化を推進する必要性を強く認識するようになった。

　製造業であっても研究開発機能に関しては、製品量産費用の高低ではなく生み出される知識の質こそがその立地を決定する要素となるため、先進国に残りやすい。なぜなら、先進国に比べて新興国の水準が安い人件費や土地代などは、量産工程の競争力を大きく左右するものの、研究開発機能の競争力にはあまり影響しない。後者にとって決定的に重要なのは、「知識」を生み出す環境であり、その点についてむしろ先進国にある世界的大都市は強みを持つことが多い (Florida, 1995, 2002)。

　文化製品は、著作権などで守られる知識の集合体であるため、生産活動の特性に製造業の研究開発活動と共通する点が多い上に、知識・サービス経済化に伴い重要性が増す知的・文化的資産を生み出す母体にも文化産業はなりうる (河島, 2009)。それゆえ、文化産業は新たな主要産業として期待を集め、各国において様々な振興政策が展開されるようになったのである。日本政府も、知的・文化的資産を生かした「日本ブランド」の確立による文化創造国家への取組みの必要性をうたい、その経済効果への期待も示すようになった（知的財産

戦略本部,2003,2005)。

　また、こうした政策が普及した重要な背景として、Nye（1990, 2004）が提唱した「ソフト・パワー」概念が世界的に受容されるようになったことも指摘できる。ソフト・パワーとは、自らが望むことを他者が進んで行動するように仕向ける、ある国の文化的・政治的・思想的魅力などを意味する。その対義語が、軍事力や経済力などに基づく誘導や脅しによって他国に政策変更を促す「ハード・パワー」であり、国力の元であると伝統的にみなされてきた。このように、ハード・パワーと並んで国力を構成していると明確に認識されるようになったソフト・パワーの源泉の一つが文化であるため、経済・産業的な側面に留まらないより広範な観点からも、文化が政策の焦点として浮上してくるようになってきた。

　日本において近年推進されている「クール・ジャパン政策」も、名称こそクール・ブリタニア政策に酷似しているが、開始されるようになった直接の契機はソフト・パワー論にある。クール・ジャパン政策の形成過程を分析した松井（2010）によれば、ソフト・パワー論に基づいて日本が文化的超大国であると論じたMcGray（2002）がメディアに広まると共に、クール・ジャパン政策の元となるような各種政策が政府や中央官庁から打ち出されるようになった。ただし彼は、クール・ジャパン政策が推進された理由として、前述した脱工業化と知識・サービス経済化を政府や中央官庁が認識したことも指摘している。よって、日本において文化産業に注目が集まる社会的背景は、基本的に他の先進国と通底している。

　ここまでみてきたように、世界各国で文化産業に注目が集まり、その振興を図る政策が展開されている要因として、微視的にはクール・ブリタニア政策やソフト・パワー論の存在が指摘できるが、巨視的には脱工業化による社会の知識・サービス経済化があるといえる。

4. 本書の構成

　以上の社会的背景を踏まえて、経済地理学分野や関連諸学でも、文化産業研究が活性化してきた。その成果については次章以降に検討するが、先行研究の

問題点を 1 点だけ指摘し、これから説明する本書の構成意図を説明しておく。

　文化産業を構成する産業群は、それぞれ別個に並立しているというよりも、深い相互関係がある。前述したように、文化産業の生産物、特にコンテンツ産業の生産物は知的財産から構成されている[*7]。知的財産の本質は無形であって、融通無碍に各種製品形態へと変換できるため、いわゆる「マルチユース化」が文化産業には顕著となる。ある映像作品が映画・テレビ放送・DVD ソフトといった複数メディア上で流通したり、あるマンガがアニメーションやキャラクター商品として展開されたり、一つの作品から多数の関連ビジネスが派生可能なのである。

　文化産業の成長を促す世界的な可処分所得の増大や（Scott, 2000, p. 3）、インターネットと衛星放送の発達に代表されるメディアの多様化によって商品需要は増大し、マルチユース化はますます進んでいる。特にコンテンツのデータは、デジタル化によって複製費用が極めて低廉化するため、多メディア展開が一層容易となり、産業間の垣根はさらに低くなっている。その結果、文化産業は目覚しい成長を続け、社会的脚光を浴びるようになってきた。経済地理学においては特に、グローバルな商品流通が活発化する一方、大都市における産業集積が顕著となる文化産業の特徴が注目されている。そして、場所の売り込みや都市型産業振興策、あるいはグローバル化とローカル化という相反する地理的現象の解明といった観点から研究が進んでいる（Scott, 2000, 2004）。

　ところが、確認してきたように文化産業という言葉の意味する範囲は広く、それぞれ別個の生産・流通システムを有する多様な産業が内包されている。それゆえ、ある特定の文化産業の特性が、文化産業全体にとって普遍的なものといえるのか、それとも当該産業固有なものであるかには、十分留意されねばならない。しかし、そうした生産・流通システムに詳細な検討を加えた上で地理的な視点から議論した事例には、唯一ハリウッドの映画産業を数えるのみである[*8]。したがって、文化産業の地理的側面に関する既存研究では、地理学に限らず関連諸学においても、生産・流通システムの異なる文化産業を同列に扱ったり、あるいは映画などの特定産業の事例を過度に一般化したりする傾向がみられる。それゆえ、実証に基づいた研究の深化が求められている（松原, 2006; 佐々木, 2012, p. 299-301）。

こうした問題が生じる最大の要因は、統一された視点によって複数の文化産業に対する詳細な実態調査を行い、それぞれの特色を踏まえた長所と短所の比較検討を行う例がみられないためである。地理的視点の有無にかかわらず、文化産業の実証研究自体がそもそも数少なかった2000年代中頃までの時期とは異なり、実証に基づく書籍の数は確かに充実してきている[*9]。しかし、平易な業界紹介本を除けば、特定産業を扱うか、複数の産業を複数の執筆者がそれぞれの視点から取り上げるものばかりであり、産業の深部まで立ち入った上での比較は皆無であるように思われる。

　この認識に基づき本書では、それぞれの生産・流通システムの違いに留意しつつも、広汎な文化産業なかんずくコンテンツ産業に適応可能な研究視角をまず導出する。その上で、文化産業の中でも日本の代表的コンテンツ産業であるテレビ番組制作業、アニメ産業、ゲーム産業を事例として[*10]、導出した研究視角に基づきそれぞれの産業集積現象の実証的な比較検討を行い、コンテンツ産業にとっての産業集積利益の本質を詳らかにする。それによって、本書の主題に答えていきたい。本章に続く本書の具体的な章構成は、以下の通りである。

　第2章では、既存研究の検討から、本書の問題意識と研究視角を導出する。まず、都市の創造性などを強調する既存研究の多くが、コンテンツ産業に顕著な分業形態、すなわち生産・流通システムの特性に十分注意を払っていないことから生じる問題を確認する。次に、本質的に予測不可能な不確実性が存在する上に、模倣による効率性ではなく創造性こそが商品価値を高める文化産業に、根本的には「ベスト・プラクティス」の伝播を集積利益とする学習概念は不適だと示す。その上で、各企業に必要なのは、「製品を制作し販売する過程において、不可避的に生じる無駄」を意味する「冗長性 redundancy」への耐性であり、産業集積が企業に対して冗長性への耐性をいかにして提供しているのかという観点から、集積利益を捉え直す必要性を指摘する。

　第3章では、本書で取り上げる3つのコンテンツ産業を中心に、日本のコンテンツ産業の市場規模と立地に関する統計データの整理と確認を行う。

　第4章ではテレビ番組制作業を対象に、垂直統合した企業から生産部門が外部化し小企業が多数成立するものの、流通部門は寡占化し強い産業支配力を保持するという、コンテンツ産業の典型例を確認する。流通部門たるテレビ局の

立場は制作会社に対して圧倒的に優位であり、テレビ局との近接性を求めて産業集積が発生する。一方、必ずしも創造的な番組制作が必要とされていないことも相まって、制作会社間がダンピング競争に落ち入り体力を消耗するという集積不利益も確認される。

　第5章では、流通部門がそもそも産業外部に存在している上に、生産部門の製造業的特色が強いコンテンツ産業として、アニメ産業を取り上げ、制作技術変化が顕著になる前の2000年頃までの姿を描く。そして、アニメ産業では制作会社同士の近接も重視されて、産業集積が形成されていることを明らかにする。

　第6章では、2000年代以降の制作技術変化によって、アニメ産業の分業形態や産業集積の姿が変化しつつあることを確認する。それによって、生産・流通システムの変容が、集積利益や不利益にも大きな影響を与えることを確認する。また、テレビ局以外の多彩な流通企業が関与し、アニメ会社の収益源も多様であるため、テレビ局の立場が制作会社よりも強いのは変わりがないが、テレビ番組制作業における程絶対的な存在ではないことも示される。

　第7章では、2000年代初頭までの日本の家庭用ゲーム産業全盛期の末期頃までを取りあげて、寡占企業による流通支配力が弱い当該産業では、どのようにして産業集積が発生するのか検討する。そして、地域労働市場の厚みと一部外注における対面接触の利便性を集積要因、経営上の不確実性減少を集積利益として、産業集積が形成されたことを示す。ゲーム産業固有の分業形態に規定され、集積地域内には互いに独立した取引グループが多数存在している。言い換えれば、日本のゲーム産業においては濃密な人的紐帯や発達したコミュニティが存在しない状況で、産業集積を発達させてきたことを指摘する。

　第8章では、日本のゲーム産業が苦境に陥っていった2000年代以降に、ゲーム開発技術の変化を背景に、日本のゲーム産業の中心地ではなかった福岡市であるからこそ、既存の成功体験に囚われない新しい形の産業集積が形成されつつある状況を確認する。

　第9章では、ここまでの議論に基づく考察と結論を示す。集積効果によって不確実性が低減しても、コンテンツ産業の場合、必ずしも良質な創造性に繋がらない。創造性にも有効な不確実性低減手法は、製品発売後に判明した情報に

基づく経営戦略の自由度と取引・労働力柔軟性の確保であり、特に柔軟性は産業集積への企業立地によって達成される。これを保証するのが、各企業の冗長性への耐性であり、それは立地と流通部門の産業支配力の強弱によって左右される。それゆえ、流通部門の支配力が最も弱く、生産部門の都合でのみ立地が決定されるゲーム産業こそ、創造的な活動に最も重要な冗長性を集積利益として享受していると結論づける。

* 1　これら用語の背景について、本書より詳細な検討をしたものとしては田中（2009）がある。
* 2　Kloosterman（2004）は、たとえば服飾品を文化産業の範疇に含めると規格品の製造も文化産業に含めることになるとして、製造業を彼の分析から外すと言及している。このような言及を行う背景を裏返せば、多くの経済地理学者は製造業であっても文化産業に含めうるとみなしているといえる。
* 3　たとえば、地理学において文化と経済の関係性が主要な論題となってきたことを踏まえて研究の整理を行った Gibson and Kong（2005）は、「文化産業」と「創造産業」の使い分けを全く行わずにそれぞれ使用している。一方で、文化経済学者である Towse（2011）は、創造的あるいは文化的と考えられる十分に芸術的な内容を伴う財やサービスを大量生産（傍点筆者）する企業から構成されているのが文化産業であるとして、実演芸術や視覚芸術などはそれに該当しないが創造産業の範疇であると述べている。
* 4　Throsby（2010, p. 88）によれば、用語としての「創造産業」を初めて使用したのは、オーストラリア政府である。
* 5　これらの報告書では、創造産業に該当する分野として、広告、建築、芸術と骨董市場、工芸、デザイン、デザイナーファッション、映画とビデオ、相互作用型娯楽ソフトウェア（ビデオゲーム）、音楽、実演芸術、出版、ソフトウェアとコンピュータサービス、テレビとラジオ、という 13 分野が羅列されており（DCMS, 2001, p. 5）、元来文化産業の対義語である純粋芸術すらも包含している。言い換えれば、一般的に創造産業は文化産業よりも幅広い対象を指すのである。
* 6　経済産業省には 2001 年に設立された文化情報関連産業課（メディア・コンテンツ課）があったが、2011 年に生活文化創造産業課（クリエイティブ産業課）が別に設置された。
* 7　コンテンツは無形財であるため、知的財産権を付与せねば市場取引が不可能で、法的保護が欠かせない（林，2001）、という特徴を持つ。
* 8　文献が膨大になるため逐一挙げないが、たとえば地理学者の Scott は自身のハリウ

ッド映画産業研究の集大成を著書として上梓している（Scott, 2005）。
*9 たとえば、出口・田中・小山編（2009）、増淵（2010）、河島・生稲編（2013）などがある。
*10 ここで本書における「ゲーム」という言葉の用法を整理する。まず、コンピュータソフトウェアを使用したゲームの総称を「コンピュータゲーム」とし、中でもゲーム専用機のコンピュータゲームを指す時は「ビデオゲーム」と呼ぶことにする。そして、「家庭用ビデオゲーム」を「ゲーム」と略す。なお、たとえばPCゲームやいわゆるモバイルゲームなどと区別する必要がある場合は、「家庭用」あるいは「家庭用ゲーム」という表現を使用する。家庭用ゲーム機とは、家庭向けゲーム専用機の総称であり、据置型と携帯型がある。また、「業務用ビデオゲーム」のことを、「業務用」、あるいは「業務用ゲーム」と略す。業務用ゲームとは、アーケードゲームともいわれ、ゲームセンターなどにおいて、家庭用ゲーム機とは異なる機器によってゲームが提供され、不特定多数の人間が、使用回数に応じて料金を投入する形態を意味する。

第2章　問題の所在と研究視角

1. 文化産業の生産と流通

　文化産業では、複数産業間の連携が発達する一方で、各産業内には発達した垂直分業がみられる（Lash and Urry, 1994, pp. 113-120; Sadler, 1997; 浜野, 2003; Scott, 2004; 藤原, 2009）。研究目的の相違もあり、論者によって分類やその名称は異なるが、同一産業内の流通分門と生産分門の関係に強い留意が払われる点は共通する。こうした垂直分業は、第1に、文化的要素と経済的要素の両立から成り立つ文化産業全般の特徴である。第2に、制作のための柔軟性を追求して多数の専門的中小企業が生産部門を構成する一方、流通部門は寡占化しやすく、巨額の資金調達が必要であるコンテンツ産業において、その傾向は特に卓越する。それぞれについて、以下で詳しく説明しよう。
　まず1点目に関しては、文化的要素と経済的要素の関係性に最も研究の焦点を当てている分野といえる文化経済学の議論が参考になるため、代表的な論者2人の主張を紹介する。池上（2003）によれば、標準的な経済学が想定する財は万人にとって等しい交換価値を持つとされるのに対し、文化的な財は固有価値を持ち、その受け止め方も学習によって変化する個々人の判断基準によって変化する。またThrosby（2001, pp. 19-43）によると、標準的な経済学において発達した価値の理論に基づけば、対象となる財・サービスが一般的なものであろうと文化的なものであろうと、実際の市場価格もしくは公共財のように推定された市場価格を基準として、価値が評価される。つまり、経済的価値は市場で決まる。一方、文化的価値は、個人の効用や価格に置き換えることが適切ではなく、評価に際しても厚い記述や態度分析など市場価格とは異なる手法を採用

する必要がある。それゆえに、文化的価値と経済的価値は区別されなければならないという。

　二人の論者の主張をみると、使われている用語に相違はあるが、文化的な財・サービスには、標準的な経済学で想定される経済的な価値と、それでは測定されない文化的な価値という二つの側面が存在することを指摘する点では共通している。そこで本書では、スロスビーの議論を援用し、文化的な財・サービスには経済的価値と文化的価値が並立していると理解する。そうすると、経済による文化の侵食現象として文化産業を批判する立場に立たなくとも、「…現実の経済は、非営利的で、文化的な価値の実現を目指す文化資本の動きと、金銭的価値の最大化を目指す貨幣資本の動きとの競合と、両者を担う人々の間での対話のなかで把握され」(池上, 2003, p.xi)るため、文化資本（文化）と貨幣資本（経済）の目的は根本的に異なり、それぞれの目的に合わせた集団や組織を独自に形成すると捉えられる。言い換えれば、文化産業において、文化資本は創造自体を、貨幣資本は文化資本が生み出した文化による利潤獲得を目的とし、前者が生産部門、後者が流通部門となる (Hirsch, 1978; 佐藤, 1999, 2005; 河島, 2009, pp. 10-15)。

　次に、2点目に関して、特にコンテンツの物理的な性質から確認をしていこう。コンテンツの製品価値の本質は、無形であるため、複製すなわち量産は元々非常に容易である上に、情報技術の進展によって量産費用低廉化が進んでいる。「情報システムとしての開発・生産・消費システム」(藤本, 1997, pp. 26-31) という観点からすれば、製造業では開発過程から量産過程への情報転写に際してのロスをどれだけ最小化するかが決定的な重要性を持つ。しかし、デジタルデータではそのロスが全く発生しないため、コンテンツ産業の分析では量産過程を無視できる。それゆえ、ここまで言及してきた文化産業の「生産」は、一般的な意味での研究開発活動であり、多くの文化産業研究で「再生産」と呼ばれる量産活動こそが一般的な意味での生産すなわち製造に該当するため、前者こそが主要な活動であり、後者は副次的な活動なのである (Lash and Urry, 1994, pp. 122-123)。

　一方、文化産業の成長を促す世界的な可処分所得の増大に加え (Scott, 2000, p.3)、インターネットや衛星放送の発達に代表されるメディアの多様化によっ

て増大する需要に対応するため、一層の大量製品供給が求められている。前述のように文化産業の生産とは研究開発であって、量産過程は副次的意味しか持たないため、その製品は事実上一品生産品である。よって、大量供給は製品種類の増大によって達成するほかない。製造業における多品種少量生産に適合する生産方式として提唱された柔軟な専門化 flexible specialization 概念が適用され (Piore and Sable, 1984)、生産部門企業の規模が中小に留まると指摘される所以である (Christopherson and Storper, 1986; Storper and Christopherson, 1987; Christopherson and Storper, 1989; Storper, 1989; Shapiro et al., 1992; Barnatt and Starkey, 1994; Lash and Urry, 1994; Hesmondhalgh, 1996; Caves, 2000, pp. 95-100; Mossig, 2004)。

　しかし、実際のコンテンツ制作を担うのは生産部門企業であっても、その制作資金を調達し、実際に消費者へ各種コンテンツを供給する主体となるのは、大抵流通部門企業である (Cornford and Robins, 1992; 滝山, 2000, pp. 50-52; モール, 2001, p. 118; Power and Scott, 2004, p. 5)。よく知られるように、文化産業の製品需要は不確実性が高いため (Hirsch, 1972, 2000; Caves, 2000, pp. 2-3; 田中, 2009, pp. 129-130)、企業側が需要を事前に把握して、売れ行きの良い少数製品だけを提供するのは大変難しく[*1]、流通部門企業はむしろ多種の製品提供を通じて、その中の結果的に売上良好な少数製品から収益の大部分を上げる戦略を採る (Hirsch, 1972, p. 652; Lash and Urry, 1994, p. 121; 浜野, 2003, pp. 55-57; Vogel, 2011, p. 526)。しかもこれら少数製品以外は、ほどほどの成功すら収められない失敗作となり損失を計上する傾向がある。有名な俳優を起用した映画など、成功する可能性がまだしも高いとみられる製品において、大々的な費用をかけた方が高収益を期待できる (中村, 2000, pp. 17-18, 2002, pp. 269-271; 浜野, 2003, pp. 56-57)。それゆえ流通部門企業は、できるだけ多数の商品をできるだけ広範囲つまり世界中あるいは複数メディアに供給できたり、大作を制作できたりする必要がある。したがって、設備・制作・宣伝などへの投資にかかる莫大な資金を調達するため大規模化を追求する結果、合併などを通じて寡占化し、生産部門も含めた産業全体に強い支配力を及ぼす (Aksoy and Robins, 1992; Lash and Urry, 1994; Christopherson, 1996; Sadler, 1997; 滝山, 2000; 中村, 2000, pp. 20-21; Scott, 2000, pp. 14-15; Hirsch, 2000; 各務, 2002; Coe and Johns, 2004)。

2. 文化産業の集積傾向とグローバル化

　ここまで確認したように、文化産業における生産部門と流通部門の特性は大きく異なるため、それぞれの立地とその要因にも相違がみられる[*2]。一般に文化産業は特定の大都市に集積する傾向があるものの（永山・松田, 1996; Pratt, 1997, 2004; Scott, 2000; Power, 2002, 2003; Garcia, et al., 2003; Kloosterman, 2004）、その内実は産業ごと集積地ごとに異なる。文化製品の全国またはグローバルな出荷と、主として他地域に立地する下請生産部門企業を統括する流通部門企業の活動拠点であったり（Scott, 2002）、流通部門企業が他地域に立地するか、その影響力が弱い産業であるため、集積地の中核を中小の生産部門企業・人材が構成したり（湯川, 1998, 1999; 小長谷・富沢, 1999; Brown, et al., 2000; Coe, 2000a, 2000b, 2001; Arai, et al., 2004; Gibson and Connel, 2004; Power and Hallencreutz, 2004; 増淵, 2010）、あるいは流通部門企業の周辺に、そこからスピンアウトした生産部門企業が、取引の利便性などを求めて立地したりする（Cornford and Robins, 1992; Scott, 1999a; Bathelt, 2002; Mossig, 2004; Bathelt and Boggs, 2003; 古川, 2013）。

　こうした集積地の特徴の違いは、流通部門と生産部門の関係性の相違に起因している。前者の支配力が強い産業では、その動向が後者の立地を決するのに対して、弱い産業では後者が前者に影響されずに立地を決定していく。したがって、生産部門の立地要因の検討には、流通部門の立地要因やそれによって生産部門が受ける影響の理解もまた欠かせない（Coe and Johns, 2004; 半澤, 2005）。

　ここまで述べた文化産業の立地傾向は集積に偏っているが、流通部門のグローバル化を強調する視点もまた無視し得ないし（Cornford and Robins, 1992; Lash and Urry, 1994; Scott, 2002; Coe and Johns, 2004）、流通部門と生産部門が近接する必要性の低下も指摘されている（Christopherson, 2002; Scott, 2002; Norcliffe and Rendance, 2003）。しかし管見の限りでは、生産部門企業同士の近接から生じる集積利益を否定する研究は存在しない。グローバルな製品流通が進展し、それを統括する流通部門から生産部門が多大の影響を受けようとも、文化産業の製品生産に産業集積が果たす役割は変わらないのである。それを踏

まえれば、生産部門と流通部門の近接による利益と、生産部門同士のそれは区別して検討する必要がある。その上、流通部門が他国資本に担われようとも、そのグローバルな製品流通は生産部門がある国の輸出であるという意味において、文化産業における優位性は、生産部門の有する「デザイン技術」がどこに立地しているかによって決せられる（Lash and Urry, 1994, p.130）。別の言い方をすれば、文化的な製品では、地域的な文化や暗黙知 tacit knowledge が製品の価値あるいは競争力の源泉となる（Molotch, 1996；池上, 2003, pp.22-23）。それゆえ、生産部門の立地要因分析こそが、地理学にとってより重要な課題であるといえよう。

　それでは、文化産業の生産部門は、なぜ大都市に立地する傾向があるのか。生産部門集積の分析視角の第1世代は、前述した柔軟な専門化である。それに基づくと、市場の不確実性増大に対応するため、大規模垂直統合企業の垂直分業が進展し多数の専門特化小企業が設立され、取引関係の利便性や発達した地域労働市場という集積利益が発達するとして、産業集積は説明される。その説明と重なる部分も多いが、その他に強調される論点としては、そうした人材の育成や編成を支援したり、企業間の取引を円滑化したりする文化・制度的基盤や（Scott, 1998, 2000；Christopherson, 2002）、各企業や専門家間の近接性がもたらす制作の際の利便性などがある（Scott, 1997, 1998；湯川, 1998, 1999）。これらの視角自体は特に批判されるものではなく[*3]、文化産業の集積を説明する重要な要素である。ただ、それらが重視する集積利益の核心は生産効率の上昇にあるものの[*4]、文化産業集積は密なネットワークが存在する地域における学習 learning 過程やイノベーティブなエネルギーの結果でもある（Scott, 1999b, 2004, p.468；Power and Scott, 2004, p.7）。それゆえ、創造的人材が好む制度・文化・居住環境などが存在し、それらが彼らの創造性を刺激するという議論も多い（Scott, 1997, 1998；清成, 1997；小長谷・富沢, 1999；湯川, 1998, 1999, 2001；Florida, 2002）。また、創造的人材の存在に加え、彼らが創造性を発揮できる環境やそれを生み出す政策の重要性を説く「創造都市論」がある（Landry, 2000；佐々木, 2012）。

　以上の研究視点そのものはそれぞれに大きな意義があるが、本章1節で触れた分業形態にも現れる文化産業における二つの特性双方に対する配慮は不十分

である。すなわち、文化産業製品のほとんどが、多数の人々や企業の関与を経て生産されることを踏まえると、創造的人材がいれば即創造的製品が作れるとはいえない。また、仮に製品が文化的な意味で十分に創造的であったとしても、文化的価値と経済的価値の評価基準は必ずしも一致しないため、経済的成果を保証するともいえない。言い換えると、①特に柔軟な専門化の視点から影響を受けた研究では、文化産業の生産とは文化的価値に重きを置く研究開発であるという視点を欠く。さらに、創造性を重視する研究では、②制作工程の分析を欠いたり、③創造的な製品が売れるとは限らないという点を見落としたりしている。これら先行研究の成果を生かすと共に欠点を解消するためには、複数企業が関与する文化的製品から、企業はどのようにして経済的成果を挙げるのかという視点に基づく分析が求められる。そこで、主として企業を対象としたイノベーションの議論に考察を加え、産業集積とイノベーションや創造性の関係を考えるよすがとする。

3. 文化産業集積におけるイノベーション、知識創造、学習概念再考

(1) イノベーションと創造性の定義

　議論をさらに進める前に、論者によって用法が微妙に異なる「イノベーション」と「創造性」の本書における定義を明確にしておく。一般的に経済学では、イノベーションを引き起こすものとして創造性が捉えられてきた（Throsby, 2001, p.93）。一方、イノベーションは効用的で漸進的かつ累積的行動であるのに対し、創造性はクリエイターの自己実現や自己満足のために発揮され、反効用的で破壊的かつ非累積的であるとして、明確に区別する考え方もある（Santagata, 2004）。ただこれは極端であり、むしろ「大まかにいって、創造性がどのように新しいやり方を構想するか、イノベーションは実際にどのようにそれを実行するかに関係があるものの、両者の意味は明確には分けられない」（Scott, 2000, p.30）、との解釈が地理学では一般的だろう[*5]。しかし本書では、イノベーションの本来の意味は「新結合」（Schumpeter, 1934）であって、新技術だけではなく新たな経営形態なども含む幅広い概念であることを踏まえ、「イノベーションは、製品や製法が市場で受け入れられてはじめて実現する。

3. 文化産業集積におけるイノベーション、知識創造、学習概念再考

(中略)単なる空想や思いつきはもちろん、発明、発見もイノベーションではない」(後藤・武石, 2001, p.4)という立場に立脚する。よって「イノベーション」を、「経済的成果を達成する、新しい試みの実現」と捉える。

この時、「新しい」ことを強調するのか、「実現」を強調するのかで、イノベーションの性質は異なってくる。つまり、イノベーションには画期的・飛躍的なものがある一方で、その普及のためにコスト削減などの効率を追及する漸進的イノベーションも存在する(後藤・武石, 2001, pp.17-18)。Abernathy and Clark (1985) は、後者のイノベーションに相当する通常的イノベーション Regular innovation こそが、より良くより安く製品を提供するための鍵となり、競争優位には重要と捉えている。一方で彼らは、通常的イノベーションを追及しすぎると、創造性の抑制に繋がる危険性も指摘している。その意味で、イノベーションには創造性と効率性のトレードオフが存在している(後藤・武石, 2001, pp.17-18)。このような創造性と効率性のトレードオフは、文化産業においても大きな問題となる(Cohendet and Simon, 2007; Tschang, 2007)。

そこで本書では、「創造性」を「(経済的成果に繋がるかどうかはさておき)文化的であれ経済的であれ、一定の人達に価値あるものと認められる、新しい考え方や製品を生み出す主体の能力」と定義する。また創造性の定義に関連して、本書では「創造的」という用語を、「(ある事物における)文化的であれ経済的であれ、一定の人達に価値あるものと認められる新しさ」もしくは「(ある環境において)主体の創造性を昂進させる、あるいは主体の創造性発揮を促進する」の意味を持つ修飾語として用いる。こうした用語の使い分けが適当である理由は、①経済的価値と文化的価値が本質的には区別される文化的製品の価値の評価に際しては、前者のみならず、創造自体を目的とする後者も見逃せない、②後述するように、最初に暗黙知として出現する新たな知識が社会に受け入れられるとは限らない、ためである。よって、イノベーションを起こすためには創造性が大切だが、創造性があるからといってイノベーションには必ずしも繋がらない、といえる。また、ある研究開発活動の結果生まれた製品にあまり新しさがない場合、創造的ではないといえるものの、その製品が一定の経済的価値を達成したならば、イノベーションといえる事態もあり得る。本書におけるこれらの用語の使い分けと関係性には、十分に留意されたい。

(2) 文化産業にみられるイノベーションの特性

　文化産業における産業集積とイノベーションなり創造性なりの関係が強調されるようになった背景には、「1990年代の欧米工業地理学の特徴が、産業集積を最大の関心事とし、その分析軸が生産システムからイノベーションを起こす学習システムへと変化した」(友澤, 2000) ことがあるだろう。ただし、経済地理学の研究対象が製造業に偏重してきたように (Aoyama, 2005)、イノベーション論にせよ柔軟な専門化論にせよ、そもそもの研究対象は製造業であった。その結果として、イノベーション研究では特に技術的イノベーションが注目されてきた (水野, 2005)。

　しかし、文化産業で起きるイノベーションの性質は、技術的イノベーションのそれと必ずしも同一視できない。吉田 (2005, p. 5) は、「生産者や提供者によって、合理的な計算のもと、多様な状況で汎用的に、より多数の消費者に受け入れられることを目指して、新しい製品やサービスを作り出そうとすること」を「ハード・イノベーション」と呼び、技術革新すなわち技術的イノベーションに当たると捉えている。一方で、「(顧客) 自らの経験を豊かに快適にできるように、自ら固有の価値観のもと、独特の状況で自らの能力や知識をも動員しながら、新しい経験を作り出す」ことを「ソフト・イノベーション」と呼んで、その中核部分が無形物となるビジネスモデル、コンテンツ、ソフトウェアあるいはサービスに関するイノベーションだと捉えている。別の言い方をすると、前者は製品／サービスを生み出す側の論理に基づき顧客のニーズ (価値の一部) を満たすような「機能」を開発するのに対し、後者は顧客の保持する価値の総体を満たせるように、「経験」を顧客の視点から作り上げる。経験を重視する立場からは、機能の実現やニーズの充足ではなく、精神的価値なども含めた多種多様な価値が実現されなければならないし、実際の体験に伴って受容者の内面に生じる変化を重視せねばならないという。つまり、受容者ごとに判断基準が異なり経験すなわち学習によって変化する文化的価値を実現するイノベーションは、ソフト・イノベーションであって、技術的イノベーションとは区別されるといえる。しかし彼は、ソフト・イノベーションを達成するために企業が求められる能力や環境は、技術的イノベーションのそれらと、どのような違いがあるのか示していない。

そこで本書では、イノベーションを生み出す源泉としての知識創造 knowledge creation 過程の再検討を通じて、文化産業に求められるイノベーションを達成するための条件を示す。水野（2007）も、文化産業などはより広い意味での知識創造であるため、議論は技術的イノベーションに限定されないとした上で、社会ネットワーク論が知識を考える上で有効な基盤であると指摘している。しかしこの指摘は、次項で明らかにするように、結果的に知識の伝達がイノベーションに寄与する側面を過度に肯定してしまっている。こうした齟齬が生じる背景には、やはり製造業研究を主たる検討事例にして発展した知識創造や学習の理論を、それぞれの産業が有する性質の相違に十分な配慮を行わずに、文化産業に適用してしまったことがある。それゆえ、文化産業の性質を踏まえながら、知識創造過程を改めて詳細に検討し直し、当該産業に適合するよう理論に修正を施す必要がある。

 文化産業における生産活動は、知識集約的というよりもデザイン集約的であって、労働者に求められるものは認知的知識ではなく大衆の意味論的ニーズを理解もしくは直観できる解釈学的感性であるとの指摘もあるが（Lash and Urry, 1994, pp. 122-123）、彼らは知識を形式知 explicit knowledge のみに限定して捉えていると思われる。なぜなら、研究開発集約的という点で文化産業に近いが文化産業ではないとするソフトウェア産業で必要なものを、抽象的で形式的な知識だと述べ、前述した解釈学的感性と対置しているからである。

 もちろん、ソフトウェア産業に限らず種々の産業において暗黙知は重要であり（Nonaka・Takeuchi, 1995; 友澤, 2000; Gertler, 2004; 山本, 2005; Scott, 2006）、彼らの主張が極端であるきらいは否めない。しかし、暗黙知は文脈依存的かつ主観的で情緒的な知識であり、形式知は普遍的かつ客観的で理性的な知識であるとの立場からすれば（Nonaka・Takeuchi, 1995; 野中・紺野, 2003）、製品価値の本質が人間の感性に依存する文化産業にとって、一般的な産業よりも暗黙知が決定的な重要性を持つとはいえるだろう[*6]。

 したがって、本章1節でも述べたように、文化産業における生産とは研究開発活動に相当するため、生産現場では、暗黙知を中核とするまさに知識創造が行われているといえる。

(3) 文化産業集積と学習概念

イノベーションにとって暗黙知を中心とした知識が重要な役割を果たすとの指摘は、産業集積論では一般的な認識となっている。こうした議論は、力点を置く概念や理論が多岐に渡り、それらの用法が相違したり曖昧だったりする点もあり (Moulaert and Sekia, 2003)、要約は難しい。しかし、あえて本書の議論に重要な論点を挙げると、(1)知識には、容易に他者へと伝達できない暗黙知があり、それこそがイノベーションの発生には決定的であるため、(2)時に制度的・文化的要因も影響し、知識の生成と循環が生じやすくイノベーションが生まれやすい地域が存在するものの、(3)その地域特有の文脈に影響されたロックイン効果による衰退を避けるには、地域外からの知識を獲得するためのネットワークが重要であり、(4)獲得対象が地域内か地域外であるかに関わらず知識を獲得し利用する過程は学習と呼ばれる、である (Camagni, 1991a, 1991b; Florida, 1995; Morgan, 1997; Cook and Morgan, 1998; Maskell and Malmberg, 1999; 友澤, 2000; 森川, 2000; Macknnon, et al., 2002; 宮町, 2003; Moulaert and Sekia, 2003; 水野, 2005; 山本, 2005; Scott, 2006)。要するに、地域内および地域外からの「知識の学習」が円滑に進むことが肝要であるとの議論が展開されている。

しかし、前項でも触れたように、主に製造業を事例に構築されたこれらの知見を文化産業集積現象の説明に無批判に適用することは、技術的イノベーションと文化産業のイノベーションを、結局同じようなメカニズムで推進されていると認めているに等しい。このような同一視には、文化産業に強く働く「再帰性 reflexivity」の観点から問題が2点ある。

再帰性とは、Giddensによれば、前近代社会では伝統の再解釈と明確化にほぼ限定された過去の反復を意味するが、近代では「…社会の実際の営みが、まさしくその営みに関して新たに得た情報によってつねに吟味、改善され、その結果、その営み自体の特性を本質的に変えていく」(Giddens, 1990, p.55) ことを意味する。言い換えれば、「社会が近代化すればするほど、行為媒体（主体）は、自らの存在に関わる社会的諸条件を省察し、その省察によってその諸条件を変える能力をさらに獲得していく」(Beck, 1994, p.174) と理解し、人間と社会の不断の相互作用過程によって、近代化が社会の予測可能性を切り崩してい

るとする考え方である。これを踏まえ、進化経済学の影響も受けて、経済的な再帰性の観点から地域の経済発展を理解しようとする試みもみられる (Storper, 1997)。また、情報の産出分配構造を意味する「情報コミュニケーション構造」の発達が、社会に記号 sings を氾濫させ、美的再帰性 aesthetic reflexivity を浸透させる結果、社会構造の重要性が減退すると主張する者もいる (Lash, 1994; Lash and Urry, 1994)。

　美的再帰性が社会に浸透すると、文化産業の市場が細分化すると同時に大衆化し消費面におけるフォーディズムを創出するが (Lash and Urry, 1994, pp. 133-134)、主体の美的判断は非同一性の倫理である「美的倫理 ethique aesthetique」に求めるほかない (Lash, 1994, pp. 142-143)。この事態を彼らは、「象徴的客体の中で再帰的に行為媒体 agents が決定するのではなく、客体が行為媒体を選ぶ」(Lash and Urry, 1994, p. 134)、あるいは「主体に対する客体の復讐であり、同一性に対する差異の報復である」(Lash and Urry, 1994, p. 143)と呼ぶ。言い換えれば、圧倒的分量で押し寄せる美的客体たる文化的製品に対して、主体たる消費者が普遍的な判断基準を保てなくなり、個々の主体それぞれが再帰的な判断基準の元、製品を消費するのである。したがって、消費者による製品選択は極めて文脈依存的になり、その消費行動を製品供給者が正確に見極めることには非常な困難さを伴い事実上不可能といってもよいだろう。文化産業において働く再帰性は、このような事態を招来する。

　この認識に基づくと、Grabher (2001, 2002b) の指摘は特に重要である。彼によれば、効率的な知識の取得・応用過程を対象にする学習の議論は、採用と適応問題の解法により関心を持ち、変容する環境への反応の歴史を反映した回顧的見方にすぎない。それらの議論は、知識の吸収と応用のための効率的メカニズムとルーチンの発見に終始し、予測不可能な困難への組織的対処能力を検討していないのである。また、ある地域において空間的近接性が「ベスト・プラクティス」の効率的流布を可能にすると学習概念は主張するが、文化産業の一つである広告産業の集積地域ではただ一つの最良の手法は存在せず、異なる所有形態や組織運用間の継続的競争がベスト・プラクティスの多様性と同時性を生み出している、とも彼は批判している。

　実際、知識と産業集積の関係性を検討した近年の代表的な研究をみても、知

識あるいは情報の伝達と受容が議論の焦点となっている*7。Bathelt et al. は、活発なクラスターは効率的な情報濾過・運用構造として機能すると論じ（Bathelt et al., 2004, p.48）、彼らの論文の中で重要な位置付けにあるグローバルパイプラインを、集積外から精度の高い情報を運ぶための経路と捉えている（Bathelt et al., 2004, p.42）。また、Storper and Venables（2004）も、産業集積によって容易となる対面接触の意義を、取引相手の信頼性・能力の把握あるいは努力する動機付けを高める他者の振るまいなどの多岐に渡って検討するが、結局は暗黙知を効率的に伝達する優位性を説いている。この二つの論文が用いるバズ Buzz 概念と対面接触概念の曖昧さを批判する、Asheim and Coenen（2007）であっても*8、その批判点は、産業ごとに必要とされる知識の性質の相違に対する軽視や、産業集積の優位性に対する過度な強調にあり、知識や情報の交換が肝要であるという認識は変わらない。つまり、これらの議論の核心は、産業集積を何らかの既存の知識や情報を効率的に習得する場と見なすと同時に、時には集積外からもそれらを入手する重要性を指摘していることにある。言い換えれば、その知識や情報の希少性や新規性がどれだけ高かったとしても、そして暗黙知であるがゆえに伝達がどれほど難しかったとしても、「意味のある」あるいは「正しい」などと既に検証されたものをいかに効率的に伝達し受容するかがイノベーションの達成に決定的な要素であるとみなしている。これが学習概念における第一の問題点である。

　この第一の問題点とも関連して、第二の問題点は、知識創造過程の一部である知識の伝達や共有化に力点を置き、特に「検証」や「正当化」過程を十分に検討していない点にある。つまり、知識創造過程の一面しか注視しておらず、知識創造の営みと学習を混同している。たとえば、Bathelt et al.（2004, p.33）が産業集積内および集積間の知識創造における社会関係の複雑な性質に焦点を当てると述べながら、実際には学習の問題を議論していた点からも、多くの場合に知識創造過程が不十分にしか理解されていない現状が察せられよう。そこで、経済・経営活動における知識創造の重要性を広めた野中郁次郎たちの議論の丁寧な確認を通じて、知識創造過程に存在する知識の伝達や共有化以外の局面を軽視することが、どのような点で問題になるのかを明らかにする。

　知識は、「正当化された真なる信念」と定義され、「個人の信念が人間によっ

て"真実"へと正当化されるダイナミックな人間的営み human process」(Nonaka and Takeuchi, 1995, p. 58) である。その認識を踏まえて提示された知識創造の「SECI モデル」は、個人の有する「暗黙知を豊かにしつつ、形式知化し、次にそれらを組み合わせ、実践に結びつけることで、再び新たな暗黙知を形成する、というダイナミックな螺旋運動のプロセス」(野中・紺野, 2003, p. 58) である。それゆえ、SECI の I に当たる内面化 Internalization 過程では、それまでの過程で得られた形式知を実践した結果への反省が重要となり、「個人は環境の知を取り込みつつ、環境に主体的に働きかけていく」(野中・紺野, 2003, p. 60) のである。この考え方は再帰性そのものであるため、野中・紺野は、未来永劫通用するようなビジネスモデルといった絶対の知識は存在せず、実践的な形で現実や経験の領域に降りて行かねばならないと述べる (野中・紺野, 2003, p. 62)。言い方を変えれば、「頭で考えられた論理、原理、原則といったものは、実際にその有用性を試されて検証されなければならない」(野中・紺野, 2003, p. 253) し、データを踏まえた理論構築に基づいて効率化を追求するような帰納的発想だけではなく、仮説推論的発想に基づく仮説検証による終わりなきイノベーションの連続もまた知識創造過程の一部なのである (野中・紺野, 2003, pp. 84-90, pp. 255-258)。また、暗黙知が形式知に変換される過程で形成される一種の知識でもあり、新たな思考形式 (観点) を意味する「コンセプト」も、ある時点で正当化される必要がある。つまり、それが組織や社会にとって本当に価値があるかどうかが決定されねばならない (Nonaka and Takeuchi, 1995, pp. 86-87；野中・紺野, 2003, pp. 148-155)。

　ここで、文化産業における消費者の判断基準が細分化している上に、再帰的に変化していく点を想起しよう。たとえば、企業にとって、ある新たな文化製品の価値が経済的成功にあると単純化すると、より多く売れることがその製品価値となる。しかし前述したように、消費者行動の事前予測は事実上不可能であるから、結局市場に投入してみて、無数の最終消費者個々の再帰的価値判断の間接的集合である売上結果から、企業にとっての価値を判断するほかない。つまり、市場への製品投入しか有効な検証策は存在しない。「やってみるしかない」のである。この文化製品の価値判断基準を文化的なものに置いたとしても事情は全く同様であり、個人あるいは組織内に留まらず市場という広い社会

に投入せねば、正しい評価は得られない。つまりは、その製品が真に創造的であるか否かの評価も市場投入を通じて行われる。そして、これも前述したように、市場に投入された文化製品の多くは経済的に失敗するため、企業が負担する費用は無視し得ない大きさとなる。クリエイターなり芸術家なりの個人的信念＝暗黙知が具現化したものである文化製品は、その信念を我々が共有できるという意味において、暗黙知が形式知化したものといえる。市場投入の結果生じる費用とは、知識に価値があるのか否かを検証し正当化する費用にほかならない。ところが、先述したように、学習概念は知識や情報の伝達や共有の容易性を中心的に論じ、ただの情報ではない暗黙知が形式知に変換される過程で生じるこの莫大な正当性検証費用が企業に与える影響を無視している。

　第1および第2の問題点をまとめると、文化産業では美的再帰性が卓越するため過去の経験や事前予測の持つ意味が低く、市場投入という実践を通じた検証費用を要求する知識を学習概念が理論的に扱えていないといえる。学習概念は地理的に移転しにくいと考えられる暗黙知を特に重視するが[*9]、本来の知識創造過程では暗黙知も形式知も共に重要であって、相互作用し循環しながら新たな知識を生み出すと理解される。学習概念は知識創造の一面にのみ焦点を当てているにすぎない。ある産業集積地で、何がしかの知識が共有されたり外部から入手しやすかったりしても、そこに立地するある企業がそれを元にした文化製品によって利潤を獲得できる、すなわち企業内レベルに留まらない市場レベルでの知識の正当化に成功するかどうかは保証されていない[*10]。

　この認識を得て初めて、吉田（2005）の議論に欠けていた、「ソフト・イノベーション」を達成するために企業が求められる能力や環境が明らかとなる。彼は、サービス提供者が受容者と共にサービスを生産あるいは創造する営みとは、提供者側が受容者側の経験を理解し、それに基づく対応を決断せねばならず、そしてそれがまた受容者の経験を変えていく連続したプロセスであると捉えている。これは再帰的生産にほかならない。まして、美的要素が含まれるために創造的である必要性の高いコンテンツのイノベーションは、「ソフト・イノベーション」の中でも特に再帰的となり、企業は知識の正当化をする能力と、それを容易にする環境を必要とする[*11]。

4. 文化産業におけるイノベーションを可能にする冗長性

　前節までの議論を踏まえれば、価値があるかどうか検証されていない知識が正当化されていく過程で生じる費用という観点を、イノベーションの地理学に関する理論に組み込む必要性は自明である。

　では、この検証費用を最小化できる地理的要素の解明が最重要といえるだろうか。これまでの議論を踏まえると、知識の正当性検証費用の縮減はもちろん可能だろうが、創造性を保ちながらの費用節約には相当な困難が予想される。なぜなら、本章1節で触れたように、市場に投入される製品の大多数は大抵赤字になるため、企業は失敗覚悟で多種多様な数多くの製品を市場に投入し、その検証過程に耐えた極一部の製品から利潤を得ているからである。また、文化産業に限らず、文化的財を扱わない一般的製造業であれ外食産業であれ何であれ、全くの新技術や新しいアイデアを基にしたイノベーションの需要は、製品投入時点では市場に存在していないため、企業はその需要の性質を探るために失敗を前提として市場に製品を投入せねばならず、成功するまで試行錯誤できるだけの内部資源が肝要であると指摘されているからである（Christensen, 2000; Johanson, 2004）。

　ここで重要なのは、試行錯誤するための資源が企業内部にあるとの指摘ではなく、失敗を前提とする点である。言い換えると、極力失敗を少なくする効率的な経営に対しては否定的にならざるを得ず、創造的イノベーションを達成する際には、知識の正当性検証の際に生じる不可避の失敗というある種の非効率を許容せねばならない点である。したがって、費用の縮減可能性という効率性よりも、まずは他にもこの種の必要悪な非効率がイノベーション過程に発生していないかを確認した上で、非効率に耐えるための資源は企業内部以外すなわち地理的環境も含む企業外部に存在できるのか、できるとしたらどのような地理的環境が有効な企業外部資源となるのか、を検討すべきであろう。

　本章3節1項で述べたように、イノベーションには創造性と効率性のトレードオフが存在するため、創造性を守るためにある程度の非効率を許容することの重要性は既存研究においても指摘されている。たとえば、知識の効率的流布

を前提としていた学習概念を批判した Grabher（2001）は、必ずしも効率的ではないが高い創造性を発揮するロンドンの広告産業集積を例にして、予測不可能な困難に立ち向かう組織能力である未来志向の適応能力 adaptability が重要となり、その実現には一定の組織的余裕と冗長性 redundancy への耐性が前提条件になると主張する。広告産業では、同じ企業グループ内や地域内でも、多様な哲学・アイデンティティー・ブランドを抱え込み、グループ内・地域内競争も起こす。また、広告制作過程は即興的であって、過去の成功例に囚われず、失敗もまた学習の源である。そのような冗長性の高い状況下で、新人達は無為な時期に雑用をこなし観察学習 learning-by-watching を通じ技術を磨く。無為は、効率性を重視した学習という狭い観点からすれば、時間と資源の浪費でしかない。しかし、この種の無為と組織的冗長性、別の言い方をすればある種の非効率への耐性こそが適応能力への基礎的組織的潜在力を生み出すと、彼は結論付ける。

　ここで述べられている冗長性とは、一般的に重複や余裕を意味する概念である。工学用語としては、「同一の機能を有する同一の性質の系統または機器が二つ以上あること」（日本機械学会、1997）と定義される。機器などに冗長性を与える目的は、予期せぬ事態や故障の発生に備えて、設計やシステム上の余裕を与えることにある。

　この冗長性概念には、Nonaka・Takeuchi（1995, pp. 70-83）が検討した知識創造過程においても重要な意味が付与されている。彼らは、個人の暗黙知が組織的知識創造の基盤であり、組織自体は知識を創れないとの認識に立つ[*12]。しかし組織は、個人の暗黙知を形式知に変換し、また暗黙知化していく知識創造過程に関わる成員を、個人レベルから、課、部、事業部門、そして組織の枠さえも超えていくように仕向ける。これこそが組織的知識創造過程であって、その時の組織の役割は、個人が知識を創造・蓄積しやすく、グループが活動しやすい適切な文脈を提供することにある。この役割を果たすために組織が必要とする要素の一つとして、組織成員が当面必要ない仕事上の情報を重複共有している状態である冗長性の重要性を指摘している。それが進んでいれば、成員間の暗黙知の共有を促進し、知識創造過程を加速させるという。

　また類似した概念として、Cohendet and Simon（2007）は、創造性を促進さ

せる存在として、日常業務には使用されていない知識や各種資源の肝要性を指摘し、それを「創造的緩み creative slack」と呼んでいる。彼らは、モントリオールのゲーム会社を例にして、創造性と効率性のバランスを成り立たせるために、日常的な開発業務を行う企業組織やプロジェクト組織とは異なるゲーム開発者コミュニティにおいて知識が蓄積することの重要性を指摘し、それが創造的緩みとして機能していると論じた。

ここで取り上げた、Grabher（2001）、Nonaka・Takeuchi（1995）、Cohendet and Simon（2007）の主張を比較すると、言葉こそ違えども、実はほぼ同一の思想に貫かれている。すなわち、組織内の創造性を高めるためには、組織の崩壊を招かないように一定の枠を嵌めつつも、可能な限り多様性を追求する必要がある。そのためには、ある程度の非効率が発生するのもやむを得ないと捉え、ただ一つの方向に向かってひたすら効率性を追求するようなやり方を肯定しない。事実、イギリスのテレビ番組制作において、効率性追求の結果である柔軟性の達成が、費用削減効果しか意味せず創造性の減退に繋がったとの指摘もある（Lash and Urry, 1994, pp. 123-125）。それゆえ、これら三論考の主張は全く妥当であるが、本章3節3項で明らかにした文化産業のイノベーションの性質を踏まえると、彼らの議論が、ほぼ組織内すなわち複数企業や個人労働者が参加する時限組織であるプロジェクト制および企業内に限定されている点は問題であるといわざるを得ない[*13]。

文化産業の場合、組織内における知識の正当性が高まっても、その知識の最終成果物たる製品を市場に投入して検証しないことには、その知識が真に創造的であって、なおかつ高い市場的価値に結実し得るかは分からない。それゆえ、内部で正当性を持つ知識を豊富に生み出すという意味で創造性の高い組織は、そうでない組織と比較して、市場で成功する可能性が相対的には高いだろうが、絶対的に高いとはいえない。それゆえ本節冒頭で述べたように、文化産業の市場における知識の正当性の検証過程は実に非効率であるが不可避でもあり、その際に発生する費用負担に企業は耐え抜かねばならない。企業は、成功した少数の製品以外に、多数の失敗作という重複を受け入れざるを得ない。ただし、継続的知識創造には、市場に製品を出すことによる知識の検証過程以外にも、不可避の非効率が発生しているという彼らの指摘もまた見逃せない。

以上の考察から、組織が知識創造を進め市場で成功するためには、企業内の情報交換レベル(「企業レベル」)とプロジェクト制の元での企業・労働者間関係レベル(「取引レベル」)、さらには企業外への製品投入レベル(「市場レベル」)、それぞれの段階で発生する一定の非効率を許容せねばならないことが明確になった。そこで、Grabher (2001) と Nonaka・Takeuchi (1995) の論考を踏まえて本書では、この「企業が製品を制作し販売する過程において、不可避的に生じる非効率」を「冗長性」と定義する。この冗長性への耐性(tolerance for redundancy)が高い企業こそが、種々の試行を数多く行えるため創造性が高くなり、結果的に多数のイノベーションを達成する可能性も高まり、経済的成功を収めると考えられる。本質的に予測不可能な不確実性が存在する市場におけるイノベーションには冗長性が欠かせない。別の言い方をすれば、効率性重視のイノベーションよりも、創造性重視のイノベーションにこそ冗長性が求められる。

5. 文化産業集積の分析視角

 ここまでの議論から得られた知見を整理しよう。近年文化産業は急速に成長しており、製品は世界中に流通するようになっているが、その生産部門企業は大都市へ集積する傾向にある。柔軟な専門化やそれを支援する都市の文化的・制度的基盤も集積要因として一定の妥当性を持つが、文化産業の生産の本質は研究開発であるため、創造性やイノベーションの視点から集積傾向が説明されるようになってきた。しかし、創造的な人材や環境に焦点を当てた研究は、分業の観点からの分析を欠く。そこで、一連のイノベーション研究が参考にはなるものの、文化産業が美的再帰性を内包しているため、学習概念を核とするイノベーション研究の成果を単純に適用できない。文化産業のように創造性に重きを置くイノベーションを成功させる条件として重要なのは、学習効率の高さではなく、各企業の冗長性の高さなのである。それを踏まえて産業集積利益を再検討すると、もちろん費用削減効果に繋がる柔軟性や創造的人材の存在は大切だが、最も本質的なのは冗長性への耐性を集積地が提供できるか否かである、といえよう。

冗長性は、本質的に予測不可能な不確実性が存在する市場を持つ産業では、文化産業に限らず重要ではある。しかし本章1節で示したように、文化産業には垂直分業が顕著な上、一つの製品を作る時に複数の生産部門企業が関与するのが一般的であり、分業が発達している。この結果、企業レベルもさることながら、取引レベルや市場レベルにより注目して企業が冗長性を確保できているか検討せねばならない。分業が重要になるため取引レベルに注目する理由は自明である。市場レベルが重要な理由は、経済的価値の実現を重視する流通部門企業と文化的価値の実現により力点を置く生産部門企業の分業体制の元で、文化産業は形成されているためである。創造性を発揮して製品を制作する中心はもちろん生産部門企業であるが、その製品を市場に出す際には流通部門企業が経済的価値を重視したゲートキーパーの役割を果たす (Hirsch, 1972, 1978, 2000; 佐藤, 2005)。それゆえに、流通部門企業が多様な製品を市場に出すことに寛容でなければ、生産部門企業にとって冗長性への耐性は低くなってしまう。結果的に、あまり創造的ではない製品が市場に多く出回る、つまりは効率性重視のイノベーションが中心となる可能性が考えられる。文化産業の集積利益の分析は、分業形態に十分留意して、企業の冗長性がどのように確保されているのか検討していかねばならないのである。

　冗長性概念を取り入れる利点は2点に要約できる。第1に、創造的イノベーションに寄与する複数の要因を同一の評価軸で捉えられる。たとえば、第4章以下で実証するように、集積利益である企業外部資源のみならず、集積利益とはいえない企業内部資源も、各企業における冗長性への耐性を増減させる場合がある。また、流通部門企業が過度に利益を重視して効率性を追求する行動を取れば、仮に豊富な企業内部資源と外部資源を有する企業でも、創造的イノベーションを達成するのは難しくなるだろう。このように、同一評価軸に基づき複数の創造的イノベーション促進・抑制要素を扱えれば、地理的決定論に陥らずに、ある産業や地域の集積利益の可能性と限界を見極められるだろう。

　第2に、文化産業における不可避の課題である効率性と創造性の相克を理論的に扱える。既存の文化産業の集積論では、この相克を理論的に消化し切れておらず、実証も一面的な理解に留まってきた。たとえば、Power and Scott (2004) は、場所と生産システムの密な混交が、文化経済の本質的特徴の一つ

であると指摘し、文化産業の集積要因を大きく四つ挙げている。①専門特化した企業や労働者間の近接性に基づく経済効率、②密なネットワークが存在する地域に存在する学習過程や創造的エネルギー、③製品の中に体化している地域文化的記号を理由とする場所特殊的競争優位、④才能ある人材を引き付ける特定の場所性、である。これらは、本章２節で確認した集積要因の彼らなりのまとめであり、個々に挙げられている要因に疑問は無い。しかし、①と②を特に留意もせずに併記している点から明らかなように、両立し難い効率性と創造性の関係を十分に意識しているとはいえない。それぞれの要因間の相互関係を等閑視した、無造作な並列になってしまっている。その原因は、文化産業集積に関する実証研究の成果は増えつつあるものの、理論的研究が不十分である現状に起因する。松原は、文化産業集積理論構築の手がかりとして空間的取引費用節約と大都市労働市場を挙げるが、創造性を醸成する地理的環境に関する検討に理論的難点があると指摘する（松原, 2006）。換言すれば、この場合の大都市労働市場は社会的分業の深化という点で取引費用節約の議論の延長上にある上に、取引費用節約とは効率性の観点からの集積利益を意味しており、創造性に関する議論が不十分なのである。このような背景があるため、上記②は一見創造性を重視しているようにみえて、創造性に必ずしも繋がらない学習過程が強調されている。創造性に関する検討が未だ不十分なまま文化産業の集積論が進展しているのである。同様に後藤（2005）も、文化経済学の立場から、創造的な場とは何かという理論的・実証的研究は課題として認識されつつも積み残されていると述べている。その認識を踏まえて彼女自身は、地理学の成果も取り入れた理論的検討を進め、空間における企業・個人・団体などの関係性や相互作用を検証する重要性を説く。そして、創造の成果が文化資本、社会関係資本、経済資本に転換され蓄積される過程と、その資源配分に関わる享受者による評価と対話の過程双方が重要であると結論付ける[*14]。言い換えると、文化産業集積の検討には、種々の主体間の関係に着目し、相異なる価値が実現されていく過程の把握が欠かせないのである。これは、企業間の関係性にも留意して、文化産業集積地における企業の冗長性への耐性を検討することで達成される。本書の議論に基づくと、創造的な場とは、各企業の冗長性への耐性を高め得るような場を意味する。流通部門企業と生産部門企業の力関係が、後者の創造性

5. 文化産業集積の分析視角

を著しくは毀損しない産業において、ある集積の利益が、企業の冗長性への耐性を高める形で説明されうるならば、その産業集積は創造的な場なのである。そして、文化産業が大都市に集積しているという事実からすれば、大都市こそ、このような企業の冗長性への耐性を高める要素が充実している地域であると考えられる。

よって、文化産業集積研究には、冗長性への耐性という分析視角を導入せねばならない。ただし、冗長性の確保が根本的に重要なのは、不確実性が非常に高い研究開発活動である。一方で文化産業には、観光業や一部の製造業なども含まれる。これらは、研究開発活動のみを立地要因と想定するのが難しい。その経済活動が生産とは縁遠い観光業はいうにおよばず、研究開発活動が重要な製造業であっても一般的な意味での「生産」部門である製造・量産部門が、立地要因として強く働くためである。製造・量産部門では、むしろ冗長性は排除すべきであって、費用削減を重視した効率性の達成が大切になる。それゆえ、冗長性という観点から企業立地を検討するためには、純粋に研究開発活動が生産といえる産業を研究対象とするのが望ましい。したがって、集積利益の検討に冗長性概念が必須とまでいえるのは、文化産業の中でも製品が情報財であり量産過程を事実上無視できるコンテンツ産業である点には留意すべきである。そこで本書では、製品が情報財であり量産過程を事実上無視できるコンテンツ産業に、以後議論を限定する。

市場レベルと取引レベルに重点を置く本書の問題意識を踏まえて産業集積現象を理解するためには、コンテンツ産業の中でも多様な投入要素が必要であり、より分業が進んでいると考えられる映像系コンテンツ産業が研究対象として適切である。そして、分業の特性が顕著に現れるため、生産部門と流通部門間の関係および多数の中小企業が関与する制作工程を中心に検討を進める。これらの条件に適合しつつ比較研究が可能になる事例として、部門間の分業関係と制作工程に相違がみられる前述の3つの映像系コンテンツ産業、すなわちテレビ番組制作業、アニメ産業、ゲーム産業を取り上げる。

なお、コンテンツ産業を実証的に研究する際には、生産と流通の二分法では必ずしも分業形態が理解できない局面が多いため、以下のようにコンテンツ産業の分業形態を分類する．コンテンツ産業の経済活動機能は、「創造・制作」、

「製品化・発売」、「流通・配信」、「公開・小売」の4つに大きく分けられる。それぞれを簡単に説明すると、「創造・制作」は、コンテンツの基本的アイデアや中身を決定し作成する機能であって、生産部門といえる．「製品化・発売」は、資金調達や、商品としてコンテンツを完成させることに責任を持ち、諸権利を主として保有する機能であり、次の「流通・配信」機能を担う企業が関与することが多いため、しばしば流通と一体的に扱われる。「流通・配信」は、商品形態となったコンテンツを、消費者や小売店の元へ届ける機能であり、狭義の流通分野に当たる。「公開・小売」は消費者がコンテンツを消費したり入手したりする場を提供する機能であり、これも産業によっては流通と区分できない場合がある。簡略化すれば、「創造・制作」が生産部門、残り3つが広義には流通部門に当たる。そう考えると、果たすべき役割が全く異なる各機能あるいは部門間の分業と、同一機能内の分業である制作工程上の分業を用語上区別する必要がある。そこで、前者を「機能分業」、後者を製造業になぞらえて「工程分業」と呼び、用語上区別する[*15]。

　以上を踏まえて、まず次章では各コンテンツ産業の概観として、産業集積が存在していることを簡単に確認する。さらに、イノベーションの成果としての国内市場規模と海外輸出額の傾向に、産業ごとに大きな差異があることを示す。

　そして、第4章以下では、各コンテンツ産業の機能分業と工程分業を確認しつつ、産業集積が生じる理由を分析する。また、「知識は個人だけが創造できる。組織は個人を抜きにしては知識を作り出すことはできない。組織の役割は創造性豊かな個人を助け、知識創造のためのより良い条件を作り出すことである」（Nonaka・Takeuchi, 1995, p.59）との認識に立ち、全般的にコンテンツ産業が労働集約的特徴を持つことを踏まえ、必要に応じて企業の競争力の源泉としての労働力にも注目していく。最終的に、コンテンツ産業におけるイノベーションを支える源泉として、産業集積や冗長性がいかなる役割を果たしうるのか、各コンテンツ産業の比較検討を通じて解明する。

注　　　　　　　　　　　　　　　　35

* 1　Hirsch（1972）は、需要が比較的安定的な文化商品の例として、教科書、児童書、クラッシクレコードも挙げているが、消費者が限定的であり、文化産業の中では市場規模が小さい分野であると考えられる。
* 2　同一産業の生産部門内においても、報酬や観客の違いによって別個のサブセクターが存在し、そのセクター内組織は同一地域に立地することが少なくない（佐藤, 1999, p. 59（付記）の注23）。
* 3　グローバルな少数寡占企業が発揮する産業支配力の大きさから、柔軟な専門化説に基づく産業集積を過度に強調することには批判もあるが（Aksoy and Robins, 1992; Cornford and Robins, 1992; Coe and Johns, 2004）。しかしそれらとて、生産部門たる中小企業による産業集積の形成を否定はしていない。
* 4　柔軟な専門化概念は、必ずしもイノベーションを等閑視していない。しかし、柔軟な専門化のシステムは技術面で停滞する危険性が高いために、その危険性を和らげる調整機構の存在が議論されているのであって、積極的にイノベーション促進機能を検討してはいない（Piore and Sable, 1984, pp. 263-272）。
* 5　たとえば水野（2005）は、「都市のイノベーション能力あるいはクリエイティブな都市」と前置きして、都市の創造性（クリエイティビティ）の議論を用いて、都市に関するイノベーションの地理学の検討も行っており、創造性とイノベーションの相違を明確に区別していないことが読み取れる。
* 6　池上（2003, pp. 16-21）は、暗黙知と形式知の相互依存関係が崩れ、暗黙知の根を持たない形式知が氾濫すると、「芸術文化の疎外状況」を生み、娯楽性と実用性に重点が置かれるようになると批判している。
* 7　本来、知識と情報は区別されるべきものであり（Nonaka and Takeuchi, 1995）、それぞれが関係する産業集積利益も性質が異なるが（Asheim and Coenen, 2007）、知識と情報の区別が明確ではない議論が珍しくないのも学習の議論の特徴である。なぜそうなるかは、本文中で議論されている、学習概念の第二の問題点と関係がある。
* 8　Buzz とは、直訳すれば「ざわめき」「噂」「無駄話」などを意味する。Storper and Venables（2004）によると、対面接触は非常に効率的なコミュニケーション技術であって、不安定な環境下における調整と動機問題を克服する手段である、内集団への参加候補者となって在籍し続けることを可能にする社会化の鍵となる要素である、心理的動機付けの直接的源泉である、としている。そして buzz は、これらの特徴の複合効果と定義している。
* 9　暗黙知が個人に体化するため、その個人が物理的に移動すれば、暗黙知の移転は不可能ではないとの指摘もある（山本, 2005, pp. 173-174）。
*10　ファッション製品が市場に出る前に、集積内外双方からの情報を元に試行錯誤による学習が産業集積内で行われることによって、より精度の高い情報が得られるため、

集積内企業は競争力を発揮するものの、それでもなお新製品には高い確率での失敗が想定されている（Aage and Belussi, 2008）。
*11 文化産業の中でも、新規性だけに重きを置かず漸進的イノベーションも必要とされるデザイン産業の場合は、顧客の要望を取り入れる必要があるため、知識や市場の需要を他企業あるいは産業集積外部から取り入れる重要性が大きいことが指摘されている（Sunley et al., 2008）。この場合求められる社会的条件は、新規性への要求が大きいコンテンツのイノベーションに必要な条件とは異なっていると考えられる。
*12 暗黙知という概念を初めて確立したPolanyi（1966）は、暗黙知を個人に体化するものだけではなく、人間や生物が発見あるいは突き進んでいくより高次な潜在的な可能性として捉えている。したがって、知識を創造できるのは個人のみであるとしたNonaka・Takeuchi（1995）による暗黙知の性質は、Polanyiによる定義とは異なっているようにも思えるが、彼は暗黙知を普遍的に存在するような静態的真理としては捉えていない。あくまでも、暗黙知によって認識される高次な潜在的可能性は、人間の発達や生物進化の過程で創発されていくものなのである。また、本書における議論の焦点は、個人が有する暗黙知をいかにして広範に浸透させるか、すなわち創造的な商品として市場に送り出すかである。よって、人間以外の生物を埒外に置き、個人を基準にして暗黙知の議論を展開しても、Polanyiによる暗黙知の議論の一側面に焦点を当てているとはいえるだろうが、定義から大きく逸れるとは考えにくい。むしろ、文化産業集積における創造性の検討には資する所が大きいといえるだろう。
*13 プロジェクト制は、市場と企業組織の二分法の中間に位置付けられ、理論的にはネットワーク概念に支えられる。また、プロジェクト制は「制度化の終端」を有する「時限組織」であって、研究の焦点は企業間から個人間にも拡大している（Grabher, 2002a）。
*14 なお後藤の議論は、都市における公共政策としての文化政策を重視するため、文化的価値、経済的価値に加え、社会関係資本に基づく社会的価値も議論の俎上に載せている。本書は、都市ではなく産業に焦点を当てているため、社会的価値に関する議論は外生的に扱う。
*15 工業地理学などで一般的な、「工程間分業」という表現を用いない理由は、複数企業間の同一工程内分業の存在を強調するためである。

第3章　コンテンツ産業の立地と市場規模概観

1. はじめに

　本章では、本書で事例とする3産業以外にもいくつかのコンテンツ産業を含めて、統計資料を基にして立地と市場規模の概観をみていく。それによって、しばしば日本のコンテンツ産業と一括りにされることのある各コンテンツ産業の相違点を浮き彫りにし、4章以下の議論に繋げる。

　本章の目的は産業間比較にあるため、それぞれの産業について詳細に理解することよりも、同じ出所の資料を用いて、同一項目を比較可能にすることを優先した。その分、概観的な記述となり、物足りなさが残る面は否定できない。

　一方、事例3産業を取り上げるそれぞれの章においては、個別産業の深い掘り下げを主目的とした資料選択を行う。したがって、本章で示したあるいは類似する統計資料を再掲する場合があるものの、必ずしも産業間比較には適さない場合がある。

　本書で取り上げた統計資料を利用する際には、この点について留意願いたい。

2. コンテンツ産業の立地

　第1章3節で述べたように、様々な期待が寄せられているコンテンツ産業であるが、その概念自体が新しいため、特に日本では、単発的な調査に基づく集計を除けば、企業数や従事者数といった基本的統計すら判然としない産業が多い。2007年の日本標準産業分類第12回改定において初めて、コンテンツ産業の実態に即した分類が登場したが、多くは細分類であるためほとんど活用さ

れておらず、全国的な集計も行われていない。

　一方、近年拡充されてきた公的統計の二次利用制度を利用すれば、コンテンツ産業の基本的統計も把握可能となる。そこで本書では、公的統計の二次利用制度を利用して入手した平成21年経済センサスの一部個票データから、「ゲームソフトウェア業」「映画・ビデオ制作業（テレビジョン番組制作業、アニメーション制作業を除く）」「テレビジョン番組制作業（アニメーション制作業を除く）」「アニメーション制作業」「映画・ビデオ・テレビジョン番組配給業」「レコード制作業」「ラジオ番組制作業」の7産業細分類における事業所数・従業者数・立地を明らかにする．

　ただしこの集計には、以下のような限界がある点には留意が必要である。まず個票の「主な事業内容」欄からその事業所が該当する細分類を判断しているものの、その記入内容には、個票に記入されている小分類項目とは齟齬があるものや、どの細分類に該当するのか見極めが付かないものが多数存在しているため、一定の修正作業を施している。たとえば、小分類では「G391 ソフトウェア業」と記入されていても、業務内容は「アニメーションの背景の作製」となっている場合、「主な事業内容」の記入を優先し、細分類を「4113 アニメーション制作業」とした。ゆえに、この集計はあくまで本書の基準に基づくものであり絶対的なものではないと理解されたい。また、筆者が把握している限りでは、確かに存在しているはずの事業所の個票がないという例もかなりかみられた。したがって、ここで把握できた以上の事業所数が実際にはある可能性が高い。

　このような留意点はありながら、各コンテンツ産業別の事業所数と日本における立地傾向（表3-1）および、各地域別の従業者数（表3-2）が得られた。これらからは、大きく次の5点が読み取れる。第1に、いずれの産業においても東京圏なかんずく東京都区部への事業所立地が顕著となっており、図3-1～3からもそれが明瞭である。第2に、東京都区部への集積傾向がみられるといっても、その度合いが特に高い産業と、相対的に低い産業がある。第3に、東京都区部以外においても、実数こそ少ないものの、名古屋市・大阪市・札幌市・福岡市といった大都市部に事業所が集まっている。第4に、従業者数基準でみると、事業所数基準よりも一層の東京への集積傾向がみられる。

2. コンテンツ産業の立地

表 3-1　日本のコンテンツ事業所立地（2009 年）

地域	ゲーム		映画ビデオ制作		テレビ番組制作		アニメ制作		映像配給		レコード制作		ラジオ番組制作	
	件数	(%)	件数	(%)	件数	(%)	件数	(%)	件数	(%)	件数	(%)	件数	(%)
東京圏	178	61.8	1,388	53.8	769	57.3	258	89.6	69	62.2	471	75.4	64	57.1
（東京都）	143	49.7	1,168	45.3	682	50.8	238	82.6	66	59.5	391	62.6	49	43.8
（東京都区部）	124	43.1	1,057	41.0	653	48.6	157	54.5	65	58.6	353	56.5	44	39.3
中京圏	12	4.2	142	5.5	64	4.8	2	0.7	2	1.8	13	2.1	7	6.3
（名古屋市）	9	3.1	76	2.9	50	3.7	1	0.3	0	0.0	8	1.3	3	2.7
京阪神圏	50	17.4	286	11.1	195	14.5	11	3.8	13	11.7	63	10.1	22	19.6
（大阪市）	31	10.8	154	6.0	145	10.8	9	3.1	10	9.0	31	5.0	15	13.4
その他	48	16.7	764	29.6	315	23.5	17	5.9	27	24.3	78	12.5	19	17.0
（札幌市）	16	5.6	44	1.7	34	2.5	3	1.0	1	0.9	11	1.8	3	2.7
（福岡市）	10	3.5	49	1.9	29	2.2	0	0.0	7	6.3	7	1.1	1	0.9
合計	288	100.0	2,580	100.0	1,343	100.0	288	100.0	111	100.0	625	100.0	112	100.0

注：ここでいう「東京圏」は千葉県・埼玉県・東京都・神奈川県，「中京圏」は愛知県・岐阜県・三重県，「京阪神圏」は京都府・大阪府・兵庫県 を意味する．「映像配給」は「映画・ビデオ・テレビジョン番組配給業」の略語である．

（平成 21 年経済センサス個票データにより作成）

表 3-2　日本のコンテンツ産業従業者数（2009 年）

地域	ゲーム		映画ビデオ制作		テレビ番組制作		アニメ制作		映像配給		レコード制作		ラジオ番組制作	
	人数	(%)	人数	(%)	人数	(%)	人数	(%)	件数	(%)	人数	(%)	人数	(%)
東京圏	6,561	61.1	16,828	66.1	18,477	70.8	5,126	91.4	1,339	66.9	5,613	85.7	505	55.3
（東京都）	6,079	56.6	15,889	62.5	18,008	69.0	4,894	87.2	1,334	66.7	5,399	82.4	455	49.8
（東京都区部）	5,796	53.9	15,181	59.7	17,850	68.4	3,296	58.8	1,333	66.6	5,180	79.1	443	48.5
中京圏	264	2.5	1,040	4.1	850	3.3	6	0.1	8	0.4	48	0.7	23	2.5
（名古屋市）	223	2.1	635	2.5	785	3.0	4	0.1	0	0.0	27	0.4	8	0.9
京阪神圏	2,508	23.3	1,804	7.1	2,613	10.0	347	6.2	71	3.5	241	3.7	197	21.6
（大阪市）	1,586	14.8	1,091	4.3	2,278	8.7	102	1.8	65	3.2	173	2.6	157	17.2
その他	1,411	13.1	5,768	22.7	4,171	16.0	131	2.3	583	29.1	648	9.9	189	20.7
（札幌市）	253	2.4	440	1.7	595	2.3	24	0.4	3	0.1	70	1.1	12	1.3
（福岡市）	579	5.4	1,425	5.6	706	2.7	0	0.0	341	17.0	274	4.2	21	2.3
合計	10,744	100.0	25,440	100.0	26,111	100.0	5,610	100.0	2,001	100.0	6,550	100.0	914	100.0

注：ここでいう地域区分と略語は表 3-1 と同じである．

（平成 21 年経済センサス個票データにより作成）

40　第3章　コンテンツ産業の立地と市場規模概観

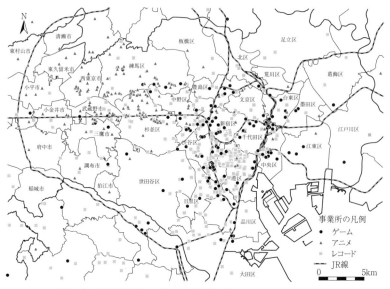

図3-1　東京都近辺のコンテンツ産業立地（ゲーム、アニメ、レコード）
（平成21年経済センサス個票データにより作成）

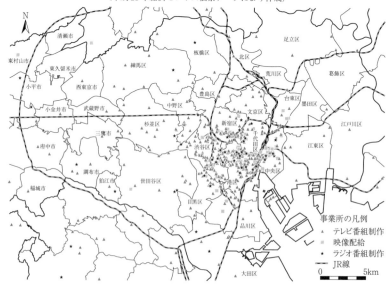

図3-2　東京都近辺のコンテンツ産業立地（テレビ番組制作、映像配給、ラジオ番組制作）
（平成21年経済センサス個票データにより作成）

2. コンテンツ産業の立地　　41

図3-3　東京都近辺のコンテンツ産業立地（映画ビデオ制作）
（平成21年経済センサス個票データにより作成）

　また、産業構造の観点からみると、第2章で触れたように、コンテンツ産業では多数の中小企業が生産部門を構成し産業集積が発達する傾向が一般的である。本集計結果からも、従業者規模が10人に満たない事業者が数多く存在することが分かる（表3-3）。
　事例3産業を中心とするコンテンツ産業集積要因の詳細な分析は後の章に譲るが、日本は中央政府の権限が強く、大企業本社の多くが東京都心部に立地していることもあり、監督官庁あるいは広告主としてそれらと強く結びついている大手メディア企業すなわち流通部門企業も、大多数が東京都に立地している。この結果、実制作を担う中小企業も東京都区部へと集積する（図3-1～3）。ただし、ゲーム産業のように、こうした監督官庁や広告主との関係性が薄かったり、産業を支配する大手メディア企業といえるような存在がない、もしくはその力が弱かったりすると、大手メディア企業との近接性が重視されず、一定の地方分散が起きる（第7～8章を参照）。またアニメ産業は、実制作企業同士の結び付きが強く、その要因から受ける影響が大きいため、産業成立期の大手企

表3-3 日本のコンテンツ産業における事業所別従業者数（2009年）

従業者数（人）	ゲーム		映画ビデオ制作		テレビ番組制作		アニメ制作		映像配給		レコード制作		ラジオ番組制作	
	件数	(%)	件数	(%)	件数	(%)	件数	(%)	件数	(%)	件数	(%)	件数	(%)
1～4	74	25.7	1,438	55.7	502	37.4	91	31.6	52	46.8	415	66.4	64	57.1
5～9	50	17.4	594	23.0	298	22.2	51	17.7	23	20.7	111	17.8	22	19.6
10～19	44	15.3	294	11.4	239	17.8	64	22.2	12	10.8	57	9.1	16	14.3
20～29	36	12.5	98	3.8	94	7.0	24	8.3	5	4.5	9	1.4	4	3.6
30～49	33	11.5	77	3.0	79	5.9	31	10.8	13	11.7	10	1.6	2	1.8
50～99	31	10.8	47	1.8	80	6.0	16	5.6	3	2.7	13	2.1	3	2.7
100～	18	6.3	29	1.1	47	3.5	9	3.1	2	1.8	8	1.3	0	0.0
派遣従業者のみ	2	0.7	3	0.1	4	0.3	2	0.7	1	0.9	2	0.3	1	0.9
合計	288	100.0	2,580	100.0	1,343	100.0	288	100.0	111	100.0	625	100.0	112	100.0

注：ここでいう略語は表3-1と同じである。
（平成21年経済センサス個票データにより作成）

業が立地していた西武池袋線から中央線沿線にかけて企業立地が進み、大手メディア企業が立地する都心部指向が未だに弱い点で、コンテンツ企業としては珍しいといえる（第5章を参照）。

大手メディア企業との近接性だけに留まらず、大都市部には多様な商業・娯楽・文化施設、さらには多様な生き方を受け入れる寛容性など、いわゆる創造的人材が好む制度・文化・居住環境などが存在し、それが彼らの創造性を刺激することなどから（Florida, 2002）、東京圏の中でも活気に満ちた繁華街が複数存在する東京都区部への事業所立地を促進する面もある。そのため、大手メディア企業の存在感が相対的に薄くとも、東京都区部への集積傾向が著しく弱まりはしない。もちろん、レコード産業のように、大手メディア企業とのつながりに加え、渋谷や下北沢といったライブハウスが多く立地し若者に好まれる繁華街の存在も重要な産業では双方が影響している（増淵、2010）。

以上の集積因子は、東京都と比べれば顕著ではないものの、他の大都市部にも共通するものである。すなわち、行政機能と有力企業本社立地などの中心性や、各種施設や商業地などの都市機能や都市文化の存在である。中心性が影響している典型例としては、メディア企業たる放送局の強い影響下にある、テレビ番組制作業とラジオ番組制作業があげられる（第4章を参照）。ただし放送局は、政策的にそれぞれの地方にも設立されており、その周辺に一定のテレビ番

組制作企業が立地する。

　最後に、ここまでで言及していない、映画・ビデオ制作業と映画・ビデオ・テレビジョン番組配給業の立地特性にも触れておく。前者は、製品が映画・企業 VP など広く映像一般であるため、発注元が大手メディア企業である映画会社や広告代理店、さらには一般企業など多彩である。したがって、東京都心部周辺と地方でも一定の企業数が立地していると考えられる。つまり、企業数が多い上に、様々な立地因子が働くため、集積傾向自体は変わらないが、それ以外の立地特性もみられるのである。後者は、制作を行わないが、メディア企業との繋がりが強いため、メディア企業と立地傾向も似通うと考えられ、東京都近辺では基本的に都心部にしか立地していないのが特徴的である。

　これら全体の傾向をまとめると、小なりといえども東京都以外の大都市部にも一定数のコンテンツ産業集積が存在するが、大都市部以外には極めて少数のコンテンツ企業しか立地しないのである。ただ、各コンテンツ産業内での大手企業はやはり東京都区部に集まる傾向が強いため、事業所数よりも従業者数でみた場合の東京都区部への集積傾向が一層明瞭となっている。

3. コンテンツ産業の市場規模

　日本国内のコンテンツ産業の経済規模は、デジタルコンテンツ協会による『デジタルコンテンツ白書』が 2001 年から毎年集計している。ここで取り上げられているコンテンツ産業の市場分野は大きく 4 分類からなり、映画・テレビ番組などからなる「動画」、CD・コンサート・カラオケなどからなる「音楽・音声」、家庭用・携帯用・アーケードなどからなる「ゲーム」、書籍・新聞・広告などからなる「静止画・テキスト」である。その最新版であるデジタルコンテンツ協会編（2014）によると、2004 年に 12 兆 3,247 億円であった市場規模は 2013 年に約 11 兆 9,094 億円へと市場規模は縮小している（表3-4）。その最大の要因は、映像や音楽配信・オンラインゲームといったいわばインターネットコンテンツの市場規模は急成長したものの、その影響も受けた書籍・新聞広告・音楽 CD・カラオケ・アーケードゲームといった旧来型コンテンツの市場規模が大きく減少した点にあるだろう。つまり、インターネットコンテンツの

表3-4 日本のコンテンツ産業市場規模

項目		2004年 億円	%	2013年 億円	%	13/04 伸び率(%)
動画	パッケージソフト売上	7,233	5.9	4,987	4.2	68.9
	ネットワーク配信	173	0.1	1,190	1.0	687.9
	フィーチャーフォン配信売上	11	0.0	40	0.0	363.6
	映画興行収入	2,109	1.7	1,942	1.6	92.1
	テレビ放送・関連サービス収入	35,171	28.5	35,274	29.6	100.3
	ステージ入場料収入	1,456	1.2	1,371	1.2	94.2
	小計	46,153	37.4	44,804	37.6	97.1
音楽・音声	パッケージソフト売上	6,350	5.2	3,893	3.3	61.3
	インターネット配信	14	0.0	475	0.4	3392.9
	フィーチャーフォン配信売上	1,374	1.1	490	0.4	35.7
	カラオケ売上	5,676	4.6	4,535	3.8	79.9
	コンサート入場収入	1,365	1.1	2,471	2.1	181.0
	ラジオ放送・関連サービス収入	2,099	1.7	1,367	1.1	65.1
	小計	16,878	13.7	13,231	11.1	78.4
ゲーム	パッケージソフト売上	3,771	3.1	2,537	2.1	67.3
	オンラインゲーム運営サービス売上	367	0.3	6,788	5.7	1849.6
	携帯電話向けゲーム売上	412	0.3	964	0.8	234.0
	アーケードゲームオペレーション売上	6,492	5.3	4,530	3.8	69.8
	小計	11,043	9.0	14,819	12.4	134.2
静止画・テキスト	書籍販売	9,429	7.7	7,851	6.6	83.3
	雑誌収入	16,968	13.8	11,471	9.6	67.6
	フリーペーパー・フリーマガジン	—	—	2,289	1.9	—
	新聞社総売上	20,123	16.3	15,600	13.1	77.5
	インターネット配信売上	33	0.0	873	0.7	2645.5
	フィーチャーフォン配信売上	806	0.7	953	0.8	118.2
	インターネット広告	1,634	1.3	7,203	6.0	440.8
	モバイル広告	180	—	—	—	—
	小計	49,174	39.9	46,240	38.8	94.0
総合計		123,247	100.0	119,094	100.0	96.6

(財団法人デジタルコンテンツ協会(2014)により作成)

成長効果を旧来型コンテンツの衰退効果が相殺してしまったのである。

海外輸出に関しては、ヒューマンメディアの『日本と世界のメディア×コンテンツ市場データベース』が2007年より毎年各種資料から推計している。コンテンツ産業の場合、海外からの「ライセンス売上(権利収入)」を輸出額と考える形が最も妥当なものとなるため、「輸出」という概念が製造業における「輸出」とは異なる上に、コンテンツ産業同士でも産業構造の違いなどから、単純に産業間比較はできない。ただ、ヒューマンメディア(2014)は、最新の

3. コンテンツ産業の市場規模　　　　　　　　　　　　　　　45

表3-5　日本のコンテンツ輸出額

産業名	ライセンス売上 （億円）	海外向け出荷・サービス売上 （億円）
映画	63.3	きわめて少ない
テレビ番組	62.2	きわめて少ない
アニメ	169	きわめて少ない
音楽（ソフト）	2.9	0.98
音楽（ライブ）	出演料：5.4	なし
家庭用ゲームソフト	きわめて少ない	2042.0
PC オンラインゲーム	35.2	海外法人売上：1247.7 日本からの海外直接売上：0.6
スマートフォン＆ タブレットゲーム	47.3	海外法人売上：398.5 日本からの海外直接売上：11.7
出版	110.0	きわめて少ない

注1：集計年度は,
　2013年度：映画, アニメ, PC オンラインゲーム, スマートフォン＆タブレットゲーム
　2012年度：テレビ番組, 音楽（ライブ）家庭用ゲームソフト
　2011年度：出版
　2010年度：音楽（ソフト）
注2：映画とテレビ番組のライセンス売上は, それぞれ約半分と41.7%がアニメの売上である。
　また, 出版売上のほとんどはマンガである。
（ヒューマンメディア（2014）により作成）

　推計値として日本のコンテンツ産業の海外市場規模を1兆450億円と見積もっており、国内市場規模に対して1/10程度の規模しかなく、あまり大きなものではない。また、ゲーム・マンガ・アニメに関係する輸出額がほとんどであり、なかでもゲーム関係の存在感が大きいといえる（表3-5）。

　ここで興味深いのは、国内市場規模の大きさと海外輸出額は必ずしも比例しない点である。本書の事例3産業についていえば、テレビ放送・番組制作業とほぼ同じとみなせる「テレビ放送・関連サービス収入」では国内市場規模が約3兆5千億円あるにもかかわらず、テレビ番組の輸出額となると63.3億円に過ぎず、しかもこのうち41.7%がアニメの輸出額である。そのアニメ産業単体で見ると、2012年の国内市場規模が1,725億円（日本動画協会 データベースワーキンググループ, 2013）とテレビ放送・番組制作業の国内市場規模よりも遙かに小さいが、輸出額は169億円もある。つまりアニメ産業は、テレビ放送・番組制作業に比べて、その国内市場規模の割には輸出が盛んなのである。逆にいえば、テレビ放送・番組制作業は極めて輸出が不活発という特徴がある。さらに家庭

用ゲーム産業についてみると、パッケージソフトの国内市場規模が2,500億円程度であるのに対して、海外市場出荷額が2,000億円程度あり、やはりテレビ放送・番組制作業よりも輸出が盛んと見なせる。

　アニメ産業と家庭用ゲーム産業のどちらが活発に海外輸出を行っているか、単純に数値比較することは難しい。しかし、オンラインゲームの隆盛も影響して大きく海外出荷額を減らしている家庭用ゲームソフトであっても（第7～8章を参照）、ゲーム会社自身の海外市場出荷額≒海外市場規模が2042億円（2012年）であるのに対して、アニメはキャラクター商品売り上げも含んで約2833億円（2013年）である。このキャラクター商品売上額が丸々アニメ会社の売上とはならないため、アニメ会社自身が海外から得られるのはライセンス売上169億円である一方、2013年の国内売上はアニメ業界市場規模1,834億円から169億円を引いた1,665億円である（増田, 2014; 第5章も参照）。したがって、国内市場に対する海外市場の重要性は、アニメ会社よりもゲーム会社にとって大きい。ゆえに、家庭用ゲーム産業は、日本のコンテンツ産業の中では最も海外市場進出が進んでいる産業とはいえるだろう。

　このように、最も国内市場規模が大きいテレビ放送・番組制作業の輸出が全く振るわないのに対して、同じくテレビ放送も重要な市場であるアニメ産業や、ゲーム産業は、なぜ相対的に小さい国内市場規模にもかかわらず放送・番組制作業より輸出額が大きいのか。この問への答は、本書が示そうとしている、産業集積や冗長性がコンテンツ産業におけるイノベーションに果たす役割を理解することで導出される。それゆえ、本書の結論となる第9章において、事例3産業のこういった相違をもたらした要因を明らかにしよう。

第4章　テレビ番組制作業の地域的展開と産業集積

1. はじめに

　分業の観点からみてテレビ番組制作業は[*1]、流通部門と生産部門を垂直統合していた企業から生産部門が外部化して成立したという特徴が、アニメ産業やゲーム産業と異なる。そのため、多数の中小企業からなる生産部門に対し、寡占化した流通部門は強い産業支配力を保持するというコンテンツ産業の典型例がみられる。まずは、各国の映像産業の特徴の確認を通じて、テレビ番組制作業の産業集積現象を解明するための視点を導き出す[*2]。

　アメリカにおける番組制作の中心は、ハリウッドの映画会社である。第2次大戦後しばらくは映画会社とテレビ局は激しい対立関係にあったが、映画不況に直面していた映画会社が1950年代末頃から番組供給を始めるようになり、テレビ番組制作の中心地もニューヨークからハリウッドに移りだした。そして、1970年代にはいわゆる「フィン・シンルール Fyn-Syn Rules (Financial Interests and Syndication Rules)」によって、当時三大ネットワークと呼ばれたテレビ放送網は、自主制作番組の割合を制限され、番組所有権の保持を禁止された[*3]。その結果、ハリウッドの映像制作会社が番組制作を担う傾向が決定的になった上、放送局側は制作会社への支配力を失うに至った (Storper, 1997, pp. 83-103; ハイビジョン普及支援センター, 1998; 浜野, 2003, pp. 256-257; Scott, 2005, pp. 61-78)。

　アメリカの隣国であるカナダでは、伝統的にトロントなどの東部を優遇する政策が実施されてきた。しかし、補助金の提供などの施策によって、西部のバンクーバー周辺にはハリウッドの撮影ロケが誘致されるようになり、当地はハ

リウッドの強い影響下にはあるが一大映像制作地として成長するに至った（Gasher, 1995; Coe, 2000a, 200b, 2001; モール, 2001; Coe and Johns, 2004）。

　イギリスでは、映像制作会社のみならず、代表的な放送局であるBBCやITVの意思決定機能もロンドンに一極集中する。ただし、1990年から本格化した放送自由化の進展と歩調を合わせ、中央の放送局との繋がりを得て成長した地方もある。また、映画製作に際しては[*4]、ハリウッドメジャーからの資金提供が多く強い影響下にある（Cornford and Robins, 1992; Lash and Urry, 1994; Blair and Rainnie, 2000; 片岡, 2001, pp. 245-257; Bassett, et al., 2002; Coe and Johns, 2004）。

　ここまでの国々では、同じ英語圏の国であるということもあり、莫大な資金力と配給網を持つハリウッドメジャーの影響力が強く働いている。一方、非英語圏のドイツでは、映像制作に対するハリウッドの影響は強くない。また、放送事業の所管が全て州によって担われているため、各地の放送局の自立性が高く、映像産業はかなり分散的で州間の競争も活発である。新規の放送局の立地に合わせて、特定の都市で映像産業が成長する事例もみられる（片岡, 2001, pp. 257-262; Bathelt, 2002; Krätke, 2002a, 2002b; Sydow and Staber, 2002; Bathelt and Boggs, 2003; Bathelt and Gräf, 2008）。

　以上の諸外国における映像産業の例から、ハリウッドメジャーを除けば、各国の放送行政に強い影響を受けるテレビ局が流通部門を担っている点を確認できる。そして、流通部門企業の立地や外注戦略が、特定地域における生産部門企業の成長を強く規定しているといえよう。そういう意味では、各国ごとに性格の異なる放送行政こそがテレビ産業動向の鍵を握っているため、日本の放送行政の動向とテレビ局への影響をまず確認する。次に、テレビ局と番組制作会社の分業形態を明らかにしていき、産業集積現象の理解に繋げる。

　本稿の調査は主として番組制作会社を対象に行っている。まず2004年6、7月に、番組制作会社5社への予備的聞き取り調査を行った。次に、企業票1通と個人票2通を同封した質問票を、「日本民間放送年鑑2003」所収の名簿に基づき、2004年11月と2005年1月の2回発送した。それぞれ2004年12月および2005年3月までに回収をした。合計有効送付数は1,195通であり、企業票は93社（回収率7.8%）、個人票152人（同6.4%）から有効回答を得た[*5]。こ

れらの結果を踏まえながら、2005年1月から2006年6月にかけて、予備調査対象企業への再訪も含め、38の企業・団体に聞き取り調査を行った。

2. 日本のテレビ放送業の成立過程と特徴

(1) 日本の放送行政とテレビ局のネットワーク形成

　テレビ放送業が行政から影響を受けやすい一因は、放送以外にも無線通信などの様々な用途で使用される点で公共性が高い電波を、地上波放送や衛星放送が利用する点にある。特に日本では、国が全ての電波使用者に対してそれぞれが使用可能な電波帯を割り当てて無償で免許を与えるため、テレビ放送業に対する国の影響力は大きい（池田, 2006, pp.13-26）。それゆえ、テレビ番組制作業が抱える問題も、まさに日本の放送行政に端を発している。順を追ってそれを確認するために、まずは日本のテレビ放送業の概観を確認しよう。

　現在、世界のテレビ番組は、地上波だけではなく衛星・ケーブル・ネット配信など、様々な経路によって視聴者の手元に届けられるようになっており、数十～数百のチャンネルを自宅で視聴可能な環境も一般化している。日本でもそのような環境が整備されつつあるが、少なくとも2015年時点では、テレビ放送業の中核を担っているのは東京都に立地する少数の地上波放送局であり、本質的にその状況は日本でテレビ放送が開始された1953年より変化していない。

　地上波テレビ放送局は現在、NHK以外に民放局127社が存在する[6]。その内訳は、大都市圏に立地する独立系13局以外に[7]、「キー局」と呼ばれる東京都に立地する5局（日本テレビ放送網、東京放送、フジテレビジョン、テレビ朝日、テレビ東京）と、それが機軸となる「ニュースネットワーク」に加盟するローカル局が109局である（表4-1）[8]。このニュースネットワークの存在によって、キー局とローカル局は事実上の系列関係にある。

　表現の多様性と多元性を確保し言論の自由を守るため、同一資本による複数のメディア支配を防ぐ「マスメディア集中排除原則」に基づき[9]、各テレビ局間の関係は理念上独立性が高いはずであった。しかし、当初はその名の通り各局の取材や報道の協力を目的として成立したニュースネットワークが、やがて番組流通機構に発展し、主に東京のキー局が制作した番組の全国配給網とし

表4-1　ニュースネットワーク一覧

名称	キー局	発足年	加盟局	クロス局	無ネット県
JNN	東京放送	1959	28	0	4
NNN	日本テレビ	1966	30	3	2
FNN	フジテレビ	1966	28	2	4
ANN	テレビ朝日	1970	26	2	6
TXN	テレビ東京	1991	6	0	26

注：「クロス局」は加盟局のうち、他ネットワークにも加盟している局を、「無ネット県」はネットワーク加盟局がない県を意味する。
(稲田（1998, p. 15）および日本民間放送連盟編（2014, p. 602）により作成)

て機能するに至り、多くのローカル局は番組放送や制作の自主性を著しく喪失するようになっていった。

　ローカル局が事実上キー局の傘下に入り、東京都の放送局が実質的に全国の放送網を掌握するようになったのは、文字通り民間企業である民放テレビ局が、先述した電波帯の分配力つまり放送免許の許認可権を背景とする政治介入をしばしば受けてきた帰結である（池田, 2006）。たとえば、1970年代に田中角栄が行ったテレビ局の資本関係の整理などを通じて、大手新聞社によるキー局の系列化が明確になり、この時点でマスメディア集中排除原則が有名無実化した。また、少なくない民放テレビ局の設立は市場原理ではなく政治家などの利害調整に基づいて決定されたため、各地方の経済力を無視する形でローカル局が立地する結果となった[*10]。さらに、1980年代から大都市部と地方の間に存在する視聴可能チャンネル数格差を解消する「一県四局政策」を郵政省は推進し、1990年代に「平成新局」ともいわれる新局開業が続き、各地方の経済力と立地局数の不一致傾向に拍車がかかった。つまり、個々の放送局の採算の検討は不十分なものであったため、経営を成り立たせるためにローカル局はキー局から事実上の経営補助を受け取る形で系列化されるようになっていった。

　この経営補助は、具体的には「ネットワーク配分金」として与えられる。これを、西（1998）に基づき説明しよう（図4-1）。ある局で制作された番組を、ネットワーク系列内で他の局に流す場合、前者をネットワーク発局、後者をネットワーク受局という。そして、ネットワーク発局になるのは圧倒的にキー局である。ネットワーク発局は、広告代理店を経由してスポンサーから受け取った広告料を元に「タイム」収入と呼ばれる番組に提供される電波料と（碓井,

2. 日本のテレビ放送業の成立過程と特徴　51

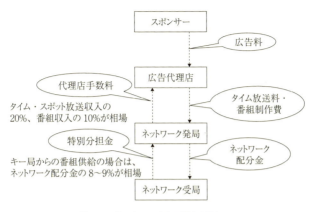

図4-1　ネットワーク内の資金の流れ
（西（1988, p.31）の図を筆者改変）

2003, p.82)、番組制作費を受け取る。ここから必要経費を回収したネットワーク発局は、残りの資金をネットワーク配分金として、ネットワーク受局に渡している。ネットワーク配分金は、名目上ネットワーク発局によるネットワーク受局の放送時間購入代であり、各地の人口や経済力に応じた基準が一応存在するものの、実際には各局の経営状態も考慮されて決定されてきた。

　ローカル局の全番組に占めるネットワーク番組の割合は、概ね平均して80～90％程度であり、ローカル局の全収入に占めるネットワーク配分金の割合は、多くの局で30％前後にも達する（市村, 2004, p.149; 伊豫田, 2004, p.97)。しかも電波料には、番組CMに提供されるタイム収入のみならず、元々は番組間に提供されるCMに対する「スポット」収入も存在する（碓井, 2003, p.82)。民放各社の収入に占める割合の平均は、2003年度でタイム収入と制作費収入の合計が46.2％である一方、スポット収入は42.7％にも達する（日本民間放送連盟, 2004, p.39)[*11]。タイム収入は放送時間帯などに応じて視聴率にかかわらず一定額が支払われるのに対して、スポット収入は視聴率の高低に応じて増減する[*12]。そして視聴率が高い番組は、主にキー局からローカル局に供給されるため、ローカル局のキー局への依存度はネットワーク配分金の数字以上に大きく、通常のローカル局では全国ネット番組からの売上げが全体の7割を占めると推計される（伊藤, 2005, p.36, p.94)。つまりローカル局は、ある意味余計

な経費である番組制作費をかけない方が、より効率的に利益を上げられる。

　この状況をより詳細にみたり、これからの分析を進めたりする上で、ローカル局の中でも売上高規模や番組制作力にも大きな差がある事実に留意する必要がある。そこで、各県に立地するテレビ局の売上高規模の合計と、自社制作時間の合計を変数として、東京都以外の地域を判別分析によって分類し[13]、①東京都、②大阪府、愛知県、福岡県、北海道（以下大規模県と称す）、③その他府県（以下小規模県と称す）、とする[14]（図4-2）。

　この時、2003年度の数値を用いるのは、本書におけるテレビ番組制作会社へのアンケート調査によって得られた情報の多くが2003年度を基準としているためである。また、結果論であるが、少なくとも2012年度まで確認した限りでは、赤字を計上した局が0なのはこの年度が最後となっている。すなわち、これからみていくような、テレビ局経営の不安定化が顕在化する直前の、テレビ放送業の産業基盤がまだしも安定していた最後の時期ともいえよう。

　さて、前述の分類にしたがって数字をみていこう。ローカル局の中でも経済力のない県に立地するテレビ局ほど自社番組制作を行わない傾向が明瞭となり

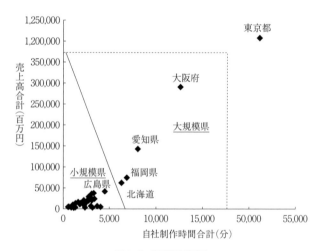

図4-2　県別放送局実力

注：売上高は2003年度の各局売上高の合計値を用いている。
　　自社制作時間は、2003年4月5〜11日の期間の合計値を用いている。
　　（日本民間放送連盟編(2004)により作成）

表4-2 民放テレビ局の自社制作率(2003年度)

(%)	東京都 件数	(%)	大規模県 件数	(%)	小規模県 件数	(%)	合計 件数	(%)
0～10	0	0.0	3	15.0	62	66.0	65	54.6
10～20	0	0.0	8	40.0	30	31.9	38	31.9
20～40	0	0.0	9	45.0	2	2.1	11	9.2
40～90	0	0.0	0	0.0	0	0.0	0	0.0
90～100	5	100.0	0	0.0	0	0.0	5	4.2
合計	5	100.0	20	100.0	94	100.0	119	100.0

注:独立U局は含んでいない。
(日本民間放送連盟編(2004)により作成)

表4-3 民放テレビ局の売上高と営業利益率(2003年度)

項目	階級	東京都 件数	(%)	大規模県 件数	(%)	小規模県 件数	(%)	合計 件数	(%)
売上高(億円)	20～50	0	0.0	1	5.0	34	38.2	35	30.7
	50～100	0	0.0	1	5.0	50	56.2	51	44.7
	100～500	0	0.0	14	70.0	5	5.6	19	16.7
	500～1,000	1	20.0	4	20.0	0	0.0	5	4.4
	1,000～	4	80.0	0	0.0	0	0.0	4	3.5
	合計	5	100.0	20	100.0	89	100.0	114	100.0
営業利益率 売上高(%)	0～5	2	40.0	3	15.0	11	12.4	16	14.0
	5～10	2	40.0	9	45.0	32	36.0	43	37.7
	10～15	1	20.0	5	25.0	30	33.7	36	31.6
	15～20	0	0.0	2	10.0	9	10.1	11	9.6
	20～	0	0.0	1	5.0	7	7.9	8	7.0
	合計	5	100.0	20	100.0	89	100.0	114	100.0

注:独立U局は含んでいない。
(日本民間放送連盟編(2004)により作成)

(表4-2)、経済力がある東京都に立地するキー局の売上高規模や自社制作時間は突出したものになる(図4-2)。しかも興味深いのは、売上高営業利益率でみると、売上高規模と反比例するように、東京都よりも大規模県、大規模県よりも小規模県に数字の良い局が多い(表4-3)。先述したように、番組制作という固定支出を負わずにネットワーク番組を中心に放送していれば当然の結果といえよう。結果的に、テレビ番組というコンテンツの大多数は東京都から発信される状態なのである。

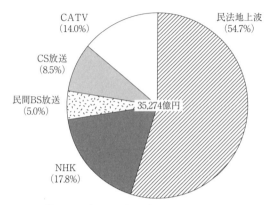

図4-3 日本のテレビ放送業市場規模（2013年度）

注：NHKの値にはラジオ放送収入も加算されている。
（財団法人デジタルコンテンツ協会編（2014）により作成）

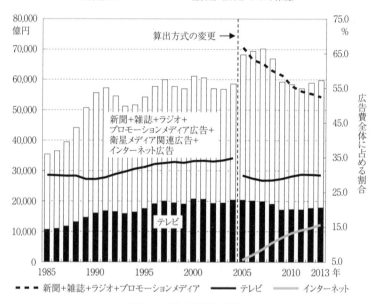

図4-4 日本の広告費の推移

注：プロモーションメディアとは、屋外・交通・折込・DM・フリーペーパー・フリーマガジン・POP・電話帳・展示・映像（広告用映画やビデオ）といったマスメディア以外の総称である。また、2005年度から広告費の算出方式が変更されているため、2004年以前の数値とは連続性がない。なお、1995年以前の数値は電通広告統計部『日本の広告費』各年版に、1996年以降の数値は電通『日本の広告費』各年版に依拠している。
（電通広告統計部『日本の広告費』各年版および電通『日本の広告費』各年版により作成）

(2) テレビ放送業の不安定化

　前節でみたような、安定したローカル局の経営環境は、キー局の安定した経営によって支えられたものであった。しかし、そのような環境は2000年代に終わりを告げた。

　日本のテレビ放送業の市場規模は2013年度の段階で約3.5兆円に達し、同年のコンテンツ市場規模（約11.9兆円）の約3割、動画コンテンツ市場規模（約4.5兆円）の8割弱を占める（図4-3）。また、衛星放送やケーブルテレビの普及によって、10年前と比較するとテレビ放送業全体に対する民放地上波放送のシェアは62.5%（2003年）から54.7%（2013年）へと落ちたが、未だにテレビ放送市場規模の過半を民放地上波放送が占めている（デジタルコンテンツ協会編, 2004, 2014）。この民放地上波テレビ局の収入源は、CM放送による広告収入が主であるため、テレビ広告収入の増減はテレビ放送業の景気を大きく左右するといえる。

　バブル経済崩壊前後を除けば、2000年代半ばまで広告費全体にテレビ放送業が占める割合やテレビ広告費自体は堅調な伸びを示していたが、2007年のリーマンショックによってテレビ広告費は1割以上減少し、回復も進んでいない（図4-4）。確かにそれが全体に占める割合は多少回復しつつあるようにみえるものの、旧来型のメディアである新聞・雑誌・ラジオ・プロモーションメディアに投下される広告費が、テレビ以上に大きく減少した結果の相対的な現象に過ぎない。テレビ広告費もインターネット広告費の著しい伸びと比較すれば、前途に暗雲が立ちこめているといえる。言い換えると、日本全体の景気動向はもちろん広告費に大きな影響を与えるが、バブル経済崩壊以後の景気低迷がテレビ広告費に大きな影響を与えなかったのに対し、リーマンショック以後のテレビ広告費が低迷していることからすると、インターネットという新メディア興隆がテレビ放送業にとって無視しえない現象になっているのが現状である。

　さらに、インターネットを経由した映像配信が一般化する以前の1990年代後半頃から既に、特にローカル局の先行きが危ぶまれ、テレビ放送業の産業構造は変革を迫られていると認識されるようになっていた（伊藤 2003, 2005；鈴木, 2004）。その原因は、地上波デジタル化とキー局にとってのローカル局の存在意義減少である。

地上波テレビ放送で利用される電波は長年アナログ方式であったが、大量のデータを送信できて電波帯が有効利用できるデジタル放送が2003年度から始まり（鈴木, 2004, p. 2; 隅部, 2004）、震災の影響を受けた東北地域を除いて2011年度にアナログ放送は停止され切り替えが完了した。このための設備投資負担が、三大都市圏と北海道を除いたローカル局で平均50億円とされており、表4-3にあるような年売上高が50億円前後の小規模ローカル局にとっては、ことのほか大きな負担になっている（石光, 2011, p. 17）。

また、2000年末から始まったBS（Broadcasting Satellite）デジタル放送によって、技術的にはキー局の番組がローカル局を経由せずに自らの関連会社であるBSデジタル放送局を経由して全国へ放送可能となった上に、その経営状態の先行きが明るいともいえず、ローカル局との広告費の食い合いすら懸念されている（石光, 2011; 指南役, 2011）。しかも、キー局はローカル局よりもBSデジタル局の支援を優先する可能性が高く、ローカル局の存在意義は危機に晒されるようになるだろうと、2000年代前半の段階で見通されていた（西, 2003, 2004; 鈴木, 2004; 伊藤, 2003）。

いわば、1990年代から積み重なってきたテレビ放送業の構造転換要因が、2000年代後半の景気悪化によって一気に表面化したのが現状である。それゆえ、ローカル局に限らずキー局も、放送網という寡占的なコンテンツ流通インフラに過剰に依拠した経営の転換を迫られている。電波規制のために寡占的な産業構造が維持されてきたため、危機感の弱さが指摘されるテレビ局ではあるが（脇浜, 2001; 伊藤, 2003, 2005）、もちろん手を拱いてはいない。その一つの方向性として、自社の制作子会社の設立や強化が1990年代から進んだ。

このような傾向の背景には、人件費の削減と番組制作力の向上という二つの目的がある。先述した地上波デジタル化投資に加え、広告収入の減少傾向も相まって、テレビ局では人件費の削減が求められるようになっていた。それゆえ、1990年代前半より従業者数の減少が全国的にみられるが、特に小規模県のテレビ局で顕著となっている（図4-5）。一方、キー局がローカル局を介さずに全国放送をする諸条件は整いつつあるため、ローカル局は今後の生き残りをかけて、自社制作力の向上に取り組む必要もある（鈴木, 2004, p. 74; ローカル局の制作子会社）。制作子会社の設立や強化は、この両方の必要性を満たすのである。

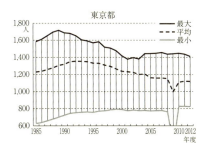
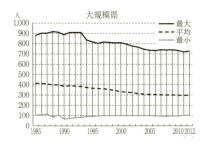
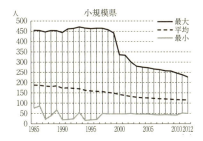

図4-5 民放局別従業者数増減

注:独立U局は含んでいない。「最大」は最も多い従業員数を有する局の人数を、「最小」は最も少ない従業員数を有する局の人数を、「平均」は全ての局の従業員数の平均を意味している。
(日本民間放送連盟編(1986-2014)により作成)

3. テレビ放送業と番組制作業の関係性

(1) 番組制作会社の成立と現状

　事業所統計では、小分類「映画・ビデオ制作・配給業」として、映像制作関係の企業をひとまとめにしているため、テレビ番組制作業の企業数のみを抽出できない[15]。しかし、日本の映画観客動員数は1958年を頂点として以後急落した(古賀,1994)。一方、1960年代半ばよりテレビ局は人員の外部化を進め始め、1970年を境にテレビ番組制作会社の増加は本格化した(「新映像産業白書1995」編集委員会編,1995;西,1998)。しかも、本章2節2項で触れたように、現在の映像産業市場規模のほとんどがテレビ放送業に占められることを踏まえれば、1960年代以降の映像制作会社の多くはテレビ番組制作に何らかの形で

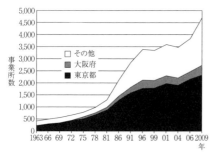
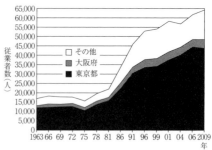

図4-6 「映画・ビデオ制作・配給業」事業所数推移
（「事業所（・企業）統計」各年版により作成）

図4-7 「映画・ビデオ制作・配給業」労働者数推移
（「事業所（・企業）統計」各年版により作成）

関係をもっているだろう。そこで、「映画・ビデオ制作・配給業」の値を元に、テレビ番組制作業の成長を確認してみよう。

まず目につくのが、事業所数も従業者数も、一貫して成長を続けている点である（図4-6, 図4-7）。次に、東京都が一貫して高い割合を占め、第2位の大阪府を引き離している点を確認できる。東京都は、2009年の事業所数において54.5％を占めるのに対して、従業者数では68.9％を占めるため、より大規模な事業所が多いともいえ、番組制作の企業や人材が集中している。とはいえ、1980年代になってから、東京都と大阪府以外の地域でも事業所数と従業員数が急伸しており、全体に占める割合も増加した。これは、ローカル局の新設および地方における制作会社の設立を表していると考えられる。地方において番組制作会社が増加してきた主な理由には、本章2節2項で述べた状況が挙げられる。

それでは、主に東京都において一貫した増加がみられた背景は何か。1990年代までは主に稲田（1998）に依拠して、キー局が内部機能を外注化していく過程を追いながら確認しよう（図4-8）。1953年にテレビ放送が始まった当初は、テレビ局が完全に番組を内部制作しており、1957年まで一つの外注番組も無かった。しかし、①放送時間が延長されるに従い、社内制作だけでは供給が間に合わなくなってきた、②映画の不振が続き、各映画会社がテレビ用映画にその苦境打開を求めて進出してきた、③時代劇、アニメ、特撮などテレビ局には制作できない番組の需要が出てきた、④テレビ局における合理化、という要

3. テレビ放送業と番組制作業の関係性

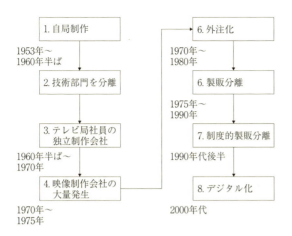

図 4-8　番組制作機能の外部化過程
（西 (1998, p. 43) の図を筆者改変）

因が働き、外注番組への依存が進展した。また、日本の映画会社からの映画購入や、海外からの映画および番組購入も盛んであった（角谷, 1994）。1960年代前半までの制作会社は主に、映画会社、広告代理店、特撮プロダクション、アニメ会社が代表的であるが、テレビ局内部からカメラ関係などの技術部門に関する下請け子会社も誕生した[*16]。ただ、これらの制作会社は、以前より映像関係の仕事に携わっていた人達の集団であった。

　1960年代後半からは、テレビ局の方針に飽き足らない内部の人材が独立して制作会社を設立する動きが顕著になってきた．その代表例が、1970年に設立された「テレビマンユニオン」であるとされる（西, 1998, p. 42）。独立系制作会社の増加は、①高騰する制作費の抑制、②先鋭化する企業内労働組合対策、③高齢化する局員を現場から引き離すため、④局内に増加していたアルバイト職員の受け皿になる、という理由からテレビ局には歓迎された（島野, 2005, pp. 44-45）。また、1970年代以降、ENG (Electronic News Gathering) と呼ばれる小型撮影機材が普及して初期投資費用が減少したことも、制作会社の新規参入を容易にした（西, 1998, p. 42）。こうして番組制作会社は質・量共に増加したが、慢性的に番組需要に追いついていない[*17]。

　このように外注化が進んだため、テレビ局は番組制作会社抜きの番組制作が

ほぼ不可能な状態にまで至った（中川, 2009；指南役, 2011）。外部からの人材派遣などをどこまで外注とするか否かの定義が一様でないため、継続的な統計資料は存在しない。ただ参考値として、1992年4月の19時〜23時（プライムタイム）にキー局が放送している番組のうち、テレビ局が制作したのは23.1%に過ぎず、制作会社制作が50.5%であり、テレビ局と制作会社の混合が21.1%であった（西, 1998, p.41）。あるいは、キー局の1991年10月から11月の外注比率は、日本テレビ88.2%、TBS71.6%、フジテレビ75.2%、テレビ朝日90.6%、テレビ東京82.4%、平均81.6%であるという（隈元 1992）。この数字は、日本のテレビ番組制作の主力が制作会社であることを如実に示している。

ところが、前述したように近年の広告費減少や地上波デジタル化投資負担などによる放送局の経営環境悪化によって、放送局から制作会社に支払われる番組制作費が近年削減傾向にある（石光, 2011, p.83；窪田, 2011；佐藤, 2012, p.6）。筆者の聞き取り調査でも、2000年頃にキー局が100〜150社程度の制作会社をホテルに集めて、制作費をこれまでの8割にして欲しいと宣言し、実際に実行したという（ある業界団体）。複数の制作会社においても、良くて現状維持であり、1990年代後半以降で1〜3割程度の減少も指摘されていた。この上で、リーマンショック後の不況時に制作費の削減が行われているため、2000年代は、制作会社にとって非常に厳しい時代となっている。それによって、元々良好とはいえない制作現場の環境が悪化し、これからみていくように番組内容の質的劣化が顕在化し、深刻な問題となっている。

放送局の経営環境悪化が番組内容の質的劣化に直結する背景には、放送局の経営構造が番組の質への配慮を欠きやすいものであることと、ほとんどの制作会社は放送局に対して非常に立場が弱く、放送局の意向に沿って不利な条件なども甘受しなければならない状況にあることの2点が指摘できる。これらを検証するに当たって、まずは番組制作費が制作会社に提供される仕組みから確認しよう。

(2) テレビ番組制作費の分配構造と著作権

テレビ番組制作にかかる費用は、番組内容・放送時間帯・発注元がキー局かローカル局かによって大きく異なるし、近年の制作費用削減によって基準値も

大きく変化していると思われるが、純丘（2004, p. 106）によると、60分番組の場合、ニュースは500万円、ワイドショーは1,000万円、バラエティーは2,000万円、ドラマは3,000万円程度である[18]。明示されていないが、この価格は、キー局が発注元となってプライムタイム（午後7時〜11時）向け全国放送が前提となっていると思われる。筆者の聞き取り調査によれば、キー局向けの番組であっても、夕方の2時間半情報番組で600〜800万円程度の制作費であった。また地方ではもっと制作費が下がり、大阪府であってもキー局発注の番組に比べると7割程度になり、小規模県では60分100万円程度が多い。

　しかし、そもそもの資金提供元である広告主からテレビ局に渡されている制作費は、本来もっと多い。浦谷（1994）によると、制作会社が受け取る制作費は、広告主の支払った資金が、広告代理店を経由し放送局に入り、その後で渡されるものである。この過程でどのような契約が結ばれているかは、企業秘密であって公開されていないが、ある程度類推可能であるという。広告主が提供した制作費は、そのまま制作会社に支払われず、中間の企業が手数料なり管理費なりの名目で一定程度差し引いていくのが一般的な商習慣となっている。その率は、広告代理店が15〜20％、放送局が20〜30％、制作会社で15〜30％である。説明を単純にするために、この率を一律20％と仮定し、広告主が支払う制作費を100とすれば、実際の制作費に回るのは51.2に過ぎない（図4-9）。しかも、この番組が全国放送の場合、広告主は制作費とほぼ同額の電波料100を支払わねばならず、合計200の番組提供料を支払っていることになる。ただしこの説明も、必ずしも普遍性があるとはいえず、あくまで一例である。「新映像産業白書1995」編集委員会編（1995）の推計に基づくと、200の番組提供料があった時に制作会社に渡される番組制作費は48となり、実制作費は38.4である。また聞き取り調査によれば、テレビ局の子会社が、テレビ局から制作費を最初に受け取る1次下請になる事例が増えており、独立系制作会社に渡される費用は実質的にさらに下がると指摘されていた。ある東京都の独立系制作会社の経営者の指摘によれば、電波料を含まずに広告主が支払う元々の番組制作費を100とするならば30を切るという。また逆に、現在東京都の独立系制作会社に勤務する広告代理店出身者の説明では、広告代理店は電波料からは15％取っているが、制作費からは5％程度しか取っていなかったという。地

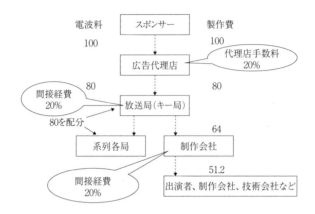

図 4-9　制作資金の流れ
(浦谷 (1994, p.101) の図と、西 (1998, p.47) の図を筆者改変)

方に目を転ずれば、ある小規模県のテレビ局制作子会社の役員がいうには、地方は東京に比べて元々の広告料自体が安く、中間で取れる金額も少ないため、一般的に元の制作費の 8 〜 9 割程度が制作会社の手元に来るという。別の小規模県のテレビ局制作子会社の役員によれば、テレビ局が受け取った制作費の 2/3 を受け取れるといっており、受け取れる率に差はあるものの、概ね東京都の制作会社よりも受け取れる制作費の割合は高いといえるだろう。

　このように、およその番組提供料の分配構造は公然の秘密として産業内では知られていたが、基本的には非公開情報であるため、それぞれの関係各社の立場や番組内容に関する相違もあって、資料や証言者によって必ずしも説明が一致しない場合がある。しかし、上述の内容や「発掘！あるある大事典」調査委員会 (2007) も踏まえると、①資金の流れが透明ではない、②広告主が支払う広告料のうち相当額が中間で抜かれ、特に東京都では実制作費に回る割合は多くない、③制作会社に支払われる制作費の増減に制作会社は関与できない、という共通点がある。①と②についてはここで確認した通りである。その帰結として③の事態に至り、本章 3 節 1 項で触れたように、テレビ局の経営環境の悪化が制作費削減という形で直接的に制作会社に転嫁されてしまう[*19]。

　このような 3 つの特徴が相まって、制作費が決定される根拠には多分に曖昧な点が残る。そのため、広告主から提供される制作費に変動がなくとも、制作

会社に支払われる制作費は放送局の都合によって恣意的に増減する状況が珍しくない。たとえば、ある大規模県のテレビ局の編成部副部長は、デジタル化投資は制作費とは別物であるから、前者の負担があるからといって後者に跳ね返らないと明言している。ただし彼は、今までの制作費がかかりすぎていたのであって、機材が安くなっており、その分制作会社に渡す制作費は減らしているとも述べている。そして、広告主が出す広告料自体は減っていないが、そのうちテレビ局が番組制作に回す費用の割合は下げていると付け加える。つまり、名目はどうであれ、制作費が削減されているのは事実であり、制作会社側の交渉余地はほとんどない。また、ある小規模県の独立系制作会社では、その県に立地するローカル局から40万円で制作を依頼された仕事に45万円は必要だと言ったら仕事が請けられなかったにもかかわらず、後からテレビ局の関連会社が50万円で制作したという話を耳にしたという。

さらに具体的な数字として、図4-10をみてみよう。これは、ある大規模県のテレビ局で長期にわたって放送されていた番組の制作費と、そのテレビ局の売上高の関係を示したものである。この番組は、テレビ局から受託を受けた制作会社が、広告主および広告代理店と相談して内容を決めていた。そのため、完全に制作会社側が主導権を持っており、完成した番組を放送局に納めるだけの取引であった。しかし、番組の長さは一定であり内容も特に変わっていないにもかかわらず、テレビ局の売上高の増減に対応して、制作会社に渡される制作費は増減している。減額された当時、制作会社が広告代理店の関係者に確認したところ、広告主は従来通りの料金をテレビ局に支払っていたという。しかもこの時は、この制作会社に限らず、会社規模の大小にも関係なく、各制作会社に対して一律に減額が申し渡されていた。

これらの例からいえるのは、制作費が、番組の内容ではなく、多分に放送局側の都合によって決定されるという現実である。もちろん、最終的には放送局と制作会社の力関係に依存するため、制作費削減に抵抗して現状を何とか死守しているという制作会社もあるが、それは例外的である。

制作会社に渡される制作費が決定されていく過程に現れているように、テレビ局に対する制作会社の立場は非常に弱く、番組著作権の扱いにも現れる。

制作会社がテレビ番組制作に関わる形態を大きく分けると、テレビ局が何も

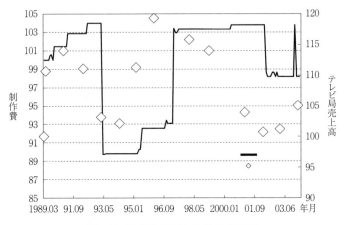

図4-10 番組制作費とテレビ局売上高の関係
注:制作費は1989年3月期の1本当たり番組単価を、テレビ局売上高は1989年度の数値を、それぞれ100としている。
(調査先提供資料および日本民間放送連盟編(1990-2004)により作成)

手を加えずすぐ放送できる完全パッケージ(完パケ)納品を行う形態と、テレビ局や他の制作会社が主体となった制作を手伝う労働力を提供する人材派遣的な形態がある。前者の場合、制作主体は制作会社といえる。

しかし、完パケ品であるにもかかわらず、放送局が無期限に著作権を所有している割合は、2005年度において放送権で59.4%(n=12,438本)、二次利用権でも40.0%(n=5,024本)に達する(総務省情報通信政策局, 2006, p.17)[20]。また、この他にテレビ局は一般的に「窓口権」という放送後の売込みなどの交渉窓口となる権利を有しているが、売込みに積極的でないテレビ局もある上に、制作会社で売込みを行ったとして窓口権料を何%か支払わねばならない。実際、『情報通信業基本調査』によると2012年度の完パケ品のうち、放送局の了承が不要で自社の意向のみで二次利用可能な割合は5.2%(n=25,787本)となっている。さらに、ドラマであれば監督や脚本家に著作権料を渡す必要があるため、制作会社が著作権によって得られる収入は貴重だがあまり多くない。

そもそも歴史的にテレビ番組は、1回放送した後は再利用を行わない考え方が原則であり、現場でも再利用を前提とした制作体制に不慣れである(脇浜, 2001, p.258-266;伊藤, 2005, p.47)。再利用を前提としていない分、出演料など

3. テレビ放送業と番組制作業の関係性

が安く抑えられてきたため、昔の番組ほど著作権関係の処理が曖昧なこともあって、関係者との交渉が難航する場合もある（池田, 2006, pp.166-158; 伊藤, 2005, p.47）。要するに、これまで制作会社は著作権収入をあまり期待せず[*21]、テレビ局から支払われる制作費に依存する経営を長年続けてきたのである。

制作会社が著作権をあまり保有できない根本的な理由は、放送免許を保有するテレビ局がやはり圧倒的な力を持つためである（浦谷, 1994）。自らが著作権を保有する根拠として、テレビ局は制作費を出していると主張するが、元をただせば広告主が出したものであり、そもそも制作費の入金は番組納入後である。制作資金が大きく制作期間が長い番組であれば、テレビ局との契約書を担保代わりにして、銀行から融資を受けた自己資金で制作し、その完成品を納入した後で対価を受け取っている。にもかかわらず、制作会社が企画・制作を独力で行っても、著作権を認めたがらないテレビ局が多いという。

ここまで確認したように、テレビ局は広告主から支払われる番組提供料から電波料などの名目で必要な売上を確保した後、いわばその残額を制作費に充てている。言い換えると、まず必要な経費（制作費）をかけて商品を生産（番組を制作）し販売（放送）することによって初めて売上が得られるような企業とは収益構造が全く異なる。それゆえ、テレビ局の経営が依拠するものは本質的に番組制作力ではなく、放送免許によって守られた寡占的かつ圧倒的な視聴者への到達力を有した流通網であり、番組内容の質はテレビ局の経営に直結しない副次的な要素に留まる。そのような流通力を担保する放送免許こそが、良くも悪くもテレビ局の力の源泉なのである（伊藤, 2003, 2005; 池田, 2006; 石光, 2011）。

もちろんテレビ番組制作には創造性が重要であるし、企画が悪ければ採用されず、広告収入の高低に直結する経営上不可欠の数値である番組視聴率が悪ければ取引が打ち切られることもある。しかし、制作現場の人間からも、視聴率は経済指標にはなっても、番組内容の評価指標として当てにならないと思われており、視聴率を重視しても創造的な番組制作には繋がらない（金田, 2006）。したがって、質の高い番組制作を行う動機付けが、テレビ局には薄いといわざるを得ない。

4. 番組制作業の産業集積

(1) 制作会社の立地

　ここまでの議論で明確になったように、テレビ局は制作力の外注化を進めた結果、限りなく流通部門としての性格を強めている。特に、ローカル局ほどその傾向は顕著である。自社単独ではほとんど番組制作を行えないにもかかわらず、番組流通経路である放送網を寡占しているため、制作会社に対して強い立場にある。

　ここで、機能分業の観点からテレビ産業の分業を整理しておこう。各消費者の元に番組というコンテンツが直接届けられるため、公開・小売機能と流通・配信機能は一体的であり、「製品化・発売」の中心もテレビ局であるため、各テレビ局、特にキー局は流通部門が担う3機能を完全に1企業内に有している。一方制作会社は、ほとんど創造・制作機能に特化しており、製品化・発売への関与すら少数である。テレビ局がいかに強力な流通部門であるかが理解できるだろう。特に、番組放送網の中核は東京都に立地するキー局であるため、制作会社はキー局との関係を密接に保つ必要性に迫られ、第3章でみたように、東京都なかんずくキー局の近傍に多数立地する。また数こそ少ないが、東京都以外のローカル局でもほとんどの制作会社が県庁所在地に立地している理由は、同じくテレビ局への近接性を求めた結果である。

　もう少し詳細に東京都内の立地を確認するために、第3章でも使用した、平成21年度経済センサスの一部個票データから産業細分類「テレビジョン番組制作業（アニメーション制作業を除く）」の立地状況を再度みてみよう。日本全体にテレビ番組制作業の事業所は1,343箇所あり、東京都内には682箇所（全体の50.8％）が立地する。都内の立地を詳細にみると、5社あるキー局の本社が全て立地する港区に291箇所（東京都の45.9％）、NHKの本部が立地する渋谷区に98箇所（同14.4％）、1997年までフジテレビの本社があった新宿区に52箇所（同7.6％）、2002年まで日本最大の広告代理店である電通の本社が立地していた中央区に41箇所（同6.0％）、2003年まで日本テレビの本社があった千代田区に33箇所（同4.8％）となっており、この5区だけで東京都の事業所数

の78.7%を占める。

以下では、制作会社がテレビ局との近接性を重視する理由を明らかにし、産業集積の内情を分析する。ただし、特に東京都では、テレビ局と制作会社間のみならず、制作会社同士の分業も進んでおり、取引が活発に行われている。その理解を深めるための予備知識として、テレビ番組の制作工程を最初に確認しておこう。

(2) 番組制作工程

この説明には、聞き取り調査に加え、河本（2003）、高橋編（2004）、財団法人日本情報処理開発協会（2005）を参照している（図4-11）。

まず、通常新番組が始まる4～5ヶ月前に、企画の募集あるいは持込が始まり、放送局側の人間を中心に検討される．これが承認されると制作準備に入る。番組全体に責任を持つ役職であるプロデューサーを中心に[*22]、制作人員であるスタッフと、出演者であるキャストの選定を行う。現場の責任者はディレク

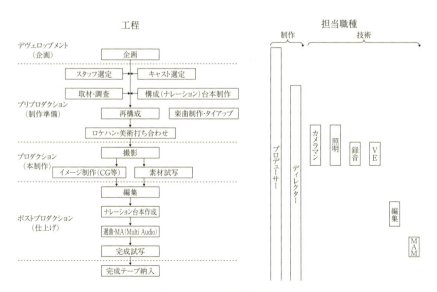

図4-11　テレビ番組制作工程
（聞き取り調査、高橋編（2004）、日本情報処理協会（2005）により作成）

ターであり、制作が始まり納入テープを完成させるまで主たる役割を果たすため[23]、スタッフの選定にはディレクターの意思が強く働く場合もある。また、番組の内容などに関する取材・調査も行い、番組のいわば設計図である構成を固めていく。必要に応じて、番組用の音楽制作や、音楽会社などと連携して歌手を起用する交渉を行う。これらの作業が一段楽した段階で、構成の練り直しを撮影直前まで行っていく。撮影場所が屋外であれば、その段取りをつけ、屋内であれば、舞台セットなどの設営打ち合わせを、美術会社などと行い作業を進める。実際の撮影現場では、ディレクターやアシスタントディレクターに加え、技術職であるカメラマン、照明、録音、ビデオエンジニアが参加する[24]。プロデューサーは立ち会う場合もそうでない場合もある。必要であれば、必ずしも撮影後とは限らないが、CGなどが制作される。撮影が終了しテープが出来上がると、試写を行い、再撮影の有無や編集計画を立て、ポストプロダクション段階に移行する。編集では、ディレクター立会いの元、撮影物を放映できる形にするために、順番を入れ替えたり、必要ない箇所を削除したり、各種効果を追加したりする。映像次第では、後からナレーションを追加することもある。そして最後に、MA（Multi Audio）にて音声を調整し加える。完成試写では、テレビ局のプロデューサーも加わり、内容を確認し問題ないようであればテレビ局に納品される。

　図4-11の担当職種に示してあるように、制作職と呼ばれるプロデューサーとディレクターは全工程において関与するが、前者は現場に出るとは限らない。また、ディレクターを補佐するアシスタントディレクターは番組制作に纏わり発生する種々の雑務などを処理する。一方で、技術職と呼ばれるカメラ・照明・音声・編集などは特定工程においてのみ参加する専門職である。

　一つの番組に関わる各職種の人数は、番組内容によって大きく異なるため一般化は困難であるものの、参考までに全て東京都の企業における事例をいくつかあげておこう。ある単発の1時間ドキュメンタリーでは、制作系の人員が3名、技術系の人員が7名であり、自社を含め4社（フリーランサーを含む）が関わっていた[25]。他の2時間ドキュメンタリーでも、内訳は分からないが10名程度の人員で制作されていた。このように、ドキュメンタリーではスタジオ撮影や大掛かりなロケを行わないために、人員が少なくなる傾向がみられる。

ある単発の2時間ドラマでは、出演者を除いて、39名の人員で制作され、衣装やメイクの人員を除いた4社が制作に関与していた。一方、1週間に1回放送されるようなレギュラー番組では、1週間で毎回1本番組を制作していくことが不可能なため、放送開始前に撮り貯めたり、複数の制作班を結成したりする。たとえば、1時間ドラマであれば、制作に10日程度かかるため、全部で13本放映される場合4本程度放映開始前に撮り貯められ、合計で7～80名程度の人員が関わっている。複数の制作班を用いる事例では、ある制作会社が幹事社となり他の制作会社に声をかけ、5班150名程度の制作体制を構築していた。この場合、制作系人員が合わせて55名であり、スタジオの技術系人員が30名程度存在していた。技術系人員は各種工程に専門特化しているため、一つの番組に制作系人員よりも多数が関与するのが一般的である。しかし、企画の立ち上げや、全工程に関与し調整するのはプロデューサーとディレクターであるため、制作職を抱えている企業こそ狭い意味での制作会社であり、番組制作の主体であるといえよう。また、ここで挙げた企業や人員はテレビ局の関係者ではなく、完パケでは実制作にテレビ局が全く関与していないことが確認できる。

しかし、前述してきたように、テレビ局のコスト削減意識は強まっている。そのため、東京都の独立系制作会社2社の、それぞれ制作部長と経営者によれば、完パケ品の制作は減少しており、局制作への人材派遣が増えているという。完パケ品の制作とは企画・管理をすることである。それが行えないと制作会社の自立性は損なわれ、人材教育も進まず制作力が内部に蓄積されない。制作会社にとっては好ましい事態ではない。

(3) 調査対象制作会社の概要

本調査対象企業の売上高と従業員数をみると、5億円未満で20人未満の企業が半数を占めており、テレビ局と比べて遥かに規模が小さいことを確認できる。それも影響して、大半の調査対象企業の売上高営業利益率は5％未満である（表4-4）。

東京都とそれ以外地域の制作会社の違いが顕著に現れるのは、担当業務である．東京都では分業が進んでいるため、制作系の企業と技術系の企業がはっき

表4-4 調査対象企業概要

項目	階級	東京都		大規模県		小規模県		合計	
		件数	(%)	件数	(%)	件数	(%)	件数	(%)
立地	都心四区	24	92.3	—	—	—	—	24	26.1
	その他都区部	2	7.7	—	—	—	—	1	1.1
	県庁所在地	—	—	24	92.3	36	87.8	60	65.2
	その他	—	—	2	7.7	5	12.2	7	7.6
	合計	26	100.0	26	100.0	41	100.0	92	100.0
売上高（百万円）	0〜100	1	6.7	4	21.1	9	27.3	14	20.9
	100〜500	7	46.7	9	47.4	17	51.5	33	49.3
	500〜1,000	2	13.3	2	10.5	5	15.2	9	13.4
	1,000〜2,000	3	20.0	3	15.8	2	6.1	8	11.9
	2,000〜	2	13.3	1	5.3	0	0.0	3	4.5
	合計	15	100.0	19	100.0	33	100.0	67	100.0
売上高営業利益率（%）	〜0	2	16.7	3	16.7	2	7.7	7	12.5
	0〜5	7	58.3	14	77.8	18	69.2	39	69.6
	5〜10	2	16.7	0	0.0	3	11.5	5	8.9
	10〜	1	8.3	1	5.6	3	11.5	5	8.9
	合計	12	100.0	18	100.0	26	100.0	56	100.0
従業者数（人）	1〜19	11	45.8	11	45.8	23	56.1	45	50.6
	20〜49	8	33.3	9	37.5	11	26.8	28	31.5
	50〜100	2	8.3	0	0.0	6	14.6	8	9.0
	100〜	3	12.5	4	16.7	1	2.4	8	9.0
	合計	24	100.0	24	100.0	41	100.0	89	100.0
担当業務	制作系	15	71.4	6	25.0	1	2.6	22	26.5
	技術系	1	4.8	4	16.7	6	15.8	11	13.3
	総合系	5	23.8	14	58.3	31	81.6	50	60.2
	合計	21	100.0	24	100.0	38	100.0	83	100.0

注：売上高は2003年度の値である。都心四区とは、港区、渋谷区、千代田区、新宿区を指す。

（アンケート調査により作成）

り分かれる[*26]。しかし、小規模県ほど制作と技術双方の機能を社内に有している総合系企業が一般的になる。本章4節2項でみたように、制作系の人員はいわば総合職であるのに対して、技術職の人員は専門職であり、求められる能力の性質がかなり異なる。また、技術部門には設備投資が必要になるという特色がある。それゆえ、それぞれの仕事量が十分にあるならば、別会社である方が効率的である。しかし、地方のように仕事量が少ないのであれば、むしろ一企業で幅広い業務ができる方が、仕事を受注できる確率も高まり効率的である。求められる人材に関しても、地方では何でもできなければいけないと、ある小規模県の独立系制作会社の経営者はいう。別の小規模県のテレビ局制作子会社

の経営者も、社内の業務担当事態が未分化で、プロデューサーとディレクターも分かれていないと述べている。

　地方ほど多様な仕事をしていることは、各制作会社の売上高構成比からも確認できる（図4-12）。「その他映像」では、主にVP（Video Package）と呼ばれる企業や自治体の広報映像とCM制作が主である。「映像以外事業」では、テレビ局の子会社が広告代理店業務を行う事例が多く、イベント運営なども行っている。基本的に小規模県では、番組制作の仕事が少なく、それ以外の仕事が

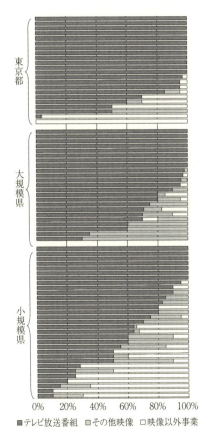

図4-12　調査対象企業の2003年度売上高構成比
注：棒1本が1社を意味する。（アンケート調査により作成）

企業収益にとって重要となるからと考えられる。実際、利益率という意味ではVPやCMの方が良いため、それらで利益を上げつつ、テレビ番組の仕事で安定収入を得るという方針の企業は珍しくない。一方東京都では、テレビ番組制作の人手が慢性的に不足気味であって、他の業務に人手を回しにくい。また、番組制作会社ではない映像制作会社の存在が珍しくないため、競合相手が多く参入が容易ではないことも影響しているだろう。大規模県の売上高構成比は東京都に近い傾向を示しており、比較的番組制作の仕事が充実していると思われる。

(4) 制作会社の取引関係

　それでは、テレビ番組制作に集中でき、特定の得意分野に注力しやすい環境にある東京都の制作会社は、十分に創造的な活動ができているといえるだろうか。ここからは、地方の制作会社との対比も行いながら、主に東京都の制作会社の取引関係をみていこう。

　まず、制作会社の取引先が、長期的なのか短期的なのか、取引社数も確認しつつ検討する（表4-5）。受注先をみると、全ての取引先が長期的だとする企業が最も多い。外注先に関しては、社内で仕事を完結させたりテレビ局への人材派遣が中心であったりして、そもそも外注をしないことが多い。特に大規模県や小規模県では、社内に一通りの工程が揃っているため発注しないとする企業が多く、その傾向は小規模県により顕著である[*27]。とはいえ、外注をする場合は、やはり長期的取引先との取引が中心になる。受注先・外注先ともに、規模の大きな地域ほど常時取引比率は下がり、番組内容によって取引先を切り替える傾向もみられるが、長期的取引先とは、1年のうち1ヶ月だけというような間欠的関係ではなく常時仕事を受発注する傾向が強く、どの地域であれ過半数の取引先とは常に取引をしている（表4-6）。また、受注先・外注先双方ともに取引社数の中央値は4社以下であり、全体的に取引社数が多くはないといえる。つまり、比較的少数の固定的な長期的取引先と常時仕事をする状態が、どの地域であっても取引関係の主流をなしている。

　さらに、受注先の内訳をみると、自社立地都道府県内の特定のテレビ局への依存度の高さが浮き彫りになる。まず受注額第1位企業が売上高に占める割合

4. 番組制作業の産業集積

表4-5 調査対象企業の長期取引率

長期取引率 (%)	受注先						外注先					
	東京都		大規模県		小規模県		東京都		大規模県		小規模県	
	件数	(%)	件数	(%)	件数	(%)	件数	(%)	件数	(%)	件数	(%)
取引なし	0	0.0	1	4.3	0	0.0	9	40.9	8	36.4	14	43.8
0	1	4.3	0	0.0	2	6.3	3	13.6	3	13.6	5	15.6
0〜25	1	4.3	1	4.3	1	3.1	1	4.5	0	0.0	0	0.0
25〜50	4	17.4	1	4.3	6	18.8	1	4.5	1	4.5	3	9.4
50〜75	7	30.4	6	26.1	6	18.8	2	9.1	0	0.0	3	9.4
75〜100	2	8.7	4	17.4	1	3.1	1	4.5	3	13.6	3	9.4
100	8	34.8	10	43.5	16	50.0	5	22.7	7	31.8	4	12.5
合計	23	100.0	23	100.0	32	100.0	22	100.0	22	100.0	32	100.0
取引社数中央値	4.0	—	3.0	—	2.5	—	2.5	—	3.0	—	1.0	—

注:テレビ番組制作事業に関して、最近1ヶ月に取引があった企業のうち「安定的もしくは長期的に取引がある企業数」と「短期的もしくは単発的に取引がある企業数を尋ねた。また、取引社数中央値は、長期的・短期的取引先双方を含んでいる。

(アンケート調査により作成)

表4-6 調査対象企業の長期取引先との常時取引率

常時取引率 (%)	受注先						外注先					
	東京都		大規模県		小規模県		東京都		大規模県		小規模県	
	件数	(%)	件数	(%)	件数	(%)	件数	(%)	件数	(%)	件数	(%)
取引なし	0	0.0	1	4.5	0	0.0	6	28.6	8	36.4	16	50.0
0	1	4.8	1	4.5	1	3.1	3	14.3	4	18.2	4	12.5
0〜25	1	4.8	0	0.0	3	9.4	1	4.8	1	4.5	0	0.0
25〜50	7	33.3	2	9.1	6	18.8	2	9.5	2	9.1	2	6.3
50〜75	5	23.8	10	45.5	3	9.4	6	28.6	2	9.1	3	9.4
75〜100	2	9.5	2	9.1	0	0.0	1	4.8	1	4.5	0	0.0
100	5	23.8	6	27.3	19	59.4	2	9.5	4	18.2	7	21.9
合計	21	100.0	22	100.0	32	100.0	21	100.0	22	100.0	32	100.0

(アンケート調査により作成)

が50%を超える企業は73社中55社に上る。確認できる限り受注額第1位の企業は、70社中68社が自県内の企業であり、その68社中61社が地上波テレビ局である。各制作会社にとっては、長期間かつ常時取引のある自県内のテレビ局との関係維持こそが決定的に重要といえよう。

　取引が長期的かつ常時的になり、しかも自県内テレビ局1社との取引が重要になる理由は、「人間関係」が極めて重視されるためである。ある東京都の独立系制作会社の経営者の言葉を借りれば、「取引が発生する要因は人間関係が6割」であるため、彼が以前勤めていたテレビ局との取引であれば何時間でも

番組枠が貰えるが、他局との取引では無理だという。別の東京都の独立系制作会社の経営者によれば、取引関係は、テレビ局のプロデューサーと制作会社のチーフプロデューサーの信頼関係から生まれるという。そして、一度取引が始まれば、制作会社の数が慢性的に不足しているため、テレビ局は制作会社との取引をあまり打ち切らないと述べる。また別の東京の独立系制作会社の総務部長は、新しい繋がりを作るのは大変だという。全く面識の無いプロデューサーに企画を持ち込んでも読んでくれないため、新しい繋がりを生み出すためには、紹介の紹介が中心になり、そうでなければ何度もプロデューサーの元に足を運ぶしかない。これだけ人間関係が重要になる理由を彼は次のように説明する。すなわち、そもそも企画が当たるか否かも分からないため、どの企画を使っても変わらないとなり、テレビ局のプロデューサーとしては自分の使いやすい人を使うようになる。こうした状況であるから、最近になってテレビ番組制作に乗り出した、ある東京都のテレビ局子会社である制作会社の経営者によれば、新規参入をしようにも一種の利権もあって簡単には入り込めないと証言する。結果として、その企業のテレビ番組制作の仕事では、地上波ではなくCS放送が中心になっている。また、ある大規模県の独立系制作会社のプロデューサーは、自社があまり付き合いのない地元のテレビ局に対しても積極的に営業をすることを、「(テレビ番組制作業は) 利権商売なので、動くと摩擦もあるが、ここは動くプロダクションなので、無理を動く」と表現している[*28]。

　番組企画自体はもちろん重要であるが、そもそも人間関係がないとテレビ局の審査の俎上に上るのすら難しいため、制作会社にとっては、人間関係の形成や維持こそが最も大切となる。はなはだしきは、きちんとした人間関係をテレビ局のプロデューサーと築いていないがために、持ち込んだ番組企画を他の制作会社に横流しされてしまう例さえある (笠原, 1996, pp. 101-108)。それゆえに、先ほども挙げた東京の独立系制作会社の総務部長によれば、たとえ普段から取引のあるテレビ局であっても、営業管理職はテレビ局への営業に出向き頻繁に顔を見せておく必要がある。

　この結果として、制作会社はテレビ局から離れると営業上不便である。また、労働時間帯が不規則な産業であり、打ち合わせの際に公共交通機関が終了してからテレビ局や編集所へ出向くことが多いため、徒歩圏内にいないと交通費が

嵩む問題が、東京都では特に顕著である。そして編集所自体も、テレビ局の近傍に立地する傾向がある。こうして制作会社はテレビ局の近傍に立地し、産業集積を形成する。

そのほかに制作会社が立地を決定する要因として東京都でみられるのは、都心部に立地していないと会社のイメージが良くない、あるいは社員の士気が低下するという問題である。ただ、テレビ局が都心部に立地するため、テレビ局との近接立地と矛盾する立地因子にはならない。なお、制作業務のみならず、放送業務のようにテレビ局の根幹に携わる業務すら外部化が進んでいるため、テレビ局内に常駐する人員もいる。

5. 労働市場の特性

(1) 地域労働市場と産業集積

取引先選定に際して、質の高い番組制作に寄与するといった創造性に繋がる要素が軽視されているように、労働者の採用においても創造性の面に重きを置いた選考が行われているとはいい難い。

はじめに、本稿で用いる労働者票の概要を確認しておこう（表4-7）。労働者票の記入者は20歳代や30歳代が中心であり、男性の数が多い。職種については、東京都では技術系企業の返送がほとんど無かったために制作中心となってしまったが、概ね偏りはみられない。比較的若い労働者からの返送が多いものの、平均年齢が35歳未満の制作会社は男性で62社中36社（58.0%）、女性で46社中37社（80.4%）に達するため、制作会社の年齢構成を考えれば妥当であろう。また男性からの返答が多いが、各企業の男女比が75%を超える企業が83社中47社（56.6%）を占めるため、これも妥当と思われる。基本的に現在は男女の区別のない産業ではあるものの、特に昔は機材が重かったことと、現在も労働時間が不規則かつ過重な傾向にあることが、体力面で女性に不利に働く面があるため、全体的には男性労働力中心になっていると思われる。

さて、コンテンツ産業の現場労働者には専門技術が要求されるため、たとえ最終的には現場で学び一人前になるのだとしても（浜野, 2003, pp.221-248）、新卒でさえ入社に際して課される一定の技術的試験に合格できる専門教育を受け

表4-7 労働者票概要

項目	階級	東京都 件数	(%)	大規模県 件数	(%)	小規模県 件数	(%)	合計 件数	(%)
年齢	20歳代	9	31.0	11	39.3	18	33.3	38	34.2
	30歳代	10	34.5	13	46.4	25	46.3	48	43.2
	40歳代	3	10.3	1	3.6	4	7.4	8	7.2
	50歳代	4	13.8	2	7.1	6	11.1	12	10.8
	60歳代	3	10.3	1	3.6	1	1.9	5	4.5
	合計	29	100.0	28	100.0	54	100.0	111	100.0
性別	男	32	86.5	26	66.7	54	75.0	112	75.7
	女	5	13.5	13	33.3	18	25.0	36	24.3
	合計	37	100.0	39	100.0	72	100.0	148	100.0
職種	制作	32	84.2	25	62.5	39	54.9	96	64.4
	技術	1	2.6	13	32.5	24	33.8	38	25.5
	その他	5	13.2	2	5.0	8	11.3	15	10.1
	合計	38	100.0	40	100.0	71	100.0	149	100.0

(アンケート調査により作成)

た人材が求められる[*29]。ところがテレビ番組制作業の新卒採用では、カメラや編集のような技術職であっても、やる気やコミュニケーション能力のように人格重視の選考を行う企業が多い。その理由は、①センスや才能が問題になってくるので、それは実際に仕事をしてみないと分からない部分がある、②人間を相手にする仕事であるため、採用の段階で特殊技能を求めない、③低賃金かつ不規則長時間労働が一般的であるため、余程やる気がないと辞めてしまう、からである。離職者の多くは、主として③の理由からテレビ番組制作業自体に嫌気が差した比較的若手の社員である。そのため、中途採用であっても、やる気さえあれば全くの別業種からの未経験者を採用し教育するのを厭わない企業も存在する[*30]。

　もちろん技術力や実績を重視し、育成の余裕が無いため新卒や技術のない中途は採用しないという企業もあるが、採用自体を行わない企業でなければ、新卒者を中心に長期雇用が前提で各企業の主力となる常用雇用する企業は多い（表4-8）[*31]。しかも、東京都や大規模県の方が、技術のある中途採用の地域労働市場は発達していると考えられるにもかかわらず、むしろ育成に手間がかかる新卒を積極的に採用する傾向がみられる。その理由として、特に東京都ではテレビ関係の仕事が最も多く、取引自体も比較的安定しているためと考えられ

5. 労働市場の特性　　　　　　　　　　　　　　　　　77

表4-8　調査対象企業の2003年度テレビ関係常用雇用新卒採用率

常用雇用 新卒採用率 (%)	東京都		大規模県		小規模県		合計	
	件数	(%)	件数	(%)	件数	(%)	件数	(%)
採用無し	6	25.0	8	33.3	24	64.9	38	44.7
0	4	16.7	3	12.5	5	13.5	12	14.1
0 〜 50	2	8.3	3	12.5	2	5.4	7	8.2
50 〜 100	5	20.8	4	16.7	2	5.4	11	12.9
100	7	29.2	6	25.0	4	10.8	17	20.0
合計	24	100.0	24	100.0	37	100.0	85	100.0

注：テレビ関係業務の常用雇用者のうち新卒が占める割合である。
（アンケート調査により作成）

る。ある東京都の独立系制作会社の経営者によれば、新人であるリスクがあるにしても、受注する仕事は確保できるのでリスク計算が立つため、中途よりも新卒の方が自社の色に染められるため好ましいという。東京都では仕事が豊富にあるため、企業が比較的安定的に仕事を受注できるため、即戦力にはならない新人を育成する余裕を持ちやすい。大規模県も、小規模県に比べればこの説明は当てはまると考えられる。

　一方、東京都と大規模県では、地域労働市場の充実度にやはり差がある。それは、人材の回転率に顕著となる（図4-13）。離職率も高いが、その分採用率も高い企業は東京都に多く、離職した人材をすぐに埋め合わせているのだと考えられる。したがって、即戦力となる技術を持った中途労働者の採用の必要性が高く、東京都では採用率が高い企業ほど、新卒者採用率が低い傾向がある（図4-14）。だからといって、回転率の高い企業ほど一時雇用者が多い傾向も確認できない。番組ごとの一時雇用を活用する企業もいるが、前述したように各企業の主力はあくまでも長期雇用が前提の常用雇用者である。

　つまり、厳しい労働環境が影響して離職率自体は多いといわれるが（葉山, 2010）、番組内容の適性に合わせて頻繁に労働者を入れ替える企業は珍しく、そのような人材の登用はフリーランサーへの外注という形でみられる。ただそれに関しても、本章4節4項でみたように、取引先の絶対数が多い企業は限られているし、長期間取引が主流であって、番組ごとのフリーランサー切り替えは限られている。テレビ番組制作業には、フリーランサーもいるが、大体の人材は会社内にいると、ある東京都の独立系政策会社の経営者は述べていた。フ

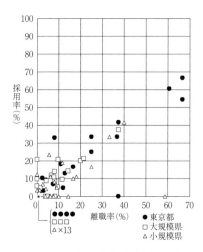 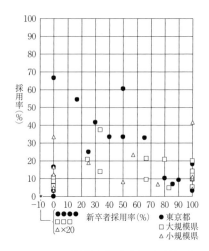

図4-13 調査対象企業の離職率と採用率
注：テレビ関係業務の労働者に限定している。
　　離職率＝前年度退職者数／(現在人員＋退職者数
　　　　　　－今年度採用者数)
　　採用率＝今年度退職者数／(現在人員＋退職者数
　　　　　　－前年度採用者数)
　　　　　　（アンケート調査により作成）

図4-14 調査対象企業の採用率と新卒採用率
注：テレビ関係業務の労働者に限定している。また、新卒者採用の－10は採用自体が無いことを意味する。
　　採用率＝今年度採用者数／(現在人員＋退職者数－前年度退職者数)
　　新卒採用率＝今年度新卒採用者数／(今年度採用者数)
　　　　　　（アンケート調査により作成）

リーランサーとして活動するためには、相当に優秀でなければならないからである。

　さらに、仮に一時期順調に仕事を受注できても、それが継続するとは限らない。東京都に次いで大きな地域労働市場があると考えられる大阪府の独立系制作会社の経営者は、極端な例としながらも、手帳が予定で埋め尽くされるような超売れっ子であっても、50歳くらいになり電気代が払えなくなって生命保険を解約する所まで行った人がいると述べていた。フリーランサーの場合、どうしても発想が同じなのでマンネリ化してしまい、5年も仕事をしていると、発注側が発注先を変えてくるという。また別の大阪府のテレビ局子会社の制作会社の経営者も、フリーランサーは、仕事は来るし忙しいものの、勉強が出来ずに気が付いたら（世の流れに）遅れていて、仕事が来なくなると指摘していた。会社の後ろ盾なしに、自らの腕のみを恃みとして活動するのは難しい。東

5. 労働市場の特性

京都や大阪府のように大きな地域労働市場のある地域であっても、各企業が本質的に必要とする技術を持つ労働力とは、是々非々で取引をするフリーランサーよりは、常用雇用すなわち自社専属として採用される中途労働者なのである。

ここで述べたように、地域労働市場が大きい東京都と大規模県の中でも大阪府の企業では、求める能力を持った中途労働者が応募してこないという指摘はなされるが、地域労働市場の未発達を原因として中途の応募自体がないという問題は存在しなかった。ところが、愛知県のテレビ局関連会社の子会社である制作会社の役員によれば、フリーランサーはフリーランサーとして活動しており中途募集に応募してこないため、新卒を育てるのは大変だが中途は望めず、育てた方が結果的に早いと述べている。別の愛知県の独立系制作会社の経営者も、基本的に紹介による中途によって人員を増加させているとしていた。地元には需要を満たす程の中途労働市場が存在しないのである。しかし、表4-7や図4-13から明らかなように、東京都ほど活発ではないものの、小規模県であっても中途労働者の採用はある。地元の中途労働市場が不十分な、小規模県さらには大阪府以外の大規模県では、どこから中途労働者を調達するのであろうか。

福岡県のテレビ局子会社である制作会社の経営者によれば、この企業の設立時に、地元は狭い世界なので、（色々なしがらみがあり）他社から引き抜くのは駄目だと親会社から言われた。そのため、彼の人脈や地元のヘッドハンティング会社を利用して、東京都からのUターン組を狙ったという。その他の様々な地域で、東京都からのUターン組を採用している企業は多かった[32]。調査対象者の地域間移動を確認すると、もちろん、地元からの中途採用もあるが、それを補うようにして東京都から大規模県や小規模県へ一定数の労働者が還流する（図4-15）。この図からは、調査対象者の多くが、大学などの最終学歴を得る時に東京都に集まるのも読み取れる。その後は徐々に地方への移動が起きており、学卒時就職地域から現在勤務地域への異地域間移動において、Uターン現象がみられる。東京都からの中途労働者を採用している地方の制作会社への聞き取りによれば、あまりに忙しい東京が嫌になった、家庭の事情などの理由で地元に戻ってくるという。

ただ、この図には表れていないが、制作費も大きく多彩な内容の番組の制作

80　第4章　テレビ番組制作業の地域的展開と産業集積

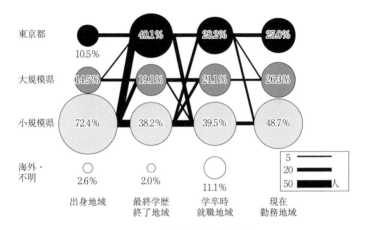

図4-15　調査対象者の地域間移動
注：n=152。出身地域は、義務教育終了あるいは高卒以前の居住地である。学卒時勤務地域から現在勤務地域への流線は、転職者のみ記してある。また、5未満の移動の流線は省略した。
（アンケート調査により作成）

が必要であるようなより高い水準で自らを磨きたいと思い、地元の制作会社を退職して東京に行く例もあるという。東京都で働くことには、レベルの高い仕事ができるという面のみならず、テレビ番組制作業にとって決定的に重要な人的繋がりを形成するという側面も見逃せない。それは、本章4節4項でみたテレビ局や制作会社同士の繋がりに留まらない。ある東京都の独立系制作会社の制作部長は、「…一流の売れている脚本家とタレントはプロデューサーについており、準一流・中堅のそれらはディレクターに付いている。ピラミッドでいえば、前者が頂点近くで少数、後者が多数。つまり、ディレクターが成長してプロデューサーになる頃には、仲間だった脚本家やタレントも一緒に一流になっている」と述べている。こうしたタレントや脚本家とのグループは、彼らが下積みであり制作会社側の労働者がADであるような若手時代から、番組撮影後に呑みに行くなどの非公式な付き合いも含めて形成され、一緒に成長していく。さらに東京都は、特にドラマの大多数が制作されているといわれるように、予算規模が大きく先端的な業務に携わりやすい場である。たとえば、ある小規模県のテレビ局子会社は、伝を頼って東京都の制作会社に、3名の技術スタッフを修行のため出向させていた。このように東京都は、人材育成全般に強

みを持っており、同時に日本全体への人材供給源となっている面もある。

(2) 労働者の処遇

　とはいえ、東京都からUターンする労働者は仕事が忙しすぎると感じるように、東京都が労働者にとって常に良い環境だとはいえない。なぜなら、テレビ局や制作会社が、質の高い人材を重視して有効活用しているかといえば、かなり限定的なためである。

　テレビ番組制作業にも、もちろん質が求められる人材はおり、本章5節1項で述べたように、その代表格としては一般的にフリーランサーが挙げられる。ただしこれは、数多くの優秀な人材がフリーランサーとして活動していることではなく、番組内容に合わせて必要とされるような優秀な人材が求められる余地が少ないことを意味している。

　ある東京都の独立系制作会社の制作部長は以下のように述べている。「40代より上になると使われない。テレビ局のプロデューサーが30代であるし、年上は使いにくいので使わない。この業界は管理業務がほとんど無いし、大ベテランが要らない。つまり芸術家が要らない。巨匠はごく少数で構わない。他の会社の営業職みたいにまともに数字で評価できない。視聴率といっても、評価がそんなにはっきり出ない。そのため、20代〜30代半ばしか人材として要らない。それに気がついたから、私は現場から管理に転じた」。また、ある大規模県の独立系制作会社のプロデューサーにいわせると、テレビ番組制作には協調性と労働時間を無視するような気持ちは必要だが、作家活動は要らないのである。

　創造的作業を求められる人材はごく限られる一方で、キー局から全国放送されるようなテレビ番組制作には数十人規模の労働者が必要となる。ゆえに、小規模県のあるテレビ局子会社の放送事業部長は、業界の課題として、作業時間を元にして必要経費を算出する人工（にんく）的考え方が強く、労働者の能力を経費設定に反映させるのが難しいとしていた。

　このような状況に加えて、本章4節2項で述べたように、制作費が削減されるとともに完パケ品の制作の減少傾向がみられるようになってきたため、テレビ局への派遣業務が増加しており、作業時間で制作会社の労働者の賃金が決ま

る傾向が、2000年代前半から強まりつつあった。完パケ品の制作に伴う企画・管理業務が行えないと、制作会社の自立性は損なわれ、人材教育も進まず制作力が内部に蓄積されない。制作会社にとっては好ましくない事態である。

しかも、番組制作会社の賃金水準は、テレビ局のそれに対して著しく低い。2005年4月発行の『日経エンタテインメント！』117号によれば（pp. 26-29）、キー局とNHKの平均年収は1,361万円、ローカル局で835万円になる。次に、アンケート調査から各人の平均年収を産出すると、東京都では標本数35で594万円（キー局とNHKの平均年収の43.4％）、それ以外の同府県では標本数95で489万円（ローカル局の平均年収の58.6％）である[*33]。1社辺りの標本数が少ないため、必ずしも数字が正確ではなく高めに出ている可能性には念頭に置かねばならないが[*34]、それでもテレビ局社員との収入格差は大きなものとなる。非常に厳しい不規則な長時間労働が常態化している制作現場にあって（中川, 2009；葉山, 2010）、全く同じ仕事をしているのにもかかわらず、これだけの給与格差があることへの不満は根強い。

収入格差が顕著になる理由の一般的説明は、テレビ局の寡占的地位から生じる、高収益構造や制作会社への立場の強さに求められる。これを助長するのが、先述したような、必ずしも創造性が必要とされない状況も相まって、労働評価の基準設定が難しいという番組制作業の特徴である。言い換えると、労働者の能力に応じて制作費が支払われる傾向が極めて弱いため、テレビ局の立場の強さがそのまま制作費の設定に反映されてしまい、制作会社社員の収入水準が低く抑えられてしまうのである。

表4-9　年収関数の推定結果

		回帰係数	標準回帰係数	t値	p値
	年齢	18.04	1.51	11.95**	0.00
	性別	87.73	36.29	2.42*	0.02
地域ダミー	大規模県	18.21	39.86	0.46	0.65
基準：東京都	小規模県	−92.7	33.1	−2.8**	0.01
	定数項	−184.42	63.65	−2.9	0.00

注：**：有意水準1％で有意　*：有意水準5％で有意
サンプル数：127　自由度調整済み決定係数：0.61
自由度（4,122）、F値=50.51、p値=0.00．最小二乗法で推定．
（アンケート調査により作成）

重回帰分析によって、調査対象者の年収の説明変数を推定すると、年齢、性別、勤務先が立地する地域の3変数が抽出できた（表4-9）[*35]。大規模県への立地は、東京都に対して年収差の説明変数にならないが、小規模県と東京都の格差は明らかである。さらに、これら3変数は、個人の努力によって変わる個人属性ではない。個人の努力や選択が明確に年収を説明しないのである。また性差と年齢に相関関係は検出されなかったため、性差が年収差に繋がる理由は不明であるが、結果的に年功序列的に年収が上がっている。しかし、先述したように、テレビ番組制作においてベテランが優遇されているとはいえない。むしろ、一定の年齢を過ぎても仕事を続けられる程優秀な人材しかのこっておらず、結果的に年齢と共に年収が上がるようにみえるにすぎないと考えられる。

　東京都は質量共に仕事が潤沢にあるため、各企業の仕事量の見通しが立ちやすいこともあって、新人育成に適した場である。中途労働市場が確立しており、人材の出入りが多い企業にとっても都合が良い環境でもあるが、全般的には常用雇用者としての新人採用が中心である。中途労働者の中には、地元へとUターンする者もおり、東京都は人材供給の面からみても、日本のテレビ番組制作業の中心であるといえよう。しかし、テレビ局との大きな収入格差が存在し、必ずしも創造性が必要とされない状況も相まって、厳しい環境でもある。

5. 創造性および制作力の減退

　ここまでみてきたテレビ番組制作業の取引関係と労働市場の特徴からは、テレビ局や制作会社同士さらにはタレントなどとの人脈構築の重要性を、なによりもまず指摘できる。人脈の重要性から、基本的に取引関係は固定的である。また、番組内容に合わせて企業内の労働者を頻繁に入れ替えるような傾向はみられない。技術を持った中途労働者の採用を重視する企業もあるが、他業種で働いていた中途労働者や新卒労働者など特別な技術を持たない人材であっても、やる気や人柄をみて長期雇用を前提に採用する企業も多い。これらの特徴からは、たとえ他地域に比べて人材を頻繁に入れ替えられるほどの中途労働市場が存在する東京都であっても、柔軟に取引関係や労働者を切り替えているとはいい難く、Mossig（2004）のように柔軟な専門化によって日本のテレビ番組制作

業の集積を説明するのは無理がある。むしろ、非常に固定的といえる取引関係がこの産業集積を形成している。

　つまり、産業集積の発生要因は非常に単純であり、それぞれの制作会社がテレビ局との取引関係を円滑にするために、テレビ局の近傍に立地した結果なのである。確かに制作会社同士は著しく近接している上に、固定的な取引関係は制作会社同士にも顕著であるが、立地選定に際して制作会社同士の近接性は意識されていない。制作会社にとっては、テレビ局との関係を維持することが決定的に重要であって、東京都であっても制作会社同士の近接性は意識されていない。テレビ局近傍への立地を意識するあまり、結果的に制作会社同士も近接するために意識しないとも考えられる。しかし、制作会社同士の取引も信頼の置ける長期的取引が中心であり、撮影現場はテレビ局内・外のスタジオや野外であるため、頻繁に制作会社同士で行き来する必要もないことが根本的な原因であると考えられる。したがって、取引関係からみた立地要因は、テレビ局との近接立地が大きな割合を占める。自社制作が中心で大量の仕事を発注するキー局周辺に、制作会社が立地し、結果的に産業集積が形成されていったのである。

　それでは、柔軟な専門化的構造よりも固定的な取引関係を維持した方が、たとえばお互いの信頼関係や相互理解を高めてより良い作品作りが可能になると制作会社やテレビ局が判断しているかといえば、そうではない。むしろ、番組の品質の高低が事実上軽視され、番組制作において創造性を求められる余地が極めて限定的であるのが、日本のテレビ番組制作業の現状である。それゆえ、Florida（2002）に代表されるような、創造的な活動に従事する人材が好む地域であるがゆえに労働者と企業が集まってくるとの説明も、本産業には当てはまらない。

　確かに、東京都では他地域に比べて高い制作費による高いレベルの制作が行われており、人材を引き付ける要因ともなっている。しかし、本章5節2項で触れたように、東京都にかぎらず日本のテレビ番組制作業では、ほとんど創造的な人材が必要とされていないという現状がある。東京都で行われている番組制作は他地域に比べて相対的にはレベルが高いといえようが、創造的イノベーションが活発とはとてもいえず、集積利益として特筆すべき程の創造的環境が

5. 創造性および制作力の減退

東京都に存在するとはいい難い。

　取引関係の維持や形成が人間関係に依存し、労働者が単純労働力としてしか評価されない状況が無視できない現実であるにしても、もちろんテレビ番組制作には創造性が重要であるし、企画が悪ければ採用されず、番組の視聴率が悪ければ取引が打ち切られる。ある東京都の独立系制作会社の経営者によれば、テレビ局から制作会社が切られないとはいえ、ゴールデンタイム（19時～22時）の場合は、視聴率が悪いと切られる。だからこそ社員達にこの時間帯をやらせたい、現実的にゴールデンタイム以外を担当しても評価されず、転職しようにも一顧だにされないと彼は述べる。確かにキー局であっても、時間帯次第で、制作費は大きく上下するし、元々高視聴率が期待できない場合もあるだろう。また、たとえば報道のように、変に創造性を発揮しても仕方が無い番組もある。しかし、テレビ番組制作にかつてあるいは現在も関わっている関係者の間では、時間帯や番組のジャンルにかかわらず、テレビ番組の面白さや豊かさが損なわれる質的低下が顕著となったことが、広く共通の認識となってしまっている（立元, 2005; 金田, 2006 石光, 2011; 指南役, 2011）。筆者の調査の中でも、労働者の力が落ちてきているとの指摘が再三なされていた。なぜだろうか。その答えは、日本のテレビ放送業と番組制作業の関係性の中にある。

　まずもって、ほとんどの地方において番組制作力が元々高くないのが現実であり、集積利益について検討するためにも、ここでは東京都に議論を限定する。

　流通部門であるテレビ局は、放送免許事業という寡占構造の中で、生産部門である番組制作会社に対し圧倒的に有利な立場にある。まず、制作会社がほとんど著作権を主張できない状態である。そもそも、テレビ局との取引契約書自体、一部の力の強い制作会社を例外として存在していなかった[*36]。さらに、不景気や地上波・BSデジタル放送の開始によるテレビ局の経営環境悪化が、そのまま制作費の削減という形で制作会社に転嫁されている。そもそも、放映時間帯による大まかな基準を除けば、制作費の決定基準自体が曖昧である。原価を積み上げて、その結果制作費を決定するという構造になっていない。しかも、著作権を持てないことが多い上に、持っていてもテレビ局も番組の再利用にあまり積極的ではないため、あまり放送後の収益に期待できない。したがって、制作会社には与えられた制作費の中で儲けを出そうとする意識が顕著にな

りコスト管理意識が強い。これを称して、大規模県のあるテレビ局子会社の経営者は、40代以下の労働者の意識がサラリーマン的になるっていると指摘していた。

　要するに、制作会社は収益源を特定のテレビ局に依存せざるをえない状況下で、色々な物事が明確な根拠なく関係性の中で決定されていってしまう。こうなると、放送免許によって守られた寡占構造によって、力関係はテレビ局が制作会社に対して優位であるため、テレビ局側に有利な恣意的決定が下されやすく、制作会社はテレビ局からの要求を大抵は受け入れざるを得ない。その結果、テレビ局からの発注を獲得するためのダンピング競争に巻き込まれて、売上げが急激に落ちているとした東京都の独立系制作会社もあった。こうして、制作会社そして労働者が過当競争の中で消耗するようになっていく。

　こういった消耗戦は、労働者の成長にとって決して良い効果を生まない。特に若手の労働者の発想力や技術力が落ちていると指摘する企業が少なくない。その根本原因に挙げられるのが、仕事が忙しすぎて余裕がなくなってしまい、彼らが自分を磨く時間を持てないことである。実際、テレビ番組制作会社で働く労働者は仕事自体への意識は高いものの（芸団協・芸能文化情報センター編、2005）、給与の低さと共に長時間不規則労働の厳しさが、離職者を生む要因となっている。

　まだしも仕事の内容自体に満足できれば良いのだが、それが難しい場合もある。ある東京都の独立系制作会社の制作部長によれば、演出が好きなディレクターは、観客の反応がみえる上に、自分にいくら投資してもらえるのか分かる映画のほうに進出してしまう。これと同様の指摘を、あるキー局の映画部長が行っている[*37]。彼は、近年邦画が隆盛になっている背景には、テレビドラマの衰退があると個人的に思っているという。テレビ番組の場合は、物造りというより、短い制作期間に合わせて間に合わせるための作り方になる。また、評価基準としての視聴率に実態があるようで無く、映画は観客がお金を払って見に来るという違いがある。俳優も制作期間が短いテレビドラマには不満を持っており、映画に出たがるという。

　制作現場の人間から、番組内容の評価基準として当てにならないと思われている視聴率は、GRPに基づく広告収入の高低に直結する経営上不可欠の数値

5. 創造性および制作力の減退

でもある。とはいえ、キー局であるテレビ東京の社長でさえも、「今、視聴率が取れている番組は、レベルが高いとはいえないバラエティーだよ。(中略)。視聴率がコマーシャリズムに直結するから、悲しい宿命に甘んじている面がある」(金田, 2006, p. 20) と認めている。「視聴率至上主義」というより「GRP 至上主義」だといわれるように (碓井, 2003, p. 111)、視聴率は経済指標にはなっても、番組内容の指標になるとは限らない。しかも、視聴率の重視は GRP というスポット収入の面からのみならず、タイム収入の面からも生じている。視聴率を重視しすぎる批判自体は、視聴率という概念が導入された 1960 年代前半から既にあった (立元, 2005, pp. 39-42)。しかし、現在はより状況は悪化していると金田 (2006, pp. 152-153) は指摘する。バブル経済の崩壊以降、広告主である企業のコスト意識が敏感になり、1 社提供番組は急減し、一つの番組に複数の広告主が付くのが一般的になったことがさらなる視聴率重視を招いた。1 社提供番組の場合、広告主はさほど視聴率には拘らず、番組の内容や、そこから生まれるイメージを大切にする (伊藤, 2005, pp. 145-146)。しかし、複数の広告主が存在すると、視聴率だけが共通の指標となる。視聴率の上昇に繋がりやすいのは、人気のあるタレントを出演させることであるため、テレビ局は内容よりも誰を出演させるかという発想に傾斜していった、また、仮に視聴率が悪くとも、有名タレントを使用しておけば、最善を尽くしたという釈明もできる。つまり、失敗する危険性も伴う新しい試みよりも、既に効果が実証されたような有名タレントあるいは高視聴率番組の二番煎じという安全策が好まれる。

消耗を生む要因として、前述の安全策を重視する発想が、番組企画のみならず、制作現場においても強まっていることも指摘できる。近年はデジタル機材が普及したこともあり、材料費や機材費はかつてより格段に安くなっている。長時間撮影や、その編集が以前よりも遥かに低価格かつ容易になったのである。それが後押しして、テレビ局のプロデューサーは、現場に取材へ向かうディレクターに撮れるだけ映像を撮るようにと指示するため、ディレクターはカメラマンに可能な限り何でも撮影させるようになってきた。これは二つの点で問題となっている。第 1 に、ディレクターは撮影前に構成を十分練らなくなり、カメラマンは撮影の構図を十分に意識しなくなってしまい、力量低下という結果を生んだ。第 2 に、長時間編集を行えば機材費は安くなっても労働者への負担

は重くなる。ある東京都の独立系制作会社では、2年前（2002年）に比べて、編集室を借りる代金は1割以上下がったが、編集にかかる時間は1割5分程度伸びているとしていた。にもかかわらず、テレビ局側は機材費の低下を理由に制作費を削減することさえあり、制作会社はより安い制作費で労働者に長時間労働を強いる結果となってしまう。

　テレビ局のプロデューサーの制作指示が安全性重視になってしまう背景には、テレビ局側に番組企画への目利きが減っている（ある東京都のテレビ局子会社のプロデューサー）、ことと関連するように思われる。ところが、テレビ局は効率性を重視して制作部門を外部へと切り離してきた。これは、テレビ局において番組制作を理解できる人材の減少に繋がる可能性があり、テレビ局内の質的制作力も引き下げかねない*38。それは番組制作会社にも影響を与え、結局産業全体における番組制作力の低下に繋がる危険性さえあるだろう。

6. 小括

　本章の議論から得られた知見をまとめておこう。テレビ番組制作業は、流通部門に相当するテレビ放送業の動向から極めて強い影響を受ける。近年の電波政策は、特に地方放送局の経営環境悪化を招いた。その対策として地方局は、コスト削減と制作力強化を目的に制作子会社を増強したため、制作会社数の増加が顕著である。ただし、経営状況は芳しくなく、映像以外の事業に活路を見出す企業も多い。

　一方東京都では、将来見通しが不透明さを増しており、2000年頃から、テレビ局は制作会社に渡す制作費を引き下げ始めていた。専門特化した制作会社による産業集積が存在するが、取引関係は比較的固定的であり、柔軟な専門化は成立していない。各制作会社は、制作・営業の利便性から、都心部に立地するテレビ局近傍への立地を志向し、集積利益が存在している。しかし、制作会社に対してテレビ局の立場は圧倒的に優位であり、必ずしも創造的な番組制作が必要とされていないことも相まって、制作会社間がダンピング競争に陥り体力を消耗するという集積不利益も発生している。なお、比較的1社への売上高依存度が高く、受注量や売上げ見通しの不確実性は低いため、特別な技能を有

6. 小括

しない新卒労働者を教育する経営上の余裕が各制作会社にあるため、熟練地域労働市場の存在が制作会社の立地行動に影響を与えない。また、番組制作力の低下という問題も指摘される。

日本のテレビ番組制作業の集積利益は、ほとんどテレビ局との近接性によって説明できる。その背景には、①テレビ局の力が圧倒的に強い、②そのテレビ局が創造的な番組制作を強く求めていない、③その結果取引先や労働者を頻繁に変える必要性も薄い、ことがある。つまり、元々創造性に寄与する形での集積利益はほとんど存在しない。

問題は、産業集積がこのような状況下にある時に、テレビ局の経営が悪化したり、将来見通しに不透明さが増したりすると、産業集積が番組制作力の低下という形で創造性の毀損を一層助長してしまうことにある。

番組制作業では元々、対面接触の容易性に支えられている濃密な人間関係が、番組企画の硬直化や横流しなども生み、創造性にとって負の効果を生みがちである。しかも、経営環境が悪化したテレビ局は、創造性への配慮が極めて不十分な形で経済的利益を追求するため、制作会社側にほとんど抵抗の余地なく制作費を引き下げたり、制作会社をより一層派遣労働者の供給元として扱い制作会社の自主性を阻害する傾向がみられたりする。

テレビ局の力がこれだけ強い背景には、放送行政の帰結である寡占構造が根本にあるが、さらに機能分業でいう製品化・発売、流通・配信、公開・小売といった流通部門3機能を完全に押さえていることも大きい。制作会社が、流通部門内におけるテレビ局以外のカウンターパートを用いて、自社に有利な条件を導くような術がほとんどないのである。加えて、元々番組制作機能が自社内にあったため、創造・制作機能も未だに社内に存在する。その結果、著作権所有の強化などの経済的利益の追求から、制作会社を派遣労働者の供給元として扱い、制作会社の自主性を阻害する傾向が助長されてさえいる。つまりは、テレビ局が流通部門3機能は保有しつつ中途半端に創造・制作を切り離したため、生産部門たる制作会社の創造・制作機能に限定した自立性維持も容易ではない。逆に、テレビ局以外の流通部門機企業を関与させる、あるいは制作会社が流通部門機能に一部でも関与する、またはテレビ局が創造・制作には関与しない、といったことが実現すれば、生産部門たる制作会社が主体性を取り戻せる可能

性も考えられる。現状では、テレビ局の効率性重視の姿勢に制作会社も巻き込まれ、創造性が減退している。その結果、創造性に寄与するような集積利益が見出せない。そこで次章では、同じくテレビ局が主要な流通部門でありながら、流通や生産にその果たす役割が異なるアニメ産業を取り上げる。そして、その産業集積を解明し、テレビ番組制作作業との集積要因の相違を比較検討し、第9章における産業集積と創造性の議論に繋げよう。

---

* 1 ここでいうテレビ番組制作作業とは、主にテレビ放送業（局）の下請けとして実写の番組制作に関わる企業群（テレビ番組制作会社）の総称である。細かくいえば、番組を制作する「番組制作会社」、人材派遣をする「制作プロダクション」、カメラ・照明・音響などの技術スタッフを派遣する「技術プロダクション」、舞台・美術業務を扱う「美術プロダクション」に分かれるが（西, 1998, p.44）、本稿ではこれらをまとめて「番組制作会社」と呼ぶ。

* 2 本稿では、テレビ放送業、テレビ番組制作作業、映画産業を区別し、それらの総称を映像産業とする。そして、テレビ放送業とテレビ番組制作作業の総称をテレビ産業とする。

* 3 1995年にその規制は解除された（片岡, 2001, p.238）。

* 4 映画などの映像産業では、資金調達などを含めて広い意味で映画を作ることを「製作」、実際の現場作業を「制作」と表記する。本稿でもこの表記法に従う。

* 5 第1回目の送付では、1,338通を送付し、宛先不明などの理由により200通が無効になった。企業票は48社（4.2%）、個人票は85人（3.7%）から有効回答を得た。この回収率はあまりに低いため、質問内容を若干変え、住所録の誤りも訂正し、第1回目で回答がなかった企業に対して再度の質問票送付を行った。今度は1,157通を送付し、27通が無効となり、企業票は45社（4.0%）、個人票は67人（3.0%）から有効回答を得た。これらの結果を合計すると本文中の結果となる。したがって、1回目と2回目の送付で用いた質問用紙は全く同じではないため、それらを統合したアンケート結果の正統性には留保がつく。しかし、極力聞き取り調査で補足をしている上に、行った修正は一部質問の削除やレイアウト変更が主であるため、統合した結果を利用した本論に極端な瑕疵はないと判断する。

*6 後でみるように、番組制作会社は基本的に民放局との関係性の中で誕生し育まれてきた。それゆえ、民放とは成り立ちも大きく異なるNHKの説明をすると論が煩雑になるため、本稿では取り上げない。

* 7 東京メトロポリタンテレビジョン、群馬テレビ、とちぎテレビ、テレビ埼玉、千葉テレビ放送、テレビ神奈川、岐阜放送、三重テレビ放送、びわ湖放送、京都放送、奈

良テレビ放送、サンテレビジョン、テレビ和歌山、を指す。
* 8　正確には、キー局以外に大阪の「準キー局」5局が存在するが、本稿では、キー局との対比を強調するために、便宜的に準キー局とローカル局を併せてローカル局と称する。
* 9　2007年に集中排除原則が緩和されるまでは、「同じ都道府県にある複数の地上波放送局について、同じ者が同時に10%以上の株式を保有してはならず、別の都道府県にある複数の放送局について、同時に20%以上の株式を保有してはならない」（池田, 2006, p. 42）とされており、同一資本が複数の局の経営に影響を及ぼさない水準に制限されていた。なお、2007年の緩和措置には、いわば現状の追認という側面がある。
*10　結果的に、ローカル局では経営の実権を政治家が握っている場合が多いという（池田, 2006; 西, 2003, pp. 46-51）。
*11　用いている資料の関係上、ラジオ単体の放送局も計算に含まれている。また、『日本民間放送年鑑2004』以降では収入構成比が掲載されなくなっているため、最新の構成比は不明である。
*12　テレビ局は、CM放送本数×視聴率の値である「延べ視聴率GRP（Gross Rating Point）」を広告主に販売して、スポット収入を得る。したがって、1日が24時間という物理的制約がある以上、そのCMが流れる番組の視聴率が高いほど、多くのGRPの販売が可能になり、テレビ局の収益に繋がる（碓井, 2003, pp. 109-111; 小田桐, 2004, pp. 52-56; 伊藤, 2005, pp. 89-93）。
*13　東京都における合計値は、自社制作時間が51,105分であり 売上高が1,208,436百万円である。また、正答率＝97.78%、自由度(2,42)、F値＝48.56、p値＝0.00. 有意水準1%で有意であった。
*14　鈴木（2004, pp. 93-97）は、東京・大阪・名古屋はAクラス、北海道・福岡はBクラス、仙台・静岡・岡山＋香川・広島はCクラス、との某ローカル局の指摘も踏まえて、Aクラスをキー局・準キー局、Bクラスを基幹局、Cクラスを準基幹局、残りを一般局ともできるだろうとしている。ただし彼の議論では、煩雑さを避けるために、B・Cを基幹局と一括している。一方、北海道・関東・中京・近畿・福岡を基幹地区、宮城県・静岡県・岡山県＋香川県・広島県を準基幹地区という分け方もある（伊藤, 2005, p. 42）。本稿の手法による分類も、これらの業界慣行に基本的に対応しているといえようが、キー局の重要性を鑑みつつ、分類の複雑化を避けるために、本文中にあるような区分を採用した。
*15　平成13年度調査までの名前であって、平成16年度調査からは「映像情報製作・配給業」に名称変更が成されている．
*16　TBSの子会社として1962年に発足した「東京通信機工事（現 東通）」が最初である。
*17　稲田の記述は1998年時点のものであるが、聞き取り調査でも、テレビ番組制作業は常に人手不足の業界であるとの証言が得られている。

*18　窪田（2011）に多数の具体的事例が掲載されている。
*19　ここで述べた番組提供料分配構造が持つ特徴が招いた最悪の事態の一つとして、『発掘！あるある大事典Ⅱ』における番組内容捏造事件がある。詳しくは、「発掘！あるある大事典」調査委員会（2007）を参照のこと。
*20　放送権は、文字通り番組を電波にのせて放送するための権利であり、再放送にも関係してくる。二次利用権では、海外への番組販売、DVD化、グッズ販売などと関係してくる。なお、2006年度以降の後継調査（放送番組制作業実態調査、情報通信業基本調査）では、アンケートに回答した全企業の番組数を母数とするのではなく、各企業が回答した自社の著作権の保有率を単純平均した数字などしか開示されていない。したがって、統計処理上問題が多いため、2005年度というやや古い数字を提示している。
*21　2003年にいわゆる下請法の対象にテレビ番組制作業も含まれるようになり、2009年には総務省が「放送コンテンツの製作取引適正化に関するガイドライン」を制定するなど、著作権の扱いを含む取引の適正化を目指す政策が打ち出されてきているため、今後改善が進む可能性はある。
*22　プロデューサーの人数は1人とは限らない．放送局側と、制作会社側にそれぞれいることもある。また、日程の調整や予算を管理するアシスタントプロデューサーという存在もある。
*23　ディレクターも通常複数名いる．また、現場でディレクターの補佐業務をこなすアシスタントディレクターも多数いる。
*24　ビデオエンジニアは撮影機材の運用を受け持ち、スタジオや中継車で活動する。
*25　コンテンツ産業には、フリーランサーと呼ばれる、特定の企業に属さないで活動する個人労働者が存在する．フリーとも称される。その性格は多様であり、担当する制作工程によってそれぞれが担当する仕事の内容は全く違い、企業との距離を置くことから、労働者というよりも1人1社的な性格を持つフリーランサーもいる。一方で、事実上特定の1社のみから仕事を請けており契約労働者と変わらない者もいる。
*26　本アンケートにおいては、東京都で技術系企業からの回答が少ないが、東京都において技術系企業が少ない訳ではない。
*27　東京都に関しては、取引社数0とした企業の大部分に聞き取り調査を行えなかったため、詳しい理由が不明である。可能性としては、テレビ局への派遣業務が多く自社制作をあまり行わないため外注先がいない、あるいはフリーランサーを外注先と考えなかったことなどが考えられる。確認できた2社は、テレビ番組制作事業が主要業務であるため、安定した外注を行っていないためであった。
*28　本章における調査対象者の発言内容は録音しておらず、ノートから再現しているため、細部が異なる可能性はある。
*29　アニメ産業と家庭用ビデオゲーム産業の事例より。それらの詳しい調査内容につい

ては、第5～8章を参照のこと。
* 30　確認できた限り、東京都で10社中2社、大規模県で10社中1社、小規模県で13社中2社いた。
* 31　過半数の企業が雇用者の全てを常用雇用しており（87社中52社:59.8%）、各企業の雇用形態は常用雇用中心である。一般的には、番組ごとに人員が足りなければ、人材派遣やフリーランサーと契約する形で対応する。
* 32　大規模県で10社中3社、小規模県で13社中8社に確認された．
* 33　自由度$(1,128)$、F値 = 4.70、p値 = 0.03となり有意水準5%で有意である。
* 34　2009年度の『放送番組制作業実態調査』によれば、放送番組制作業務における一人当たり人件費は434万円と算出されている。また、佐々木（2009, p. 152）は、制作会社の給料は良くて年収500万円前後、ひどいところでは300万円を切るとしている。
* 35　これら以外の説明変数として、経営者か従業者か、職種、学歴、転職歴の有無も用いて検討したが、有意にならず決定係数も下がったため除外してある。
* 36　2003年の下請法改正によって取引契約の明文化が進んだものの、2014年時点においてもまだ、テレビ局が必ず発注書面を交付しているとの回答は約84%(n=271)に留まる（公正取引委員会, 2015）。
* 37　今回の調査ではなく、あるクローズドな講演会上の発言（2006年8月5日）。
* 38　テレビ局から制作を切り離した最たる失敗例といえるのが、フジテレビである（小田桐, 2004, pp. 226-227）。かつて経営悪化に悩んだフジテレビは、1971年に制作部門を本体から切り離したが、結果的に放送番組を決定する編成部門との間に、下請関係を生じさせ、両者の信頼関係を損なわしめた。そして、制作側が創造性への意識を衰退させるのみならず、制作費の非効率運用にも繋がった。1979年には、目標視聴率に達しない番組を一方的に打ち切る制度を導入し、さらに事態は悪化した。最終的に1980年、制作部門を本体に再統合の上、目標視聴率制も廃止し、その他のいくつかの施策と合わせ、この危機を乗り切った。

第5章　アニメーション産業における工程分業の進展と産業集積の形成

1. はじめに

　日本のアニメ産業は国際的な競争力を持ち将来性のある有望な産業として、2000年頃から注目を集めるようになり（東京都商工指導所調査部編, 1999; 日経BP社技術研究部編, 1999, 2000; 多田, 2002）、東京都とその周辺への集積が報告されている（富沢, 1999; 福川, 2001; 井山, 2005; 山本, 2007）。
　Scott（1984, 1988）は、ロサンゼルス地域を対象に、初めてアニメ産業の集積を指摘し集積要因を分析した。彼はアニメ産業における局地労働市場の内的構造を説明する際に、アニメ産業の制作工程が非常に労働集約的である点を指摘した。また、ロサンゼルス地域が教育機関の充実などから専門労働力の容易な使用を可能にし、当該産業集積を生じさせたと言及している。トロントでは、こうした専門労働力が、特定の地域で育成され取引関係を形成していく中で関係性資産を形成し、それが集積利益となっているとも指摘されている（Eberts and Norcliffe, 1998）。よって、アニメ産業の集積は労働集約的製造業の観点から説明されるべきであり、半澤（2001）は、制作工程の特性を踏まえた上で、取引関係や人的繋がりなどの視点から東京周辺のアニメ産業集積形成要因を解明した。
　しかしそこでは、生産部門内の取引関係に重点を置き工程分業を主に論じたため、流通部門と生産部門との機能分業に関する説明に不十分な点がある。そのため本章では、半澤（2001）を基本に、アニメ産業における機能分業の情報を加えつつ、2000年代前半頃までのアニメ産業について論じる。
　最初に、アニメ産業が研究開発的制作工程に加え量産的制作工程という性格

の異なる制作工程を持つものであるという特色に留意しながら、アンケート調査と聞き取り調査に基づく実態調査を通じて、日本のアニメ産業の特性を把握する。その上で、上流工程と下流工程に注目し、取引関係と人的繋がりを明らかにし、集積の実態と集積要因を検討し、今後の変容の方向性について考察する。その過程では、アニメ産業がテレビ番組制作業と同じく、テレビ局を主たる流通経路とするがゆえに生じる問題が明らかになる。しかし同時に、テレビ局以外の流通部門企業が関与する余地が大きいがゆえの可能性もまた示される。

続いて第6章では、制作技術と市場環境の変化によって、2000年代後半以降のアニメ産業がどのような困難に直面したのかを明らかにし、アニメ産業の創造性についての理解を深める。

本章では、NTTのインターネットタウンページとリスト制作委員会編(2000)に掲載されている企業データをもとにして、個人も含めた、アニメ制作会社と思われる全国287社に対して郵送によるアンケート調査を2000年7月〜9月にかけて行った[*1]。71社から回答がえられ、そのうち33社に対して聞き取り調査を同年10月〜12月にかけて行った。

2. アニメーション産業の概観

(1) アニメーション産業の歴史

歴史的に見ると、アニメ作品そのものが流通する市場には大別して4つの分野が存在する。すなわち、テレビ市場、劇場用映画市場、ビデオ市場、PR市場[*2]である。本項と次項で詳述するが、日本のアニメ産業の隆盛の原動力となり現在でも影響力が大きいという点からすれば、テレビ市場こそが日本のアニメ市場の中核を占めている。

このような市場を形成するに至った日本のアニメ産業の歴史を、山口・渡辺(1977)と山口(2004)の記述をもとにして、以下で明らかにする。その歴史は大きく4つの時期に区分できる。

①第2次大戦終了まで

日本で初めてアニメが制作されたのは1917年である。その後しばらくは、実写映画の「添え物」的位置付けにあった10分前後の長さの劇場用短編映画

と、教育用映画、あるいは宣伝用映画が1人から数名の人員しか持たない制作会社によって、家内工業的に制作される状況が続いた。1930年代になると、国策もあり制作会社の合同が行われた。また、長編映画の制作も手がけられたが、作品の基本的性格は変わらず、10名以下の人員で家内工業的に制作されていた。

　この間の地理的位置を確認しておこう。最初期のアニメ制作活動は東京で行われており、日本初のアニメーション専門スタジオである北山映画製作所も1921年に東京で設立された。しかし、関東大震災によって関東のアニメ制作の有形資産はほぼ全壊し、このスタジオも閉鎖された。その結果、一部のスタジオは映画産業が盛んであった京都に移転した（三好, 2003）。当地にはアニメ産業草創期に活躍した政岡憲三による「政岡映画製作所」、「JOスタジオ」傘下の漫画部などの制作会社が何社か存在していた。一方、関東大震災の痛手から立ち直った東京や横浜でも、スタジオは増加傾向を示していた（三好, 2003）。

②第2次大戦後から1963年まで

　敗戦直後の1945年、戦前からのアニメ制作者が100人程合同して、現在のアニメ産業の集積地域内である東京都の西武池袋線江古田駅近辺で「新日本動画社」を立ち上げた（三好, 2004）。同社はその後分裂したが、その流れを汲む有力制作会社は残った[3]。一方、いくつもの小規模な制作会社が誕生していたが、採算性が悪く劇場用短編映画が消滅し、教育用映画市場において過当競争に陥り採算をとることが難しくなったため、かなりの数の制作会社が閉鎖された。逆に、1953年からテレビ放送が始まり、そのCM用アニメという新たな市場分野が誕生し、それを見込んだ制作会社が新たに設立された。その中には、関西に立地する企業もみられた（津堅, 2012）。こうした動きの中、1956年に現在も最大手の制作会社である「東映動画」が、新日本動画社から派生した「日動映画」を吸収する形で練馬区において生まれた[4]。この制作会社は誕生から2年程で300名を超える従業員を抱えるとともに、近代的かつ大量の設備を有して、定期的な長編劇場用映画作品の制作を可能としたことに最大の特徴がある。この時期はアニメ制作が産業としての基礎を整えていく時期であったといえよう。

③ 1963 年から 1990 年代前半まで

　1963 年に日本で初めて、毎週 1 回 30 分のテレビアニメシリーズ（以下テレビシリーズと略す）が開始された。この制作にあたったのが、練馬区の手塚治虫の自宅に設立された「虫プロダクション」であった。テレビシリーズは商業的に大成功を収め、東映動画をはじめ数社がすぐにテレビシリーズの制作を開始した。その後も CM アニメを主に制作していた「TCJ」を皮切りに、「竜の子プロ」、「東京ムービー」など他の制作会社の参入が相次いだ。その結果、多数のフリーランサーと一部工程のみに特化した中小制作会社が乱立し、大手制作会社も内製化を止めて、大量の外注を出すようになり、こうした垂直分業が進展した。制作会社の多くは東京都西北部に分布し、アニメ産業集積が形成されるようになった。

　また、1970 年代頃から、国内生産能力が需要に追いつかなくなり海外への外注が本格化した。一方、その頃からテレビ局が徐々に著作権を幅広く手に入れるようになり、権利面で制作会社が不利な立場に置かれ、制作費以外の収入源が細る結果となった。さらに、1970 年代後半頃から物価上昇水準に比すると制作費の上昇率が鈍化したので、資金状態が悪化する制作会社が多数出てきた[*5]。

　現在に繋がる集積状況や制作会社の性格は、この時期に形作られた。以後、海外外注の重要性が高まる一方で、制作会社の資金状況がさらに悪化するという動きはみられたものの、1970 年代までに形成された基本的な特性は 1990 年代前半まで変化しなかった。

④ 1990 年代後半から 2010 年代までの現在

　アニメ業界では、従来のセルアニメ方式からコンピュータを利用したアニメ制作方式に変化することを「デジタル化」と総称する。デジタル化はコンピュータの進歩とともに 1990 年代前半頃から広まっていった。1996 年には、最大手の東映動画がデジタル化し、それが外注先へと波及したこともあって、急速に一般化した。これによって産業特性に変化が生じたが、詳しくは第 6 章で論じる。

　2000 年代の日本のアニメ産業は、制作技術以外にも、市場動向において大きな変動を経験した。その背景には、1990 年代後半に、アニメ産業の収益構

2. アニメーション産業の概観

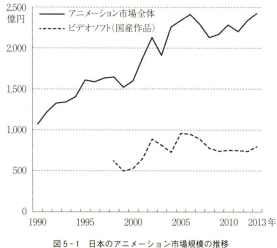

図5-1　日本のアニメーション市場規模の推移
（電通総研編『情報メディア白書』各年版により作成）

造を大きく変化させる「製作委員会方式」の普及が進んだことがある。詳しい説明は次項で行うが、これによって、1990年代は漸増であった国内市場規模が2000年代に入り大きな伸びをみせたものの、2006年からいったん落ち込む形で「アニメバブル」ともいわれる現象が生じた後（電通総研編, 2009, p. 92）、2010年からは再拡大に転じている（図5-1）。再拡大については、冒頭で述べたような主要4市場の枠に留まらない配信や比較的新しい2次利用分野である遊興（パチンコ）・ライブエンタテイメントなどの展開による影響がみられるが（増田, 2015）、アニメバブルに関しては主にDVDソフトの販売によって支えられた。

　2000年代に本格的普及期に入ったDVDは、それまでのVHSに比べて販売価格が比較的安価であったため、数多く発売されるようになった（アニメ人材育成・教育プログラム製作委員会編, 2008a, pp. 33-34；図5-2）。しかも、このようなパッケージメディア販売から収益をあげるビジネスモデルとして、作品認知度向上のためと割り切ってまず深夜帯にテレビ放送をして、すぐにその番組をDVD化する方式が一般化した結果（数土, 2007；アニメ人材育成・教育プログラム製作委員会編, 2008a, p. 34）[*6]、放送量も2000年代前半に大きく伸張した（図

100　第5章　アニメーション産業における工程分業の進展と産業集積の形成

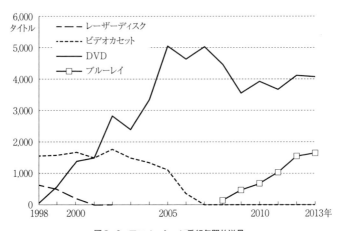

図5-2　アニメーション番組年間放送量
(電通総研編『情報メディア白書』各年版により作成)

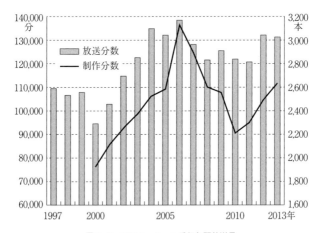

図5-3　アニメーション番組年間放送量
注：放送本数は、NHK教育を除く放送分数15分以上の地上波レギュラー番組についてまとめたものであり、再放送も含む。制作分数は、放送実績から計算しているため、実質的には放送分数である。
(電通総研編（2014）により作成)

5-3）。しかし、違法ダウンロードの一般化や消費者のパッケージ購買意欲の低下によって、国内外共にDVD販売が減少するようになったため、放送本数も減少するようになり（氷川，2010；藤津，2010）、DVDの新作タイトル数もテレ

ビアニメ放送量も 2000 年代後半には規模が縮小傾向であった。ただし、2010 年代には Blu-ray も含むパッケージと放送量は軌を一にして回復基調にある。

(2) アニメーション産業の制作資金調達と流通経路

　第 4 章で議論した実写のテレビ番組に比べると、アニメ産業では 2 次利用が活発であるため、制作会社の収入源も多様である（図 5-4）。国内のアニメ市場規模は、制作会社の売上基準でみると、1,500 〜 2,000 億円前後であるのに対し、末端消費者によるアニメ関係の商品への消費額基準でみると、1 兆〜 1 兆 6 千億円に達する（図 5-5）。それゆえ、純粋なアニメ市場規模以上の注目が当該産業に集まっている。

　ところが、いわゆる下請制作会社だけはなく元請制作会社であっても[7]、こうした関連市場から収入を得るための根拠である著作権をしばしば十分に持てない状況が問題視されてきた（東京都商工指導所 調査部編, 1999, p.192; 公正取引委員会, 2009）[8]。その背景には、これからみていくように、アニメ会社が制作発注元から受け取れる制作費が実際の制作費に満たない場合が珍しくないことがある。

　ただし、本書において注目したいのは、著作権をあまり持てないという点では一見同じような立場にもみえる生産部門たるアニメ会社とテレビ番組制作会社であっても、制作資金調達および流通経路つまり収益構造がまるで異なるため、テレビ局のような流通部門との力関係や自らの経営戦略の自由度についても完全な同一視ができない点である。まずは収益構造について、第 5 章 2 節 1 項で詳しく述べなかった歴史的変遷も踏まえて以下で説明しよう。

　そもそもテレビ向け作品の場合には、伝統的にはアニメ会社も、テレビ番組制作会社と同じく、テレビ局を経由して広告主からの資金を受け取ってアニメ制作を行っていた（多田, 2002, pp.99-103; 片岡, 2011, p.165）。ただし、個別の事例による例外は多々ある点には留意しなければならないものの、制作資金提供元から元請制作会社が受け取るこの制作収入自体が制作費用に比して低額な水準に留まる傾向がある。テレビシリーズの開始当時、制作費は 1 本あたり 150 万円程度かかると見積もられていたのにもかかわらず、虫プロダクションでは 55 万円で受注し、その赤字分を著作権収入によって埋め合わせたといわれて

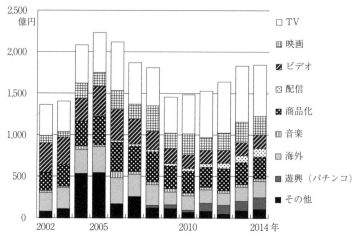

図5-4 アニメ業界市場規模（アニメ会社の売上）
（増田（2015）により作成）

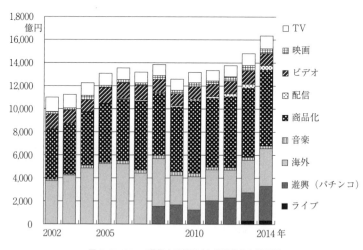

図5-5 アニメ業界市場規模（末端消費者の消費額）
（増田（2015）により作成）

いた（山口, 2004, p. 78, pp. 99-100）。実際にそうであったかは異論もあるが、そのような制作収入水準が業界に広まってしまった面もみられる（津堅, 2007, pp. 124-134）。制作収入が実際の制作費に満たないため、著作権収入によって

赤字を解消し儲けを出す構図は、1990年代後半においても指摘されており、30分1本1,200〜1,400万円かかるところを700〜1,000万円（日経BP社技術研究部編,1999, p.50）、あるいは1,200万円かかるところを800〜900万円で受注しているといわれていた（ハイビジョン普及支援センター,1998, p.56）。こうなる要因として、他のテレビ番組制作費と足並みを合わせざるを得ないテレビ局の論理が指摘できる（日経BP社技術研究部編,1999, p.50）。したがって根本的には、第4章で述べたような、テレビ番組制作費の決定基準がその原価に依存しないというテレビ局の行動原理が、アニメの制作費にも反映されていたのである。この点だけ取ってみれば、テレビ局、特にキー局は、流通部門として寡占的地位を占めるため立場が強く、生産部門としてのアニメ会社の立場は、番組制作会社と同じく弱いといえよう。

しかし、第5章2節1項で触れたように、製作委員会方式が普及した1990年代半ば以降にこの状況が変化する[*9]。この方式は、元々実写映画などではよく利用されていたが、テレビアニメでは1993年に放送された『無責任艦長タイラー』で初めて利用され（多田,2002, p.102）、1995年に放送されて社会現象にまでなった『新世紀エヴァンゲリオン』によって広まった（片岡,2003）。

製作委員会に参加する主体は、映像ソフト会社、テレビ局、出版社、広告代理店、制作会社などコンテンツビジネスを行う企業が中心で、それぞれ制作費の一部を出資する。この時、主に映像ソフト販売会社が幹事会社と呼ばれる中心的立場に立ち、出資比率の過半数を占めることが多い。製作委員会参加企業各自のビジネスに応じて、それぞれが放送、ビデオ化、出版、商品化などの2次利用窓口となり、回収した権利料から各社の手数料を差し引いて、原作者などにもロイヤリティを支払った上で、収益を委員会にいったん戻した後、再度出資比率に応じた分配を行う。この方式の長所は、各社が出資リスクを分散できると同時に、各自の事業形態に応じたビジネス展開が可能なことにある。ただし、各社は著作権収入というよりも関連ビジネスから収益を上げているため、関連ビジネスのない制作会社には他の参加主体よりも収益が劣る、著作権が分散してしまう、各社の思惑がずれ統一的なマーケティングが難しくなる、といった短所もある。

とはいえ製作委員会方式は、従来方式に比べれば十分な制作収入を元請制作

会社に提供する傾向がある（公正取引委員会, 2009, p. 21）。しかも、制作費出資社が分散するだけではなく、従来方式による作品がスポンサーの宣伝媒体という色合いが濃かったのに対して、DVD 販売などの形で作品自体が売れるという状況を生み出すことによって、アニメ作品の収益源の多様化も可能にした。また、少子化などの影響でアニメ番組の視聴率が以前ほど取れなくなったため、ゴールデンタイムに放送されるアニメが 2010 年頃にはほぼ消滅するなど、テレビ局がアニメへの関心を弱めて、製作委員会に出資をしない例も増えた（キネマ旬報映画総合研究所編, 2011, p. 111-114）。つまり、作品収益に繋がる認知度の向上にとってテレビ放送による効果は未だに大きいが（氷川, 2015）、資金調達元としても流通経路としても、アニメ会社にとってのテレビ局は既にテレビ番組制作会社にとって程の絶対的な存在ではない。

(3) アニメーション制作工程

　第6章でも再掲するが、アニメ制作工程の流れを図 5-6 に示した[*10]。ここでは、かつて一般的であったセルアニメ方式（アナログ制作）の制作工程を主に説明する。なぜならば、産業集積が形成された時代の制作工程はセルアニメ方式であったし、調査当時（2000年）にはアナログとデジタルが併用されていた上に、現在のデジタル化した制作工程もセルアニメ方式の発展系であり労働集約的特徴は変わらないからである（井山, 2004, p. 7）。デジタル化した制作工程については、第6章で述べる。参考までにアニメ制作に必要な人数を示すと、声優を除き、テレビシリーズで 150～200 名程度、映画で 240～300 名程度である（表 5-1）。

　「企画」は、世界観や登場人物などの作品の大まかな内容をどうするのか、作品の再放送やキャラクター商品の展開などを意味する 2 次利用の方向性をどうするのか、といった計画をする工程である。「脚本・各種設定」は、シナリオを決め、作品に登場する人物、動物、機械、風景などの絵を決め、細かな設定も決定する工程である。「絵コンテ」において、文章で書かれた脚本を絵に置き換える作業が行われ、いわば作品の設計図が作成される。以上の実際の制作作業に入る前の工程を、本書では便宜的に上流工程と呼ぶ。

　これらの工程においては、たとえフリーランサーを使っていたとしても、作

2. アニメーション産業の概観

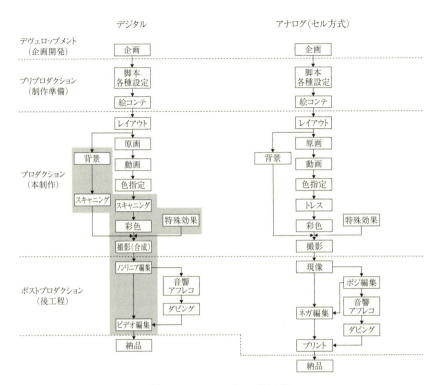

図5-6　2Dアニメーション制作工程

注：工程図は資料によって若干の相違があり，3D工程や各検査工程など本図において一部省略した工程もある。また，企業によって各工程の呼び方が違う場合もあるため，本図は大まかな流れを示していると理解されたい。
（デジタルコンテンツ業雇用高度化懇談会（2007）、アニメ人材育成・教育プログラム
製作委員会編（2008a, b）、神村（2009）により作成）

業場を貸し出したりして、元請制作会社の関与が大きい分野である。ある制作会社によると必要とされる人数が10名〜12名程度と相対的に少ないので、元請制作会社に属する人材のみで作業を行うことも可能である。ただし、元請制作会社から作品全体の一部の話数の制作管理を受注する、下請制作会社の一種である「グロス請け」も[*11]、絵コンテを担当する。また、これらの工程ではプロデューサーと監督、監督と脚本家などの間での綿密な対面接触が、作品に対する共通理解の構築などのために必要不可欠となっている。なお2000年当時においても、「企画」においてテレビ局や出版社の影響力が強まり、元請制

表5-1 アニメーション制作人員数

工程	職種	人数	
		テレビシリーズ	映画
脚本	シナリオライター	3〜5人	
絵コンテ	ディレクター	5〜8人	1人
レイアウト	原画マン	3〜10人	3〜11人
演出確認	ディレクター	5〜8人	1人
	演出助手	2〜4人/作品	チーフ1人+補助1〜2人
作画監督修正	作画監督	6〜8人	チーフ1人+補助1〜2人
原画	原画マン	3〜10人	50人+α
作画監督修正	作画監督	6〜8人	チーフ1人+補助1〜2人
色指定	色指定・美術監督	1人	1人
動画	動画マン	30〜40人	40〜50人
彩色	彩色	30〜40人	40〜50人
仕上検査 特殊効果	仕上検査	4〜5人	4〜5人
背景原図	美術デザイナー	3〜4人	10〜15人
背景原図	背景作画マン	20〜30人	40〜50人
撮影	撮影	10〜15人	30〜40人
編集	編集	2〜3人	2〜3人
アフレコ	音響スタジオ	6〜10人	6〜10人
	声優	随意	随意
ダビング	ポスプロ	6〜10人	6〜10人
	合計	150〜200名程度	240〜300名程度

(鷲谷 (2004, p.18.), 資料6を筆者改変)

作会社であっても自社原作を通しにくくなり、それが出資をしないと著作権をほとんど持てない傾向の一因ともなっていると指摘されていた[*12]。

　ここまでの工程で決定した作品の方向性や設計に基づいて、実際の制作作業である「レイアウト」から「編集」までと「背景」が実際の制作作業であり、これらを便宜的に下流工程と呼ぶ。「レイアウト」は、「絵コンテ」で与えられた構図をより厳密に決定していく工程であり、各カットの構図やキャラクターの位置や大体の演技を決めるなど、動く絵を制作するために必要な情報を盛り込んだ画が作成される。次の「原画」においてキャラクターの動きの鍵となる画（原画）が、担当職種である原画マンによって作成される。次の「動画」では、原画を基にして、原画と原画の間を繋げ、映像に滑らかな動きを与える画（動画）を、同じく担当職種である動画マンによって作成する。1話当りの実放送時間が23分のテレビアニメでは、原画が200〜400カット[*13]、動画が

3,000〜5,000枚必要になる（日本アニメーター・演出協会, 2009, p. 16）。なお、レイアウト工程も原画マンが担当するため、レイアウト、原画、動画の各工程を合わせて「作画」工程ともいう。このような作画を担当する会社を「作画会社」といい、原画マンと動画マンの他に、原画マンの上位職種であり、作品内の絵柄の統一や品質に責任を持つ作画監督が所属している。作画監督・原画マン・動画マンの総称が「アニメーター」であり、彼らが担当する作画工程では、鉛筆などで紙に手描きされた絵が作成されているため、作画会社においては、作業をするための作画机と筆記具以外は基本的に必要ない。

動画に対して、色を塗ったり、画面効果を付けたりして、撮影用素材に加工する作業を「仕上げ」といい、それを担当する会社を「仕上げ会社」という。アナログ制作における仕上げは、「色指定」・「トレス*14」・「彩色」・「特殊効果*15」工程の総称である。「色指定」で、どのような色で動画に着色するかの指示が行われる。次に、トレス工程では、「トレスマシン」によって、セルと呼ばれる透明な用紙に動画が複写され、彩色工程にて絵の具によるセルへの着色が行われる。そして、通常の彩色では実現できない、煙・湯気や金属の質感などの画像効果を与えるために、「特殊効果」で、エアブラシによるセル上への直接描き込みをする。つまり、アナログ制作の仕上げでは、工程ごとに専門の道具を用いる。

ここまでに説明した、原画から彩色にいたる工程の作業と同時並行で、「背景」工程における作業が進んでいる。原画と動画が、主に登場人物などの動きのあるものを描く画であるのに対して、動きのない舞台を描く画を背景画という。その作成は、絵の具を用いた紙への手描きによって行われる。この工程を担当する会社が「背景会社」である。

仕上げ後のセルと背景画を合わせるための工程が「撮影」であり、担当会社が「撮影会社」である。アナログ制作では、撮影台と呼ばれるカメラ設備を用いて、セルと背景画を合成し、ネガフィルムを作成する。「現像」工程において、アニメ会社の範疇には含まれない現像所によってネガフィルムは現像され、ポジフィルムが作成される。このポジフィルムを、絵コンテに沿って順番に繋ぎ合わせて映像にする工程が、「ポジ編集」である。その映像素材を元に、声優が演技をして声を吹き込む「アフレコ」を行い、音響効果なども作成される。

「ネガ編集」でフィルムの完成版が作成される一方で、映像素材と音声素材間の調整と合成を行う「ダビング」を経て、「プリント」にて映像素材と音声素材が最終的にまとめられ納品される。この編集作業を担当するのが「編集会社」であり、アナログ制作では専用の編集機器が用いられる。

　これらの下流工程では、原画、動画、背景画、セル画などが大量に生産されるので、大量の労働力が必要となり、テレビシリーズで100名以上の人員が必要となる（表V-2）。このため、ほとんどの工程を自社内に持っている制作会社でも、一般的に自社内だけでは生産能力が不足する。内製化をしているごく僅かな制作会社を除き、相当部分が外注に出される。一方、ほとんど対面接触の必要性はないので、全般的管理やチェックを除くと元請制作会社が完全に関与しない場合もある。特定工程に特化した下請制作会社や、さらにそこから外注を受ける無数のフリーランサーがこれらの工程では活発に活動する。これらの工程のうち特に「動画」は最も多くの労働力を必要とする分野である。

　以上がセルアニメの制作工程であり、現在では存在しない。

3. アニメーション産業の地理的構造

(1) 産業集積の実態

　住所が特定できたアニメ制作会社は80％弱が東京都内（228社）に分布しており、しかも、特に西武池袋線、西武新宿線、中央線沿線に多数が立地していた（図5-7）。ただし、東京都内制作会社の事業内容別の地理的分布をみても、地域的分化はみられず、さまざまな工程を持った制作会社が入り組んで集積しているといえよう。

　創業年は1970年代と80年代でそれぞれ約35％を占め、近年新規創業が減少している（表5-2）。売上高は5億円未満の制作会社が不明を除くと約85％を占める（表5-3）。スタジオ所有は71社中20社で、約28％の会社しかスタジオを所有していない。従業員数は20人未満の制作会社が36社で過半数を超えており、最大の従業員数を持つ制作会社でも250名である（表5-4）。これらの結果から、アニメ制作会社は中小企業的色彩が強いことがうかがえる。制作分野においても、一つの工程だけを受けもつ制作会社が23社、二つの工程を

3. アニメーション産業の地理的構造

表5-2 事例アニメーション制作会社の創業年

創業年	件数	%
～1969	6	8.5
1970～1979	25	35.2
1980～1989	24	33.8
1990～	14	19.7
不明	2	2.8
合計	71	100.0

（アンケート調査により作成）

表5-3 事例アニメーション制作会社の売上高

売上高（百万円）	件数	(%)
0～50	10	14.1
50～100	10	14.1
100～500	23	32.4
500～1000	2	2.8
1000～2000	4	5.6
2000～	2	2.8
不明	20	28.2
合計	71	100.0

（アンケート調査により作成）

表5-4 事例アニメーション制作会社の従業員数

従業員数（人）	件数	(%)
0～9	20	28.2
10～19	16	22.5
20～29	11	15.5
30～49	9	12.7
50～79	7	9.9
80～	6	8.5
不明	2	2.8
合計	71	100.0

（アンケート調査により作成）

表5-5 事例アニメーション制作会社の制作分野数

制作分野数	件数	(%)
1	23	32.4
2	11	15.5
3	7	9.9
4	5	7.0
5	4	5.6
6	7	9.9
7	7	9.9
8	5	7.0
9	2	2.8
合計	71	100.0

注：制作分野は「企画」、「演出・シナリオ」、「原画・動画」、「美術・背景」、「仕上げ」、「音声制作」、「撮影・現像」、「編集」、「CG関係」の9種類に分類した。
（アンケート調査により作成）

担当する制作会社が11社、これらで全体の50％弱を占めており、一部の工程に特化した制作会社が多くなっている（表5-5）。

次に、取引関係の空間的広がりをみる（図5-8）。本アンケート調査では、外注先と受注先それぞれについて、取引金額の上位5社を回答してもらった。ただし、調査手法の限界から、フリーランサーやアニメ制作会社以外の取引先の正確な住所は分からなかった。また、取引金額の多い上位5社のみを回答してもらったため、取引金額が少ない取引先の把握は必ずしもできていない。とはいえ、主な取引関係は東京都内において完結していることが分かる[16]。

ところで、第5章2節3項で述べた工程の違いは、取引関係にいかなる差異

110　第5章　アニメーション産業における工程分業の進展と産業集積の形成

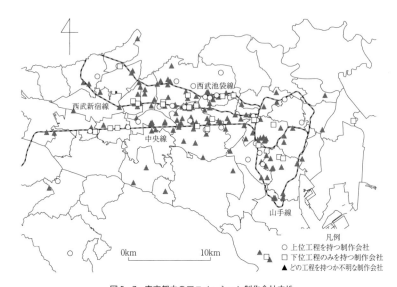

図5-7　東京都内のアニメーション制作会社立地
（インターネットタウンページ、リスト政策委員会編（2000）、アンケート調査により作成）

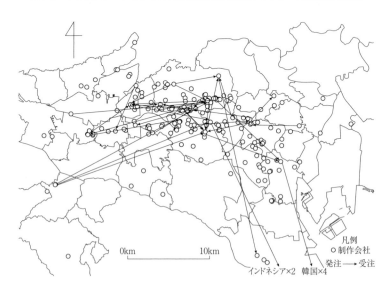

図5-8　東京都内におけるアニメーション制作会社の取引関係
東京都以外の地域同士の取引関係は除外している。
（インターネットタウンページ、リスト政策委員会編（2000）、アンケート調査により作成）

3. アニメーション産業の地理的構造

をもたらしているだろうか。ここでは、表5-5における9制作分野のうち「企画」、「演出・シナリオ」分野を持つ制作会社と、その二つを持たない制作会社とを、それぞれ上流工程を持つ制作会社（以下U群と略す）と下流工程のみを持つ制作会社（以下D群と略す）に分け[17]、両者の違いを検討した。

担当工程の違いは取引関係にも影響を及ぼしている。表5-6によれば、U群はD群より受注先が多い。加えて、D群は半数近くの制作会社が5未満の受注先しか持たない。これらから、D群はU群に比べると、1つの受注先への経営依存度が高いといえる。この差は、U群がアニメ制作会社だけではなく、TV局、出版社、ゲーム会社などの多様な業種との取引をする機会が多いからだと考えられる。とくに、U群で50以上の受注先を持つ制作会社が2社あるが、いずれもPR用アニメの大手制作会社であり、一般企業との取引が多いPR市場の特殊性が反映されている。

外注比率にもU群とD群の間に明確な違いがあり[18]、前者が明らかに高い（表5-7）。また、U群はD群に比べて多くの外注先数を持っている（表5-6）。U群に含まれる元請は、一部の例外を除きアニメ制作を内製化していないので、自社内に存在しない工程を外注するために外注比率が高くなる。一方、さまざまな下流工程を持つ制作会社は少なく、D群には各工程に特化した制作会社が

表5-6 事例アニメーション制作会社の取引先数

社数	受注先数				外注先数			
	上流工程		下流工程		上流工程		下流工程	
	件数	(%)	件数	(%)	件数	(%)	件数	(%)
0	2	5.1	2	6.9	3	9.4	7	33.3
1～4	15	38.5	12	41.4	5	15.6	9	42.9
5～9	10	25.6	8	27.6	5	15.6	5	23.8
10～29	9	23.1	7	24.1	14	43.8	0	0.0
30～49	1	2.6	0	0.0	5	15.6	0	0.0
50～99	1	2.6	0	0.0	2	6.3	0	0.0
100～	1	2.6	0	0.0	2	6.3	0	0.0
合計	39	100.0	29	100.0	36	100.0	21	100.0
平均	10.6	—	5.8	—	19.9	—	2.9	—

注：「企画」もしくは「演出・シナリオ」を持つ制作会社を上流工程を持つ制作会社、それ以外を下流工程のみを持つ制作会社とした。
（アンケート調査により作成）

表5-7 事例アニメーション制作会社の外注比率

外注比率(%)	上流工程		下流工程	
	件数	(%)	件数	(%)
0	3	9.7	9	40.9
0～20	4	12.9	4	18.2
20～50	8	25.8	4	18.2
50～80	8	25.8	5	22.7
80～100	8	25.8	0	0.0
合計	31	100.0	22	100.0

注：表5-6に同じ。また、外注比率は売上高に基づく。
（アンケート調査により作成）

多くなるため外注比率は低くなる。とはいえ、高い外注比率を持つ制作会社も存在する（50％以上が22社中5社）。これは2次外注、3次外注といった階層構造が成立しているためであり、元請と末端下請の間を取り持つ仲介業のような業態の制作会社も存在する。

次に、3つの制作会社を例に取引関係をより詳細にみてみる（表5-8）。A社は大手元請制作会社である。元請であるため、受注はアニメ制作会社以外の映像販売会社、出版社、ゲーム会社などから受ける。これらの受注先は全て23区内に立地しており、制作会社だけではなくアニメ制作の発注をする企業も東京に集中しているということを示している。多くの大手元請と同様にほとんど全ての工程を持ってはいるが、外注比率が60％と高い。受注先には取引開始時期が新しい企業が多く、近年アニメ市場が拡大していることをうかがわせる。受注頻度は月1回と少ない。外注先の上位5社が外注金額の約30％を占めている。とりわけ現像会社、音響プロダクションとの取引金額が多く、特定のア

表5-8 事例アニメーション制作会社の概要と取引内容

	A社	B社	C社
創業年	1982	1969	1975
立地場所	練馬区	杉並区	杉並区
資本金（十万円）	3,300	30	30
売上高（百万円）	1,950	230	72
従業員数（人）	132	28	142
活動内容	音響以外全て	美術・背景	仕上げ
受注先数	25	3	20
受注先企業の特徴	全てアニメーション制作会社ではない	アニメーション制作会社とゲーム会社	全てアニメーション制作会社
受注先企業の所在地	全て23区内	都内と横浜市	全て都内
取引開始時期	1990年代後半が多い	1970年代前半が2社	1980年と1990年
受注頻度	月1回	月数回	毎日
外注先数	100	―	2
外注比率	60％	―	5％
外注先企業の特徴	音響プロダクションや現像会社がある	海外の2社以外は個人外注ばかり	アニメーション制作会社
外注先企業の所在地	全て23区内	インドネシアに2社	全て都内
取引開始時期	1982年から1990年	1980年代後半	全て2000年
外注頻度	月1回	毎日	毎日

注：「―」は不明を意味する。また、具体的な取引内容の記述は、受注金額、外注金額それぞれ上位5社との取引内容についての記入を元にしている。

（アンケート調査により作成）

ニメ制作下請会社との関係が強いというわけではない。また、受注先企業に比べると外注先企業との取引期間が長い。

B社は背景会社である。受注先が少数で、大手元請である2社との非常に長期間にわたる取引が続いている。下流工程のみを持つ制作会社は一つの受注先への依存度が高い傾向を示し（表5-6）、ほとんどの制作会社（11社中10社）が「受注先は固定的」または「固定的なものと流動的なものとの組み合わせ」としており、B社は少数の受注先との長期間の取引が成立しているという点で典型的な下請会社である。受注頻度は月数回となっており、他の下流工程のみを持つ制作会社の多く（8社中6社）と同じ傾向であった。外注先は10年以上の取引があるインドネシアの2社が上位を占めている。東南アジアへの外注が80年代には進展していたことをうかがわせる。なお、海外への外注を始めた理由は「絵の上手い地域であったから」というもので、低賃金によるコスト削減を期待したものではなかった。一方、国内ではフリーランサーへの外注が主流である。外注頻度は海外であっても毎日となっており、受注頻度と差異がある。

C社は比較的大きな規模の仕上げ会社である。受注先数20社は平均（8.6社）より多く、聞き取り調査によれば、10社は固定的な取引だが、残り10社は入れ替わりが激しい。受注頻度は毎日となっている。外注先数は少なく外注比率が非常に低いのは、自社内で対応せねば利益が出ないからとのことである。その分従業員数が多くみえるが、約85％が契約社員である[19]。外注先は全てアニメ制作会社であり、いわゆる「大手元請」も含まれており、その外注内容は第6章で詳しくみるデジタル化した仕上げであった。

以上が実際の取引状況であり、担当工程、特に上流工程と下流工程の性格の違いを反映し取引関係に明確な違いがあることが分かる。上流工程を持つ制作会社はアニメ制作の発注を多様な企業から受けている。一方、下流工程のみを持つ制作会社の受注先は特定企業に限られる傾向が強い。また、前者の外注比率が高いのに対し、後者のそれは低い。このように担当工程の違いが、取引形態の違いとなっている。取引形態が異なれば産業集積の要因も異なる。したがって、上流工程と下流工程間では産業集積要因には相違があると考えられる。

(2) 産業集積の要因

　日本のアニメ市場で中核を成すテレビシリーズが始まった1963年から数年以内に、大手制作会社は内製化を止め、東京において小規模かつ各工程に特化した制作会社が多く誕生し、垂直分業が進展し、産業集積が生まれた。

　垂直分業が進展した理由は三つあげられる。第1にテレビシリーズの場合、テレビ局が放映本数と放送番組を決定する上、作品の当たり外れの予測が難しいこともあり、一つの番組が数年に渡って続くこと自体が稀であり、制作会社にとって制作量が安定的ではない。また、同じ元請がSF作品、動物作品、学園作品など作品内容が異なるものを制作する場合がある[20]。このため、必要な労働力が量的・質的側面からいって短期間で変動する可能性がある。ある番組が終了し、それに代わるような新番組を受注することができなければ制作量が減少し、必要労働力も少なくなることになる。しかも、テレビシリーズは3ヶ月から半年で終了することが珍しくない。また、新番組が受注できたとしても、対象とする視聴者層の違い、原作となる漫画作者の違いなどの理由から、発注元であるテレビキー局などの要求する絵柄やテーマが全く違う場合がある。1人のアニメーターの描ける絵柄にはそれぞれの特徴があるため、それまでの番組には向いた人材であっても、新たな番組には向かないということがあり得るし、監督や演出などにも得意な分野、不得意な分野がある。したがって、内製化をしていると不必要な固定費用が発生する危険性がある。

　第2に、アニメ産業においては、一般的に内製化をするとさまざまな工程が同一建物内に置かれることになり、工程間の綿密な情報交換と修正要求が簡単に行えるようになることから、内製化が質的向上には重要とされる。しかし、テレビシリーズはそれまでの中心的市場分野であった劇場用映画やPR用アニメほどの高い質[21]が必要とされないので、内製化する必然性が薄くなった。

　第3に、テレビシリーズが始まった当初はフリーランサーが存在せず正社員に対して固定給を払うことが一般的であった。一方、当時は歩合給の条件が非常に良かったため、正社員を辞めて、歩合給制のフリーランサーとなった方が高賃金を期待できた[22]。制作会社、労働者双方に都合が良かったため、テレビシリーズの開始直後から急激に垂直分業が進展したのである[23]。

　では、垂直分業した企業群はなぜ、空間的に集積したのだろうか。テレビシ

リーズは短期間での制作も必要となる。具体的には、1963年当時、1年に1本制作されていた約1時間半の劇場用映画で約75,000枚の動画が必要であったが、テレビシリーズの場合、毎週約3,000枚から4,000枚の動画が必要であった。加えて、上流工程において決められる実際の制作作業に必要な事項が、極端な場合、実際に放映される1週間前に決定されるということも少なからずある。下流工程の「仕上げ」や「撮影」では納期が翌日という場合すら存在する。しかるに、垂直分業体制が一般化すると、工程内あるいは工程間の情報のやり取り、あるいは動画、セルなどの物流に時間が必要になる。情報の交換といえども、対面接触に基づかねばならない性質のものも少なからずあるので、人の移動時間が問題となる。また、物流の面においても、下流工程、なかでもより川下に位置する工程では、それより川上の工程からの仕事を一括して受け取るのではなく、出来たものから順に受け取るという形を取ることも多い。その場合、運搬回数はそれだけ増加し、制作会社間の距離があると大変な時間的ロスとなる。既にデジタル化が進んでいた2000年頃でも、HDDやMOといったメディアの形での物流が未だ主流であったため、運搬重量が減っても物流の際の時間的ロスは変わらない。削れる制作時間にも限度があるにも関わらず、短期制作が必要であることから、このような時間を節約せねばならない。そのため、各制作会社間の近接性が重要となるのである[*24]。

　また、日本のアニメ産業においては、取引先の能力把握と信頼性の構築が非常に重視される点も見逃せない。前者が重視される理由は、アメリカのように能力を保証する組合が無いことと[*25]、アニメの性質上絵や作品性の特性は一度ともに仕事をしてみないと分からないという面があるからである。一方、信頼性が重視されるのは、契約書を交わすことがほとんどないという慣行もあり、少なからず契約違反が生じるからである[*26]。能力把握と信頼性の構築は過去に取引があったかどうかという人的繋がりから可能となる。また、新規取引を開始する際にも、その判断基準として「噂」などの非公式的な情報収集が重要となる。そのような情報収集も多くは人的繋がりから生ずる。このような人的繋がりは多くの制作会社とフリーランサーが存在している東京において生じやすく、産業集積強化へと繋がる。垂直分業体制の下で産業集積が発達する理由は以上のようなものである。

したがって、東京の産業集積内では、企業間取引の柔軟性が重要な役割を果たしているが、継続的な取引関係もまた重要な役割を果たしている。ある大手元請制作会社の役員がいうには「外注先は一定しない。ただし、テレビシリーズが基本の会社なので、70点、80点の作品をコンスタントに出そうとする。したがって、安定した作画チーム、撮影チーム、仕上げチームは確保している。これがわれわれの制作力の40％を支えている。（彼らは）外注というよりも共同制作（相手）」なのである。需要が不確実なテレビシリーズでも一定の質を達成するためには、継続取引と柔軟取引のバランスが肝要といえよう。

ところで、こうした産業集積が現在のように東京都西北部で発達した理由としては、以下の点があげられる。すなわち、テレビシリーズ初期に最大手2社であった東映動画と虫プロダクションが練馬区に立地していたことが大きかった[27]。まず、この2社からの仕事を受注するために周辺に多くの制作会社やフリーランサーが立地した。そして、これらの制作会社やフリーランサーを外注先として利用するために、新たに元請会社として設立された制作会社も、東京西部に立地した。

また、「現像」工程を担当する「現像所」とアニメ制作の発注元であるテレビのキー局の存在も重要である。大手現像所はいずれも東京都に立地している[28]。現像所は実写のフィルムも扱っていることから、その立地がアニメ制作会社の立地によって左右されることはないので、物流に余分な時間をかけないためには、アニメ制作会社は現像所に比較的近い東京都近辺に立地せねばならない。また、第4章でみたように、テレビキー局は大阪府のテレビ局を除けば基本的に東京都心部にしか存在していないし、テレビ番組の放送体制は東京都心部を中心に成立している。テレビキー局は番組編成に決定権を持ち、スポンサー集めをする一方で、制作会社に対して実際の制作資金を提供することも多いため、作品内容に強い影響力を及ぼす。1990年代後半以降の製作委員会方式の普及や、第Ⅵ章でみる2000年代以降のデジタル化の進展といった現象が浸透するまでは、これらキー局との対面接触に基づく打ち合わせの利便性を求めて、元請制作会社は東京から離れられなかったと考えられる。

アニメ産業集積が生じた理由は以上である。上流工程を持つ元請制作会社は下請制作会社との近接性だけではなく、現像所とキー局との近接性が必要とな

る。よって、元請制作会社においては他のアニメ制作会社との近接性のみが効いているわけではない。一方で、下流工程を持つ下請制作会社においては元請制作会社との近接性が最も重要となる。このように、工程の違いによって取引関係が異なるとともに、集積をもたらす要因も異なるが、それらが複合的に作用しあって、東京におけるアニメ産業の集積が形成されてきたと考えられる。

4. 小括

　国内のアニメ市場が拡大する一方で、日本のアニメ作品が海外で放映されるなど、アニメ産業の発達につれて、海外とりわけ韓国や中国などの業者とのグローバルな取引関係が形成されてきた。本章2節1項で触れたように、海外への外注は1970年代頃から本格化し、最初の外注先は韓国であった。海外へ外注された工程は最初「仕上げ」だけであった。その後、「背景」、「動画」、「原画」も海外への外注が進んだ。アニメ制作量が増えるにつれ、外注先となる国も増えて、2000年頃では中国、インドネシア、フィリピンなどの東南アジア各国などに外注されていた（聞き取り調査; 山口, 2004, p. 146）。

　製造業で一般的にいえば、海外への工場展開や海外外注が始まる要因はコスト削減であり、アメリカのアニメ産業においても同様であった（Scott, 1988）。しかし、日本のアニメ産業は大量の「原画」、「動画」などが短期的に制作される必要があるテレビシリーズの開始によって、国内の供給能力が不足したため、下流工程を海外で補うために外注を始めた。供給能力の不足という問題は現在も存在している。このため、アニメ産業の場合、日本国内の賃金が元々低いということもあり、海外への外注でも国内への外注とコストは事実上同じというのが一般的であった[*29]。また、特に韓国や中国にある制作会社には日本に比べて非常に大規模な制作会社があり、大量生産を可能としている。1日で1万枚の彩色が可能な制作会社もある。小規模な複数の会社からセル画などを回収する手間を考慮すると、海外の大規模制作会社に発注したほうが、時間の節約になることもある。この頃には、韓国との物流が整備されていた上に、下流工程において海外の制作会社も作画能力向上が著しく、既に海外依存率が高まりつつあった。このため、集積内に立地していても規模が小さい上に高い技術力

を持たない制作会社は、海外の代替可能性の高まりとともに、存立基盤が揺らいでいた。

一方、詳しくは第6章でみるが、コンピュータの導入によるデジタル化が進み、生産効率の向上と工程間の一体化が進展した。これに加え、一般視聴者から特に画像表現の高度化に対する要求が高まってきており、それに対応するために、より綿密な情報交換が必要となってきた結果一部の元請会社では再内製化への動きが出ていた。加えて、自社内制作量が増加したため、下請を利用しないようになった下流工程の一部工程に特化した制作会社も存在していた。このように外注利用そのものが減少する傾向も既にあった。

また、デジタル化は制作会社の地理的分散へと繋がる要因も孕んでいる。高速回線が整備され、作品のデジタルデータ化が進めば、特に下流工程においては、高い頻度での対面接触が必要ないことから距離の制約が薄れる。加えて、デジタル化は仕上げなどの工程を単純作業化し、複雑な指示をしなくても演出側で修正が可能になる部分も出てきていたため、外注先への要求が単純化する傾向がやはり既にあった。したがって、完全なアナログ時代よりも複雑な指示が必要なく、対面接触の必要性が薄れ、近接する重要性がこの頃より薄らぎ始めていた。

ここで述べたような状況は、2000年代にさらに進んだデジタル化やDVD販売の隆盛などの複合的要因が作用して、さらに加速して顕著なものとなっていった。その理由と、それによってアニメ産業が迎えた転換期について、さらには冗長性への耐性という観点からのアニメ産業集積の評価を、第6章で詳しく論じていこう。

---

* 1 アニメ産業のフリーランサーには、独立した制作会社として考えられる性格を持った者がいるが、今回は調査方法の問題からフリーランサーをほとんど把握できていない。彼らを制作会社として捉えると、今回のアンケート調査の代表性には一定の留保が必要となる。なお、山本（2007）は、地理学の立場からフリーランサーへの調査も行い、産業集積要因を分析している。

* 2 PR市場はテレビCM、教育用映画、広報ビデオなども含まれ、多様な媒体を通して形成される。そして、PR用アニメーションを主に制作する制作会社の特徴として

は、①顧客が広告代理店や一般企業、行政機関などであること、②実写やパンフレットなどの制作も手がけることが多くあり、アニメーション制作が主たる活動分野であるとは限らないこと、③一般にその他の市場分野の作品と比べて制作単価が高いこと、④PR用アニメーション以外の市場には進出しないことが多いこと、などがあげられる。よって、その他3つの市場分野に比べ、特殊性が高い。

* 3　1946年に「日本漫画映画」と社名を変更したが、殆ど作品の成果を残せないうちに、1947年になって、首脳部間の意見対立から、2名の中心人物が数人の仲間と共に脱退し「日本動画株式会社」を設立した。なお、「日本漫画映画」は後に「東宝教育映画社」と合併し、「日動映画」となった（山口・渡辺, 1977）。
* 4　東映は1954年に教育映画の自主制作をするために、教育映画部を設立した。ここが日動映画に制作を委託していた。この関係から、日動映画は東映に吸収されることになり、日動映画の商号が東映動画と変更された。練馬区に立地した理由は、東映東京撮影所の敷地の一角にスタジオが建設されることとなったためである（山口・渡辺, 1977）。
* 5　1973年の時点で既に1968年からの5年間、制作費が据え置きになっていたという指摘もある（久美 2014）。
* 6　アニメーション番組制作放送本数が最も多かった2006年4月改変期の時間帯別放送本数をみると、全体が106本に対して、夕方（16〜20時）が37本、深夜（23時以降）が44本、土日朝（7〜12時）が17本、その他が8本となっている（電通総研編, 2008, p. 96）。
* 7　アニメ産業において「元請会社」とは実際の制作作業全般を取り仕切る会社を意味し、一般的に「下請会社」とはそれ以外の全ての制作会社を意味する。本稿での元請、下請とは厳密な生産関係に基づくものではなく、当該産業の一般的称呼に依拠しており、元請会社からの発注を受ける制作会社は全て下請会社と呼ぶことにする。
* 8　受託方式の違いは後述するが、従来方式の場合で53.7%（n=41）、製作委員会方式の場合で76.5%（n=51）の割合で、元請が著作権を保有していない（公正取引委員会, 2009）。
* 9　製作委員会方式の説明には、デジタルコンテンツ協会編（2004）、および高橋（2014）を参考にしている。
* 10　アニメーション制作工程の説明には、半澤（2001）、デジタルアニメ制作技術研究会編（2004）、デジタルコンテンツ業雇用高度化懇談会編（2007）、アニメ人材育成・教育プログラム製作委員会編（2008a, b）、神村（2009）、株式会社テレコム・アニメーションフィルム監修（2009）および、聞き取り調査の知見を用いている。なお、3DCG利用については、説明を省略する。
* 11　たとえば、全26話中の6話を担当し、特定工程を担当する二次下請け企業などへの発注と管理を行い、担当した話数については放送可能な状態にまでして元請けに納

品することが、グロス請け会社の仕事である。
* 12　やはり 2000 年時の情報になるが、既にテレビ局のプロデューサーにアニメに対する知識を持った人材が増えていたため、作品内容を制作会社に一任するということがなくなっていた（聞き取り調査による）。
* 13　「カット」とは、アニメ制作における基本単位で、一つの場面を意味する。原画は、個々の場面を描画する画であるため、「枚」ではなく「カット」が計量単位となる。
* 14　「トレス」という言葉には、アナログ制作における「彩色」工程前の下準備全般を指す広義の用法と、デジタル制作における「スキャンニング」工程の一部を指す狭義の用法があるが、煩雑さを避けるため、本稿では前者の用法に限定して使用する。
* 15　特殊効果には、仕上げの段階で行われるものだけではなく、後述の「撮影」で行われるものがある。ただ、特にアナログ制作において、仕上げ段階の特殊効果は、彩色と担当者が異なる場合もあり、本稿では独立した工程として扱っている。
* 16　聞き取り調査によると、多くのフリーランサーが西武線沿線の埼玉県所沢市周辺に居住しているとのことで、取引関係の空間的広がりは実際にはもう少し広いものと思われる。
* 17　このような分類を行った場合、U 群において、上流工程のみしか持たない制作会社（以下 U' 群）と、上流工程と共に下流工程を持つ制作会社（以下 U" 群）が同じものとして分類されることになる。ただし、U' 群でも、外注比率が 0% の制作会社は例外的な存在であり、外部の制作会社を利用せねばならない。この点では U' 群と U" 群は基本的に同じ特徴を持つので、議論を分かりやすくするために同じものとして U 群に分類した。

　　なお、上流工程の内容が、本章 2 節 3 項の説明と若干異なっているが、アニメ制作会社がアンケート調査に答えやすいよう項目設定をしたためで、大きな違いはない。「脚本・各種設定」工程と「シナリオ」工程はほぼ同じ意味である。また「絵コンテ」は一般的に「演出」職種によって担当される工程であり、演出にとってはもっとも重要な工程の一つである。なお、作品や会社によって役割分担に細かい違いはあるが、テレビシリーズでは大まかにいって、監督は作品全体の方向性を決定し現場を統括する職種であり、「演出」は監督の意図を踏まえて各話ごとの雰囲気や演技などを指示したりまとめたりする職種である。したがって、通常一つの作品に監督は 1 人だけだが、演出は複数名存在する（鷲谷, 2004, p. 18; アニメ人材育成・教育プログラム製作委員会編, 2008b, p. 26; 神村, 2009）。本稿では演出を工程の意味で使う場合があるが、演出は絵コンテ作成の他に、制作工程全般に対してのチェックをするという役割も持っているため、工程図の中に入れていない。
* 18　アニメ産業においては、フリーランサーへの外注と契約社員の区別が曖昧な点がある。つまり、仕事の内容や制作会社の設備利用状況などがほとんど同じでも、会社によって、あるいは本人の希望によって、外注先として契約としたり契約社員となった

りする。このため、ここで示した数字にも一定の留保が必要であろう。
* 19 「仕上げ」は自宅での作業も可能であるため、契約社員であっても自宅で作業することが珍しくない。このため、C社の外注比率が一概に低いとはいえない。
* 20 元請となる制作会社にも得意・不得意分野があるので、各制作会社で制作される作品にも一定の傾向がある。そのため、大手元請を頂点とした系列のようなものが存在するといわれていた。ただし、資本関係はないこと、固定的な関係で継続的に取引が発生しているとは限らないという点で、一般的な意味での系列とは違う。
* 21 CMや劇場用映画ではテレビシリーズに比べて、高価なCGや微細な作画など高度な表現技術が使用される。
* 22 当時のアニメーターの考え方や雰囲気などについては、石黒 (1980, pp. 84-86)、山口 (2004, p. 86, p. 90) を参照のこと。
* 23 最大手アニメ会社である東映動画では、希望退職制度の導入などによって労働争議が生じてしまい、1972年には指名解雇とロックアウトを用いた全面的労使対決にまで至った (山口, 2004, p. 99)。
* 24 聞き取り調査によれば、アニメ制作会社の物流に携わる人は多摩市に立地する大手制作会社を遠いという言うことが多い。また、ある制作会社は小金井市に移転したところ、受注先にあたる制作会社から「遠い」と言われたとのことである
* 25 ハイビジョン普及支援センター (1998) によれば有名なものはIASTE (The International Alliance of The Theatrical Stage Employ) 傘下にあり、ロサンゼルス地域にある「ローカル839」である。Scott (1984) によればこの組合の労働者は能力別階層分けをされて登録されており、制作会社は必要に応じて労働組合から労働者を雇うという形をとる。
* 26 聞き取り調査によれば、多くの経営者が「アニメ産業には社会常識のない人間が多い」、「経営者に経営感覚が無く、趣味的に仕事をしている」としていた。そのため、資金や労働力の裏打ちがなく仕事を受発注して、仕事代の未払い、スケジュール超過といった事態が発生することも珍しくない。
* 27 東映動画や虫プロが成立する前段階として、井山 (2005) は、戦前からのアニメ労働者の地域労働市場が当地域に成立していたと指摘している。
* 28 大手2社は「東京現像所」が調布市に、「IMAGICA」が品川区に立地している。
* 29 聞取り調査による。ただし、コストには通信費、輸送費、指導員の交通費などが含まれるので、単価自体は必ずしも日本と同じ額ではない。山口 (2004, p. 146) によれば、1990年代には韓国の賃金水準は日本と同程度になった。

第6章　アニメーション産業におけるデジタル化と地理的変容への萌芽

1. はじめに

　日本のアニメ産業にとっての2000年代は、社会からの注目を大いに集めた時代であった。その高い国際競争力が期待される一方で[*1]、特にアニメ産業における厳しい労働環境もまた広く知られるようになってきた（勇上ほか, 2005；勇上, 2006）。2009年には、労働環境の改善を目指して、アニメ産業の従事者達が中心になって「日本アニメーター・演出協会（JAnicA）」を結成するまでに至った[*2]。厳しい労働環境を最大の原因として、日本国内では人材育成に支障が出始めているとの危機感は広く共有されるようになってきており、改善案が提言されるだけでなく、いくつかの対策も実施されている（内山, 2011）。このように、アニメ産業が今後も日本において良質な作品を持続的に制作し続けられるのかという懸念が高まってきたのも、2000年代の特徴であった。

　一方、同時期にアニメ作品の制作技術に大きな変化が生じてきたにもかかわらず、管見の限りでは、それが企業関係を中心とする産業構造に与えた影響について十分な議論がなされていない。たとえば、半澤（2001）では、制作技術の変化が生じたことは指摘しているが、中心となる議論は旧来型技術を前提としていた。山口（2004）も技術変化を丁寧に記述しているが、日本のアニメ産業の基盤となってきた企業間取引に対して技術変化が与えた影響を十分に検討していない。デジタルコンテンツ業雇用高度化懇談会編（2007）においても、2Dアニメと3Dアニメによって、労働者の属性が異なるか調査しているが、日本のアニメ作品の主流を成す2Dアニメにおける技術変化は考慮されていな

い[*3]。増田（2007）は、アニメ産業の市場構造を詳述し、アニメ産業が内包する様々な課題も指摘しているが、やはり3D技術に関する言及はあるものの、2D技術の変化への言及はない。その続刊である増田（2011）においても、2D技術が変化したことに言及するのみで、その影響は検討されていない。3D技術を既存のアニメ制作体制に組み込む上での試行錯誤については一小路（2012）が詳しいが、一企業内における事例であり、やはり2D技術変化と企業間関係の変化については触れていない。

アニメ産業に限らず、コンテンツ産業における制作技術とそれから生じる制作工程の特性の違いは、主として企業間取引形態を規定し、特定地域への産業集積形成の可能性を左右する（半澤, 2001, 2005）。第5章でも触れたような、厳しい労働環境から生じる不十分な人材育成や海外企業への外注の進展を要因とした国内産業空洞化への懸念は（大塚・大澤, 2005; 増田, 2007）、裏返せば一定の企業間取引が地理的に分散できるからこそ生じている。技術変化に伴って企業間取引形態が変容すれば、分散可能性が増して一層の産業空洞化が進むかもしれないが、逆に分散が難しくなり日本への産業再集中が起きるかもしれない。このように、制作技術の変化は産業構造自体を大きく変容させうるため、2D技術変化の影響を等閑視すると、アニメ産業に起きている構造変化を正しく理解できない。

さらに、産業構造の変容は、必然的に労働環境の特性にも大きな影響を与える。たとえば、先進国の製造業においてみられたように、労働集約型の工程などが海外に移転すれば、国内から比較的単純な労働の需要は減少し、創造性を伴う高度技能を有する労働者の需要が高まる。その結果として、創造的階級といわれるような労働者を処遇する環境の整備に光が当てられるようにもなる（Florida, 2002）。

にもかかわらず、アニメ産業の問題点に関する把握や提言に際しては、第5章で述べたようなテレビアニメ放送が本格化して以降の日本アニメ産業における垂直分業型構造、すなわち工程特化型専門会社が中核を成して稠密な取引関係を築いている柔軟な専門化的構造を（Piore and Sable, 1984）、暗黙の前提にしている点に留意せねばならない。たとえば公正取引委員会事務総局（2009）は、下請けが活発に行われ、工程特化型専門会社が存在することを指摘してい

1. はじめに

るが、産業構造変化に関しては言及していない。

よって本章では、アニメ会社への経年調査を踏まえて、特に制作技術と企業間取引関係に注目しながら、2000年代の日本のアニメ産業構造の変容や労働環境悪化の原因を明らかにする。それを踏まえて、アニメ産業集積の限界も探り、本書全体の議論に繋げる。

本調査の内容は以下の通りである。第5章で取り上げた2000年当時聞き取

表6-1 調査企業概要

ID	人員数(人)	業態 2009年時点	業態 2000年時点	備考	企	演	画	背	仕	音	撮	編	CG	他
A社	29	元請け	←		●	●	●		○	×				
B社	230	元請け	←		●		○						●	
C社	2～300	元請け	←		●	●	●	●			●	○		
D社	175	元請け	←		●	●	●	○			●	●		
E社	80	元請け	←		●	●	●	●			●	●		
F社	305	元請け	←		●	●	●	●			●	●		
G社	135	元請け	←		●	●	●	●			●			
H社	53	元請け	グロス請け		○	●	●		●		○			
I社	120	元請け	グロス請け		●	●	●	●					●	
J社	11	元請け	←	TVシリーズの元請けはない	●	○	○				○	○	×	×
K社	120	グロス請け	仕上げ			○	○		●		○			
L社	2	企画	←	D社との関係が深い	●									
M社	25*	作画	←	グロス請けを模索中		●	●							
N社	7	作画	←	韓国の会社と協力しグロス請け			●							
O社	40	背景	←					●						
P社	27	背景	←					●						
Q社	37	背景	←					●						
R社	6	撮影	撮影など	別会社でグロス請け						×	●	●	×	
S社	8	撮影	←								●	●		
T社	5	ゲームアニメ	グロス請け		×	●								

注：＊2010年11月21日に該当企業のHPを確認。
●：2000年と2009年の両時点に存在する工程　○：2000年時点にはなく、2009年時点には存在する工程
×：2000年時点には存在したが、2009年時点にはない工程
企：企画　　演：演出・シナリオ　　画：原画・動画　　背：背景　　仕：仕上げ
音：音声制作　　撮：撮影　　編：編集　　CG：CG

(聞き取り調査、および2000年時調査（半澤, 2001))

り調査を行った33社のうち、倒産などの理由で連絡が取れなかった企業やCM・広報アニメを中心とした企業を除外した、同一のアニメ会社20社に対して、2009年8月～12月にかけて、約10年の変化に関する半構造化聞き取り調査を行った。対象者は26人（代表が18人、役員が3人、営業部長が1人、プロデューサーが1人、演出が1人、広報が1人、総務兼脚本1人）であり、1社当たり1時間半～2時間程度（最長は見学を含めて3時間40分程度）の聞き取りをした。代表や役員とはいえ大抵現場でも活動しているため、現場の状況を知るための調査対象としても問題はない。また、調査対象企業（表6-1）における規模、担当業務の観点からみて、調査対象の偏りは少なく、日本のアニメ産業の全体像を十分把握できると考えられる[*4]。

2. 2000年代に生じたアニメ産業の変化

(1) アニメーション制作工程のデジタル化

　日本における、アニメ制作へのコンピューター技術の適用（デジタル化）は、伝統的な制作手法であるセルアニメ方式（アナログ制作）でいう「トレス」から「編集」に至る工程における、コンピューター技術の利用を主に意味し、それによって工程が大幅に簡略化された（図6-1）。日本において初めて本格的商業アニメ制作に乗り出した東映動画が設立された1956年からデジタル化まで、アナログ制作手法は基本的に変化がなかった。つまりデジタル化は、アニメ産業が経験する初めての本格的な制作技術の変容である。この方式は、1997年から本格的に推進され（山口, 2004, pp. 131-136, pp. 151-152）、2002年頃にはほぼ全てのアニメ制作がデジタル化した[*5]。したがって日本の場合は、3DCGや液晶ペンタブレットを用いたコンピューター上における作画が使用されない作品であっても、デジタルアニメの範疇に入る。

　アナログ時代のアニメ制作工程については第5章で詳述したため、簡単に工程について再確認した上で、それへのデジタル化の影響を中心にみていこう[*6]。

　まず、「企画」から「絵コンテ」までにおいて、ビジネス展開と作品の大まかな方向性が決定される。「レイアウト」工程では、画面の構図やキャラクターの位置や大体の演技を決めるなど、動く絵を制作するために必要な情報を盛

2. 2000年代に生じたアニメ産業の変化

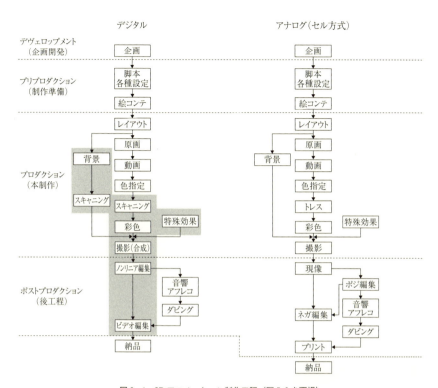

図6-1 2Dアニメーション制作工程（図5-6を再掲）
注：工程図は資料によって若干の相違があり、3D工程や各検査工程など本図において一部省略した工程もある。また、企業によって各工程の呼び方が違う場合もあるため、本図は大まかな流れを示していると理解されたい。
（デジタルコンテンツ業雇用高度化懇談会（2007）、アニメ人材育成・教育プログラム製作委員会編（2008a, b）、神村（2009）により作成）

り込んだ画が作成される。「原画」工程においては、キャラクターの動きの鍵となる画（原画）が作成される。次の「動画」工程では、原画を基にして、原画と原画の間を繋げ、映像に滑らかな動きを与える画（動画）を作成する。また、レイアウト工程も原画マンが担当するため、レイアウト、原画、動画の各工程を合わせて「作画」工程ともいう。なお、絵コンテから動画に至る各工程では、紙に鉛筆などで絵を手描きするという点では、アナログ制作であろうとデジタル制作であろうと、相違はない[7]。ここまでの制作物は、データではなく紙という物体上の画であるため、企業間の物流も、インターネットを用い

たデータ交換ではなく、「制作進行」[*8]による現物運搬が基本である。しかし、本章4節で詳述するように、実際は動画工程においてデジタル化の間接的影響が顕著になっており、産業構造も変容してきている点には留意が必要である。

　明らかに作業の性質も大きく変わったのは、仕上げ以降の工程である。デジタル制作において仕上げは、「色指定」・「スキャニング」・「彩色」・「特殊効果」工程の総称となる。「色指定」に両制作法で大きな相違はないものの、「スキャニング」以降の工程では一貫してコンピューターが利用される。すなわち、スキャニング工程ではスキャナーを使用して動画のデジタルデータ化と修正を行い、取り込んだデータに対して彩色工程ではコンピューターソフトによる着色をし、特殊効果工程でも同様にデータに対してソフトを用いた画像効果を与える。

　背景工程では、2009年時点で、昔ながらの絵の具による紙への手描き制作もある一方で、コンピューター上での制作も進んでおり[*9]、デジタル化への過渡期といえるが、デジタルデータによる納品は既に主流になってきていた。

　最後に、仕上げ工程と背景工程を経て作成されたデータを統合する「撮影（合成）」、統合されたデータを絵コンテに沿った順番に整える「ノンリニア編集[*10]」、ノンリニア編集済みデータに音声素材を加えて放送可能な状態にする「ビデオ編集」における作業も、コンピューター上で行われる。つまり、仕上げ以降の工程において、アナログ制作では工程ごとに専門の道具を用いていたが、デジタル制作では、工程ごとに必要なソフトや周辺機器などに違いはあるが、コンピューター利用という点では同一の機材による作業に変化し、専用の機材を揃える必要性が薄れ、一定の技術基盤が共通化して工程間の垣根が薄れる結果となった。

　以上のように、仕上げ以降の工程においてデジタル化が進捗し、ほとんどがコンピューター上での作業になっている。これが、2000年代に顕著となった制作技術の変化である。

(2) 「アニメバブル」と海外企業への外注の拡大

　第5章2節で触れた、2000年代前半から中盤にかけてのアニメバブル期には、急激な需要の伸びに対して国内の制作体制が追いつかず、海外企業への外注が

これまで以上に増加したり、完成度の低い作品が放送されたりする状況がみられた（電通総研編, 2009, p.92）。第5章4節でもみたように、日本のアニメ産業の海外企業への外注は、伝統的に量的な国内制作力の不足を補うために発達してきており（山口, 2004, p.146）、2000年代にはこの傾向がより顕著な形で現れた。アニメ産業は労働集約型産業であるため、生産設備ではなく、一定の技術水準を持ったクリエイター数を増やさねば、量的な制作力は拡大しない。しかしながら、広く指摘されているように、アニメ制作者の労働環境は長時間・低賃金労働が常態化しており（日本アニメーター・演出協会, 2009；日本アニメーター・演出協会 実態調査プロジェクト委員会編, 2015）、労働環境が良いとはいえないため、特に未熟練労働者の定着率が悪く[*11]、元来人手不足の傾向にある産業である。しかも、アニメ制作者に必要な特殊技能を持った人材は、一朝一夕に育成できない。このため、国内アニメ会社が量的にも質的にも十分な人材を提供できない傾向は、アニメバブル期以前から存在していたが、急激な需要の高まりによって、さらに顕著になった。

つまり、国内アニメ会社が採用を増やしても、労働環境が厳しいために、多くの新人がアニメ産業を去ってしまい、量的な制作力拡大が覚束ず、需給格差はむしろ広がっていった。また、十分な下積み期間を積まずに、実力不十分なまま動画マンから原画マンに昇格する例がみられるようになり、さらには、原画マンの上位職種であり、作品内の絵柄の統一や品質に責任を持つ作画監督にも短期間で不十分な実力のまま昇格することも顕著になった（E, H, L社）。一般に、動画工程は原画工程よりも要求される技術水準が低いため、比較的容易に海外企業への外注が可能であり、動画マンの不足を補いやすい。しかも、定着率が悪いとはいえ、アニメ産業に就職したいと考える人材自体は豊富であるため、動画マンの人材供給が量的に不足する事態は生じにくいが、原画マンについては、数年前の市況に応じた人数しか存在しない動画マンから選別されるがゆえに、拡大する需要に即応して人材供給を増やすことが本来であれば難しい。しかし、多くのアニメ会社が無理をしてでもバブル期の需要に応じようとしたため、促成の原画マンを多く輩出する結果になったと考えられる。この結果として、質の悪い原画が生産されやすくなり、実力のある作画監督であっても原画の手直しに相当の時間を割かねばならない状態に陥った（L, M社；日本

アニメーター・演出協会, 2009, pp. 16-17)。優秀な原画マンや作画監督の希少性がますます高まり、質的な面からの人材不足も顕著になったのである。

一方、アニメバブルが収束した2009年頃になっても、国内の人材不足が解消されて、海外企業への外注が減少していたとはいえない。確かに、仕事の絶対量自体が減ったため、速成された実力不足の原画マンや、一部の海外のアニメ会社には仕事が行き渡らなくなっている（H社）。しかし、8割以上が海外で生産されているといわれる動画に顕著なように（日本アニメーター・演出協会, 2009, p. 16)、アニメバブル以前よりも進んだ海外企業への外注状況が2000年代以前に逆戻りすることもなく、最早海外のアニメ会社抜きには日本のアニメ産業は成り立たない。本章3節で詳述するように、動画工程にも生じたデジタル化による変化が起因となり、日本国内における動画生産は2000年代以前よりもさらに難しくなった。しかも、主な海外企業への外注先である韓国や中国の会社では、動画と仕上げの一括受注を好むため（B社）、仕上げも8割以上が海外で担われるようになったという[*12]。また前述したように、優秀な原画マンは一定の動画経験を経て育成されるため、日本国内における「動画」工程の著しい減少が影響し、原画マンの育成にも支障が生じている（日本アニメーター・演出協会, 2009, pp. 16-17)。一方、これまで動画を請けてきた韓国では優秀な原画マンも育ってきているため、2010年頃よりアニメ制作本数が増加しているとはいえ、2000年代後半の制作本数が減少期、あえて日本国内の技量不十分な原画マンに発注する理由はないことから、バブル期に速成で原画マンになった者の中には、仕事の確保に苦しむ者も少なくなかった。

動画工程の海外流出と、海外でも優秀な原画マンが育ち始めていることが、本章1節で述べたような、日本国内の人材育成対策が推進される背景にもある。それでは、市況の変化に伴う海外企業への外注と人材育成の難化には関連性があっても、同時期に進行したデジタル化とそれらは全く独立の現象といえるだろうか。実際は、デジタル化が基底となって進んだ産業構造変容に対して、これらの事象も大きな影響を与えている。また逆に、産業構造変容が労働環境悪化を招いている面もある。

次節以降では、デジタル化に加えて、パッケージ販売の増大、海外企業への外注の進展、アニメバブルの存在、といったここまでの議論で把握された

2000年代における日本アニメ産業の変化を踏まえて、特に工程分業の観点から産業構造の変容を明らかにする。本章3節では、デジタル化の影響が最も顕著に現れた、動画工程と仕上げ工程の作業効率格差を詳述し、既存研究では軽視されてきた労働環境悪化要因を指摘する。本章4節では、本章3節の議論も踏まえて、特定工程特化型専門企業の減少について論じ、アニメ産業構造が大きな変革期を迎えた状況を明らかにする。その上で、本章5節では、第5章での議論と合わせて、アニメ産業にとっての産業集積の意義を再考察する。

3. 動画工程と仕上げ工程の作業効率格差

(1) 仕上げ工程における収益性向上と企業淘汰

デジタル化によって、仕上げ工程を担当する人員や企業は、収益性が著しく上昇した[*13]。1日に1人で彩色できる枚数が、アナログ時代の20～30枚程度から、デジタル化によって100枚程度にまでなった上に（H, K社）、およそ1枚200円弱の単価はアナログ時代から変わっていないためである。

しかし、収益性向上にもかかわらず、2000年代に国内の仕上げ部門（会社）は多数淘汰され、主に元請け会社が自社制作分の一部を処理する社内仕上げ部門を除くと、国内仕上げ会社は大手の2社にほぼ集約された。アナログ時代よりも少人数で同量の仕事がこなせるがゆえに、社内の仕上げ人員数を維持するためには、各社ともデジタル化前よりも固定客を増やし多くの仕事を受注しなければならない。一方で、本章2節2項でも触れたように、デジタル化とほぼ同時期に進行した動画工程における海外企業への外注の増加によって、国内に残る仕上げ業務も減少した。それゆえ、国内仕上げ部門の生存戦略として、海外企業に対する優位性を確保するため、仕事の速さと丁寧さの両立を可能にする大規模化が必要になったことが（K社）、この現象の背景にある。

デジタル化によって上昇した仕上げ部門の収益性確保を狙って、少なくない元請け会社は社内仕上げ部門を残しているが、このような元請けでも、動画と仕上げ作業の多くはやはり海外企業へ外注されている。本章2節2項でも述べたように、動画と仕上げは一体的な工程とみなされるため、動画の大半を海外企業へ外注する一方で、仕上げ作業だけ社内に大半を残す選択が現実的ではな

いからである。

　高収益を生むと分かっている仕上げ工程を、元請けですら自社内にあまり留め置けなくなるほど、国内の動画生産が2000年代に難しくなった背景には、アニメバブルの発生だけではなく動画作業効率の低下があり、その要因は大きく二つ挙げられる。すなわち、作品傾向の変化とデジタル化である。

(2) 動画工程における苦境

　およそ25～35年前、1人の動画マンは1日20～30枚の動画を描けたが、現在では15枚ぐらいになり（H社）[14]、実力不足であるから辞めるようにと動画マンが宣告される基準枚数が、月500枚から300枚に落ちたという（N社）。実際、他社においても現在、一定の実力がある動画マンが描くべき枚数は、月300～400枚程度としている（C, D社）。仕上げ工程における生産性上昇と動画工程における下降によって、かつて同じぐらいだった両工程の単位時間当たり生産可能枚数に（H社）、大きな差が生じたのである。前述した聞き取り調査からの値から概算すると、動画工程と仕上げ工程の生産性格差は、6～8倍程度にもなる。

　にもかかわらず、双方における1枚当たり単価は生産性が同程度だったアナログ時代と同じか、少ししか変動していない。それゆえ、動画と仕上げの単価はほぼ同じ（M社）、あるいは5：4であるという（K社）。結果的に、収益性が向上した仕上げ工程とは対照的に、作業効率が低下しても単価が変わらなかった動画工程の収益性は悪化し、動画マンの収入水準は低迷した。たとえば、単価200円の動画を月400枚描いた場合の動画マンの収入は、8万円にしかならない[15]。しかし、受注した単価以上の額を動画マンに支払うと、当然会社の負担になり、利益の圧縮要因になる。そのため、動画工程を保有している会社は基本的に、動画を量産するためではなく、最終的に原画マンを育成するための教育過程として、動画工程を位置づけている（D, G社）[16]。量産を目的とする動画工程を国内に残すことは、大変困難になった。

　この金額配分が柔軟に変えられない主要因は、日本のアニメ産業構造の特徴である、発達した工程分業と稠密な企業・労働者間取引関係の存在にあると考えられる。たとえば、元請け会社であるH社では、通常の動画1枚いくらの

歩合制以外にも最低保証給を用意しているため、実質的には社内の動画単価は400円程度とみなせる。しかし、最低保証給の形ではなく、社内での動画単価を400円と明示することは、以下の3点から難しいという。第1に、外部への動画単価も400円とせざるを得なくなり、H社の収益を著しく悪化させる。第2に、仮に外部へ明示しなくとも、外部からの受注時には一般相場の200円で受けざるを得ず、内部的に不満が出てしまう。第3に、周辺企業からの評判が悪くなり、波風が立つ。これらについて、詳しく解説しよう。1点目について、アニメ産業では、ある作品の動画単価は基本的に一律であり、担当する人や企業の能力あるいは内製・外製の違いなどに応じて変動させないため、内部の単価だけ高くして、外注先は安くすることには無理がある。2点目について、仮に内部だけ単価を高くすることに成功しても、それは動画の単価を設定できる立場である元請けに自社がなっている作品の場合に限られる。外部企業が元請けになっている作品の下請け仕事を受注した場合の動画単価は、産業内の一般相場であるため、当然内部より安い水準に留まる。その時に内部の労働者が受け取る動画単価は、外部から受注した単価水準となるため、自社元請け作品を担当している内部労働者と不公平感が生まれたり、外部からの仕事を受注する会社の方針に納得しない内部労働者が出たりするだろう。日本のアニメ会社は、有名な元請けであっても、場合によっては下請けに回ることが一般的である。他社と同じようにH社も、元請け作品と下請け作品を同時に担当している場合があり、このような労働者の不満は経営の自由度を狭めかねない。3点目について、1点目や2点目とも関連するが、アニメ産業の取引関係は単純なピラミッド関係ではなく複雑に交錯しているため、H社が単価を変更すれば、他企業にもその影響が波及し、H社が内部で生じるであろうと予想した問題に他社も直面すると考えられる。そして、そのような問題の原因となったH社は他社からの反感を買い、多数の企業やフリーランサーとの取引関係に支えられている自社の制作能力維持に支障を来すだけではなく、下請けとしての受注も難しくなるだろう。それゆえ、他社との関係に波風が立つことは好ましくない。このように、日本のアニメ産業に存在する稠密な取引関係が、柔軟な単価設定を難しくしている点は否めない。

　G社も同様な指摘をしており、大変になった工程と簡単になった工程ごとの

予算配分を本当は変えたいが、G社だけが先行しても、今までの慣習もあり、他の企業がG社に追随しないため進まない、としている。また、周辺企業から離れた地域で高い内製率を維持して仕事をしているならば、工程間の予算配分の変更は可能、とも述べていた。他社などとの取引関係によって制作能力が支えられたり、仕事を受注したりしているほとんどの企業にとって、生産性低下による動画マンの収入低下を望ましくないと考えていても、対応が難しいのである。

そもそも、前述したパッケージ販売の増大にせよデジタル化にせよ、作業効率低下要因が産業全体動向と関わるため、個別企業の努力による対処に限界がある。まず、前者の変化から検討しよう。第5章2節で述べたように、2000年代には、深夜帯アニメを中心に、パッケージ販売を前提とする作品が増えた。「魔法少女まどか☆マギカ」や「蒼き鋼のアルペジオ―アルス・ノヴァ―」などパッケージ販売を前提とする作品は、「ドラえもん」や「サザエさん」のような旧来型の子供や家族向け作品とは、客層が明確に異なっており、青年層が客層の中心となっている（増田, 2007, pp. 19）。この客層は、目が肥えているため、求められる画の質も高くなっており、画1枚当たりの作成時間が長くなった結果として、動画マンが単位時間当たりに生産できる動画枚数が減少した。逆にいえば、旧来型の子供・家族向けアニメを担当している企業では、動画マンの生産性を比較的高く維持できている。たとえばM社のあるアニメーターは、「ガンダム」シリーズのように複雑なロボットアニメの動画では月200枚しか描けないが、子供向けアニメであれば月500枚描けるという。しかも、後者のアニメであれば、同社には月1,000枚描けるアニメーターも在籍している。また、ほぼ子供・家族向けアニメだけを手掛けているE社の動画マンの収入水準は月20万円に達しており、DVD向け作品を主力にしていないからこそ、動画マンの収入水準が比較的高い。しかし、2000年代に増加したアニメ作品の主力はパッケージ販売を前提としており、高い質が必要であったために、産業全体としては動画作成の効率低下に繋がった。

さらにデジタル化は、仕上げ工程とは逆に、動画工程における手間を増やす方向に働いた。デジタル仕上げの場合、動画の段階で、下書き用の余計な線を入れてはならず、線を全て厳密に繋げばならない上に、影色は裏から塗る必要

がある (ヤマサキ, 2009; N社)。アナログ時代にこれらの作業は不要であったため、動画工程単体の作業効率にとって、デジタル化は完全に負の効果を与えている[*17]。

つまり、動画作業効率低下と仕上げ作業効率上昇および、それに伴う動画マンの収入悪化は、産業全体の動向と構造を前提にして、デジタル化が引き金となってもたらされたのである。それゆえ、アニメーターの育成は、個別企業だけではなく、産業全体で取り組むべき問題となった。一方、工程分業の担い手であった特定工程特化型専門企業の減少という形で、この産業構造は今まさに転換点を迎えており、動画マンの収入悪化傾向の改善を難しくしている主要因が変化しつつあるともいえる。次節では、この減少がなぜ起きたのかを検証する。

4. 内製工程の強化

一般論として、関係者同士の連携が取りやすいなどの利点があるため、品質の観点からは内製が理想的であるものの、労働者管理や資金繰りの難しさから内製率は簡単に上げられない (G, H社)。それゆえ、第5章でみたように、テレビシリーズアニメ開始以降、アニメ会社は品質と経済性の釣り合いを検討しつつ、内製と外注を使い分けるようになり、結果的に工程特化型専門型企業への外注が多用される重層的な垂直分業体制が構築されてきた。しかし2000年代になって、品質向上に加えて、利益率の向上といった側面も見込んで、社内になかった工程を新設したり、元々社内に存在する工程の内製率を増やしたりする企業が増加した。この過程で、受注の減少に見舞われた工程特化型専門型企業も、生き残りをかけて、グロス請けへの企業形態転換、すなわち内製可能工程の新設を視野に入れるようになってきたため、日本のアニメ産業の特徴であったこの体制は、大きな転換点を迎えている。

(1) 工程特化型専門会社の存立基盤脆弱化

まず、内製化が顕著に進んだのが、仕上げ以降の工程 (仕上げ、撮影、編集) である。これらの工程は、本章2節1項で触れたように、デジタル化によって

使う機材が共通化して工程の融合が進んだ上、コンピューターが非常に安くなったため、アナログ時代の高価な機材に比べ設備投資負担が軽減され、内製が行いやすくなった。一方で、DVD販売を背景とする映像の質への要求が顕著になり、原画などの作画工程だけではなく、これらの工程にも質的向上への取り組みが求められるようになったため、内製化の必要性が高まった。特に、デジタル化が、仕上げ以降の工程間の垣根を低くしたため、品質向上には工程間での協働の必要性が高まっている。また、会社レベルだけではなく、一部の監督や「演出」などの個人レベルでも、品質向上のために、すぐに出来映えが確認できる上に、場合によっては自らの手で修正が行える元請け会社内での内製を好む傾向も出てきた（R, S社）。こうした品質向上だけではなく、外注費の節減も意図して、元請け会社が内製工程を強化したため、撮影会社であるR社とS社は共に、不況による制作本数減少も相まって、仕事の受注減少に見舞われたという。結果として、本章4節1項で述べた理由から仕上げ会社は集約され、撮影会社と編集会社も厳しい状況に置かれるようになっていき[18]、仕上げ以降の工程特化型専門会社は存立基盤を脅かされるようになった。

　次に仕上げ以前の工程をみると、一部の企業を除いて、デジタル化以前と制作技術が共通であるため、内製が容易になる要因は特に存在していない。また、元請制作会社のほとんどには、会社の特色を出す目的で、原画を中心とする作画工程が従来から備わっていたがゆえに、一斉に工程新設が行われ内製工程強化が進むような傾向もみられない。しかし、産業全体として、意図的な内製工程強化による外注減少は生じていないもかかわらず、工程特化型専門会社である作画会社の存立基盤も、やはり揺らいできている。

　作画会社の存立基盤が揺らいできた理由は、これまで述べてきた、映像品質向上要求、デジタル化、海外外注の進展に加えて、同じく2000年代に顕著になった制作スケジュールの混乱が、複合的に作用したためである。

　まず、制作スケジュールの混乱について説明しよう。アニメバブル期のアニメ会社は、急速に伸びた需要に対して、完全に飽和状態の制作量をこなしていたため、海外企業への外注も積極的に活用したものの、制作スケジュールに余裕が無く、さらに納品も遅れるような事態が日常的になり、放送日に制作が間に合わない作品さえ存在した。この過程で、特にフリーランサーである演出や

原画マンなどの多くが、膨張した制作量をさばききるために、多数の作品の掛け持ちをするようになった。掛け持ち自体は、2000年代以前から行われていたが、その度合いが極端化した上に、発注側も、制作スケジュールを維持するため、少しでも余裕がある所へ細切れに外注することが常態化した。その結果、原画マンも余裕を持って描けなくなっただけではなく、彼らの1回ごとの受注量が縮小するようになった[19]。しかも、このような制作スケジュールの混乱と細切れの発注は、多少緩和したものの、アニメバブル後も継続し、景況が上向いた2010年代には再び悪化している[20]。

　もちろん、制作本数が激減したため、仕事が受注できなくなり苦境に陥った原画マンも少なくないが、一定以上の実力がある原画マンには変わらず仕事が集中してしまい、余裕のない制作スケジュールが続いている。その一因として、映像ソフト販売会社や放送局といった出資元が脚本やスタッフ編成に対する干渉を強めたことが挙げられる（E, L, M社）。リーマンショックから始まる景気悪化も作用して、アニメバブルの崩壊後には、制作資金集めに苦慮するようになったため、出資元が、制作スケジュールに余裕のない状態で企画の最終決定を行う場合がある。そして、制作本数が少なくなっているため、出資元による映像品質追求は一層厳しくなり、アニメ会社に対する内容への修正要求が増大しただけではなく、有名な監督やアニメーターなどの起用にもこだわるようになった結果、余計に制作スケジュールを圧迫する傾向がある。彼らは、有名であるがゆえに多数の仕事を掛け持ちしている。そのため、彼らのスケジュール調整に難があると判断したアニメ会社側が、知名度には劣るものの遜色ない実力を持つ別のスタッフへの入れ替えを提案しても、出資元には、あまり受け入れられないという。それゆえ、設定・脚本・絵コンテなどを担当する彼らの仕事もやはり遅れがちになり、後工程が作業に当てられる日数を削ってしまう。こうして、高い映像品質にも応えられる実力のある原画マンには、あまり余裕がない状況で仕事が集中し、そうではない原画マンは仕事の確保に苦しむという二極化状況が生まれている。

　このように制作スケジュールが混乱しつつも、何とか作品制作が間に合う要因こそが、海外企業への外注とデジタル化である。本章2節1項で述べたように、海外企業へ外注される工程は動画と仕上げが主であり、外注先は韓国と中

国が多い。H社によれば、それらのアニメ会社の規模は日本より大きく、日本であれば3日かかる作業が1日で終わる。しかも、2000年頃だと飛行機で現物を運んでいたため、発送してから戻ってくるまで3日程度かかっていたものが、現在はデジタル化によってインターネットを利用したデータのやりとりが可能になったため、通常は発送してから24時間程度、本当に急ぎの場合になると8時間で戻ってくるという。また、日本のアニメ制作者は基本的にアニメが好きで働いているのに対して、それらの国々では生活のために働いている感覚が強い分、あまり細かい出来映えにこだわらず作業が早いという（G, N社）。ゆえに、原画工程までに日程上の余裕が無くなっても、海外企業への外注を活用することで、辻褄を合わせられる。国内の作業であっても、デジタル化によって、仕上げ工程だけではなく撮影工程の生産性が向上しているため、作業時間の短縮が可能になっている（R社）。加えて、余裕のない制作スケジュールのせいで、本来は再作成が必要な程酷い画などが上がってきても、デジタル化した編集工程は幅広い修正が可能であるため、質はともかく、何とかできてしまう（L社）。監督や演出も、海外企業への外注やデジタル化でスケジュールの遅れを挽回できることが分かっているため、パッケージ販売やスポンサーなどの要求も背景にした映像品質向上もあって、余計に可能な限り自らの作業に時間をかけてしまい（N, R社）、スケジュールの混乱が大幅に改善する見込みは立っていない。その結果、アニメバブルが終わっても、海外企業への外注の利用が常態化している。

　そして、海外企業への外注が進むにつれ、アニメーター育成の土台を支えてきた作画会社の存立基盤が揺らいできた。本章2節2項でも触れたように、動画と仕上げの制作量のほとんどが海外企業へ外注される上、それらの発注は一纏めが基本となったため、国内企業も、動画だけ、あるいは仕上げだけ、といった受注が難しくなった。したがって作画会社においては、動画と仕上げの海外企業への外注が一般化しても、作画監督と原画マンは実力さえあれば受注に障害はないが、社内に仕上げ工程があるか、せめて仕上げの外注管理ができる形にして、動画と仕上げを一括受注できないと、動画マンの仕事が確保しづらい。また、経営者などのベテラン以外の、比較的経験が浅く技術水準が高くない原画マンにも仕事を割り振らねばならないにもかかわらず、ベテランが後者

の原画全てに目を通して修正できるとは限らない。そのため、高い映像品質が求められるパッケージ販売を前提とする作品の場合、要求水準に達しない原画も紛れ込んでくる問題があり、元請けとしては、作画会社への発注を避けたいという（A社）。このようにして、元請け会社が作画の内製率を高めていないにもかかわらず、作画会社を取り巻く状況は、仕上げ以降の工程特化型専門会社と同じく、厳しさを増している。

　さらに、こうした工程特化型専門会社間のモノや情報の行き来だけでなく調整も担ってきた制作進行の能力低下が顕著になった（B, J, L, O, P社）。すなわち、各企業に分散している工程ごとの制作状況を適宜把握して制作スケジュールに支障を来さないようにし、他社に所属したりフリーランサーであったりする人員の能力を理解した上で必要に応じて確保し適切に配置する、といった制作管理業務を円滑に進められる人材が減少してきたのである。

　制作進行の能力低下が起きた理由としては、そもそもアニメ産業に入ってくる人材の気質変化なども指摘されるが（B, J社）、ここまでみてきたような、海外外注の進展とデジタル化もまた大きい。なぜなら、少なくとも1980年代前半頃であればほとんどの工程の仕事が国内で完結していたため、アニメーターなどの異なる工程の担当職種とも直接顔を合わせて、お互いの人格や能力をよく把握できる共に各工程と担当職種の特性をOJT的に学ぶことが普通であった（B, L, O社）。また、コンピューター上の作業ではないため当事者ではなくても比較的作業内容が把握しやすい上に、現物の受け渡しのためにそれぞれの工程担当職種の元へ足を運ぶ必要があったアナログ制作の時代の方が、このようなOJT的学びの機会は自然と豊富であった（B, G社）。つまり、制作進行が経験的に制作現場の実情を理解し、人的繋がりを形成する機会自体が、それ以前からその傾向があったにしても、2000年代になって顕著に減少したといえる。

　このような状況であるがゆえに、能力面における制作進行の二極化も指摘され（J社）、優秀な人材は逆に頭角を現しやすくプロデューサーとして成功する面もあるという（B社）。しかし、全体的にみるとこれは、制作スケジュールの混乱を助長するだけではなく、多数の工程特化型専門会社同士が協力して作品制作を行うための土台が崩れていく状況といえよう。

(2) グロス請け会社の増加

　そこで、こうした工程特化型専門会社は、生き残りをかけて、グロス請け会社あるいはそれに準じる形態になって、様々な工程を一括受注できる体制を構築しようとしている。そのような観点からいえば、アニメーション制作の中心である作画工程を保有したいと以前より考えていたため、苦境に陥った作画会社を救済する形で工程特化型専門会社からグロス請け会社化していったK社は、2000年代の産業動向をよく反映している。K社より規模の大きい最大手仕上げ会社であっても、海外外注が一般化した結果、仕上げだけでは受注がしにくいため、作画工程を持つようになった（B社）。K社自体は、仕上げの大手であるため受注に特別の困難は無かったというが、たとえ意図していなかったとしても、グロス請け会社化したことによって、仕上げの受注がしやすくなった効果はあると考えられる。

　次に、動画と仕上げを受注しやすくする以外の、グロス請け会社化する利点、そして問題点をみていこう。グロス請け会社が数多く誕生していたのは、アニメバブルが生じていた時期である。急増する制作量に対して、元請制作会社は、自社の人数を増やしたり、直接海外への外注を増やしたりもしたが、グロス請け会社への外注を増やすことで主に対処した。たとえば、テレビシリーズ1本に対して、一般的に5〜6個存在する班のうち[21]、自社が直接制作現場も管理する班を二つぐらいにして、後の3〜4班をグロス出しとした（N社）。なぜならば、自社が直接担当する班では、社内に一定の制作人員も必要である上に、全工程に目を配る必要が出てくるため、社内の制作現場のみならず、複数の企業やフリーランサーへの外注を管理せねばならないのに比べて、グロス出しの場合は、制作現場の人員と管理の必要が無い上に、外注先はグロス請け会社1社で済むがゆえに、社内に必要な人材も少なく管理負担も軽い。本章4節1項でみたような制作進行の能力低下も相まって、急増する制作量への機動的対処として、グロス出しは都合が良かったのである。一方下請け会社にとっても、特定工程に特化するよりグロス請けする方が、大きな利益確保を期待できる利点がある。なぜなら、単純に動く金額が大きい上に、制作の工夫による差益の発生や、工程間の収益移譲が可能になる。具体的には、1話動画4000枚計算で受注したものを、実質的に3500枚で制作したり、デジタル化で生産性

4. 内製工程の強化

の上がった仕上げ工程や撮影工程から上がる利益を自社で確保したりする（N, R社）。このため、元請け会社と下請け会社双方の利害が一致し、グロス請け会社が増加した。

　ところが、アニメバブルの崩壊によって一転、少なくないグロス請け会社が苦境に立たされるようになった。典型的には、制作量が減少したため、社内に余裕の出た元請制作会社が、グロス出しの数を減らして、社内制作を6班中2班から4班に増やすようなことが起きた（F, N社）。社内制作とはいっても、フリーランサーなどへの外注は行うが、丸投げではないため、品質管理上はグロス出しより好ましい（A, F社）。また社内制作ならば、グロス請け会社の利益の源泉である制作上の差益やデジタル化の恩恵を、自社で確保できる。アニメバブル崩壊後は、一定以上の高い品質がある作品でなければ、スポンサーや放送局などが企画を承認しなくなり、いわば少数精鋭の作品だけが放送されるようになったため、元請制作会社にとって、品質を保ちやすく制作費の自社取り分を増やせる社内制作の重要性が高まった。その結果、品質の高さなどの特色を出せなかったところを中心にグロス請け会社が、相当数倒産したという（L, N社）。もちろん、制作本数と外注数の減少によって、フリーランサーや特定工程特化型専門会社も仕事の確保に苦しむようになったものの、グロス請け会社は、相対的に規模が大きく、扱う金額も多いことから、柔軟な対応ができず、苦境に拍車がかかったと考えられる。

　ここまで述べたように、グロス請け会社という形態にも難しさはあるものの、工程特化型専門会社の将来性が極めて厳しい以上、下請会社は、グロス請け会社、あるいはそれに準じる形態になって、一括受注を可能な体制にせねば、今後の存続が難しいと考えられる。つまり下請会社は、ただのグロス請け会社ではなく、一定の特色をもったグロス請け会社とならねばならない。事実、調査時点で工程特化型専門会社であった調査対象企業のうち（L社〜T社）、企画会社であるため海外外注やデジタル化による影響を直接は被らないL社、および背景会社（O, P, Q社）を除いた全ての企業が、実質的なグロス請け活動を行っているか、今後の進出を検討していた。

　このように多くの工程特化型専門会社がグロス請けへの転換を進める中で、背景会社が当面グロス請けへの進出を検討していない理由は、本章2節1項で

触れたように、デジタル化の進展が過渡期で、元請制作会社などが内製を進める動きも、まだほとんどみられなかったためと考えられる。しかし、D 社のように、元請制作会社が質的向上を狙って社内に背景工程を新設した例はある上に、通常の背景工程を保有しておらずとも、低予算作品であれば 3DCG 技術の延長で背景を作成している例もあり（R 社）、元請制作会社やグロス請け会社において背景工程が内製化されることが一般的にならないとも限らない。調査対象の背景会社のうち、最もデジタル化が進んでいた Q 社も、元請制作会社が、撮影・編集工程を内製化し、金銭を含めて管理する状況になりつつあるため、3DCG の活用などによって、背景工程も内製化される方向になりそうだと懸念していた。それゆえ、将来的には背景会社も、グロス請け会社への転換を進めざるを得なくなる可能性は十分にある。

　以上でみてきたように、元請制作会社は仕上げ以降の工程を中心に内製可能工程を増やし、下請け会社はグロス請け化することで、2000 年代に各社の内製工程強化は進んだ。テレビシリーズ開始以来のアニメ産業の特徴であった、特定工程特化型専門会社が土台を成す重層的な垂直分業体制は、終焉を迎えつつある。

5. アニメーション産業集積の強みと限界

　第 5 章でみたように、日本のアニメ産業の特徴である垂直分業体制は、産業集積の形成と共に発達した。しかし、2000 年代に顕著になった市場構造の変化やデジタル化が影響して、この産業構造は終焉しつつあるため、必然的に産業集積も転換期を迎えている。改めて、産業集積の形成とそれが果たした役割、そして産業変革期において顕著になってきた限界について、整理しておこう。

　1963 年のテレビシリーズの開始は市場の成長をもたらしたものの、制作量や作品特性の変動を著しくし、アニメ産業において垂直分業が成立した。そして、アニメ制作工程の特性上、物流と情報交換の必要性から近接性が重視され、集積が形成されるようになった。産業集積が東京に成立した要因はテレビシリーズ開始当時の大手制作会社の立地が練馬区であったことと、発注元になるテレビキー局と、アナログ制作時代には必須の現像を行う大手会社が東京にのみ

5. アニメーション産業集積の強みと限界　　　143

存在していたことにある。

　垂直分業の進展時に当事者達が意図していなかったため結果論という面も否めないが、この産業集積の特性には、創造性の観点から積極的に評価すべき面もある。つまり、種々の制約は当然存在するが、作品の内容に合わせて取引先や人員を入れ替えることが当たり前のように行われるようになった点である。確かに、多くの制作者達が一社内で顔を合わせながら制作に従事するという理想からは後退したともいえるが、垂直分業が進みながらも、作品の内容をほとんど意識しない固定化した取引関係が一般化してしまったテレビ番組制作業とは対照的である。

　ただし、第5章2節でも少し触れたように、アニメ産業は、テレビシリーズの開始直後はともかく、すぐに低い制作費とその結果生じる低賃金労働問題に悩まされようになっていった[*22]。この点では、テレビ番組制作業が抱えている厳しい労働環境の問題と通底する面もある。そもそもアニメーション制作は、実写の番組制作よりも多くの人員を必要とするため、多額の制作費がかかる。したがって、作画監督などの上級職の中には1,000万円を超える高い収入を得ている者もいるが、下積みとして動画工程を担当している期間には、一部の例外を除いて、どうしても低賃金労働を経験する傾向にある。一般的に動画、原画、作画監督というキャリアパスを経るため、ある程度の実力を身に付ける前に、長時間低賃金労働に嫌気が差して離職する者も多い。それゆえ、優秀な原画マンや作画監督が育ちにくい環境になっているとの認識は、2000年頃にも既に産業内では共通認識になっていたが、それがいよいよ深刻に捉えられるようになったのが2000年代であった。

　なぜなら、パッケージ販売などの新しい市場の開拓が進むと共に映像表現の高度化が迫られたため、作品数としても一作品内の手間数としても制作量が増大して、人員の供給がいよいよ追いつかなくなってしまっためである。2000年時調査の際ですら、既に増加傾向を示していた制作量に対応するため、あまり経験のない労働者でさえ原画マンや作画監督として働くようになっていることや、動画工程の海外委託に伴い新人が原画マンに昇格する前に十分な経験を積めないという問題から生じる人材の質的低下が指摘されていた。この状況に加えて、映像表現の高度化によって従来型の制作手法である手作業の域を出な

い作画工程においては作業効率が低下した。その結果、デジタル化によって作業効率が上昇した工程との、資金配分面や作業分担面でのバランスが崩れていった。特に、アニメーター達にとっては、動画マンの1人当たり作成可能枚数の低下に始まり、原画マン育成環境の悪化、作画監督の負担増など、その作業効率低下が全体的な待遇悪化へと直結してしまった。

また、やはり2000年代になって、企業間や工程間の調整と物流を担う職種である制作進行が育ちにくい環境が深刻化したため、制作現場の混乱を助長する傾向がみられる。これも、アニメーターへの負担が増加する要因となるし、他の職種やアニメ会社の立場からいっても当然好ましい状況ではない。

こういった労働環境悪化が顕著になった原因を、より俯瞰的な見方からいえば、アナログ制作の時代に形成され最適化された産業構造がデジタル制作の時代にはそぐわなくなった結果である。各工程の独立性が高く、稠密な工程分業が存在する産業構造とそれを支える産業集積は、アニメ産業において多様な作品を持続的に生み出す原動力となってきた。しかしこの産業構造は、デジタル制作の時代になると、制作予算配分が硬直化して工程ごとの配分比率がアナログ制作の時代と変わらなかったり、作業効率が向上した工程と低下した工程を担当する企業がそれぞれ別であるため工程間の収益移譲が十分に行えなかったり、という問題を招いた。むしろ仕上げ工程などの作業効率向上は、作画工程の作業効率低下とさらなる賃金水準低下を招いている側面すらある。しかも、デジタル制作は、制作進行が制作現場や人員の実情を把握しにくい状況を招いたため、工程分業を円滑に機能させる要素を結果的に毀損している面がある。

一方でデジタル化は、アナログ制作より内製化を容易にもした。作品の質的向上を主目的とする内製可能工程の増加をアニメ会社が進めた結果として、H社の例にみられるように、デジタル化によって収益率が向上した仕上げや撮影などの工程や二次利用収入からあがる収益の一部を、社内で作画工程に委譲するようなことも行われている。デジタル化が、アニメーターの待遇悪化を招いている以上、今後も継続して優秀なアニメーターを育成するためには、デジタル化の恩恵を受ける工程などによる作画工程の下支えは欠かせない。そのような工程間収益移譲は、各アニメ会社における内製可能工程増加によって現実的になるであろう。加えて、内製化が進んで物理的に近接した工程間の調整は、

企業間のそれに比べて比較的容易であり、制作進行のような職種の必要性は低下する。

つまり、労働環境悪化の根底にあるデジタル化の影響は見逃せないが、デジタル化によって可能になりつつある産業構造下においては、発生した問題が解決される要素もまた存在している。したがって、アニメ産業における労働環境悪化は、アナログからデジタルへの制作技術移行期に、前者に適した産業構造から後者に適したそれへと構造調整が進む過程で生じた過渡期的現象である可能性が高い。

事実、制作工程のデジタル化を背景に、立地傾向に若干の変化がみられる。内製の容易化によって一拠点内で現実的に担当し得る作業が増加したことに加え、現物を運搬する必要のある物品ではなくインターネットを用いたデータ交換が進んだ工程もあるため、近隣に豊富な取引先が立地する必要性は以前より薄れた。したがって、集積内よりは良好な人材育成環境が期待できる地方への企業立地例もいくつか存在し、地方分散の萌芽もみられる[23]。

2000年時調査の時点でも、制作会社側の経営者にも経営感覚が無い者が多く、アニメを作れれば良いという意識が強過ぎたという指摘があった。利益を上げることよりも仕事の確保を重視した制作会社側が、集積内で流れてしまう単価情報などを踏まえたダンピング競争に走ってしまい、結果として多くの権利がテレビ局に帰属するようになり、制作費の上昇幅も抑えられてきた面がある。制作会社の経営手法にも改善の余地があるといえ、このような状況が当たり前になってしまっていた産業集積の負の側面から距離を取りたいという企業も、既に2000年時に存在していた。ただし、この点については本書では深く立ち入らず、稿を改めて検討したい

6. 小括

このようにみてくると、発達した産業集積と厳しい労働環境の存在という点では、テレビ番組制作業と共通する面があるのに対して、取引関係の固定化は起きず、また良くも悪くも作品の質的向上を意図した動きが近年になっても継続している点が、テレビ番組制作業とは大きく異なる。その違いを生んだ最大

の要因は、流通構造、そしてそれに付随する制作費提供構造の違いにあると考えられる。

テレビ番組制作業の場合は、番組制作会社からみて、制作した作品が流通する経路と収入源が、ほぼテレビ局しか存在せず、しかも特定の局との結び付きが強い。したがって、テレビ局の意向が反映されやすいため、それらが作品の質的向上を意図する動機を失ってしまうと、番組制作会社の行動もそれに追随したものにならざるをえない。

一方、アニメ産業の場合は、テレビ局以外の流通経路や収入源が多々存在する。製作委員会方式が隆盛を極めるようになった現在はいうにおよばず、テレビ局からの資金提供が一般的であった時代であっても、アニメ産業全体でみれば、提供される制作費以上の制作費をかけて、著作権収入で埋め合わせる傾向があった。さらに、初回放送時の視聴率だけが作品評価基準になるとは限らず、別経路からの評価や収入なども期待できる状況は、1990年代以前から存在した。たとえば、1974年～1975年にかけて放送したときには視聴率が思わしくなかった『宇宙戦艦ヤマト』も、1975年に映画館で編集版を上映したときには大ヒットとなり、その後再放送や続編の制作に繋がっている（牧村・山田, 2015）[24]。ゆえに、アニメ会社の経営行動は、必ずしもテレビ局の意向だけに影響されるものではなく、もっと複雑なものとなる。

こうした多様な流通経路・収入源の存在は、契約条件的に著作権収入を全く期待できない作品を制作する際にも、アニメ会社の制作行動に影響を与えると考えられる。なぜなら、視聴率は良くなかったが玩具が売れた、パッケージ販売は思わしくなかったが原作となったマンガの売れ行きは好調であった、といったことが起きれば、出資元となるこれら企業は、引き続き別のアニメ作品の制作を行う動機が生まれるし、その会社に依頼することがあり得るだろう。

まして製作委員会方式が全盛になると、流通部門の製品化・発売、流通・配信、公開・小売機能が複数企業に担われることが一般化し、テレビ局の影響力がテレビ番組制作業よりも相対化されやすい。したがって、流通部門の性質の違いから、テレビ番組制作業に比べれば、多様な作品を生み出しやすい土台がアニメ産業には備わっているという積極的評価も与えられる[25]。

ただし、いくら多様な流通部門企業が存在するとはいえ、アニメ会社自身に

よる流通への関与は極めて限定的であり、テレビ番組制作会社にせよアニメ会社にせよ、それら自身は基本的に生産部門企業なのである。さらに、流通部門企業の支配力や立場は生産部門企業に対してやはり強い。一方、家庭用ゲーム産業については、極めて支配力の弱い、しかし一部のゲーム会社が当事者となる流通部門が存在する。なぜ弱いといえるのか、ゲーム会社が流通部門であるとはどういうことか、そしてその結果生まれる産業集積はどのような特徴を持つのか、次章以降でみていこう。

* 1 たとえば、2002年に発足した知的財産戦略会議が同年にまとめた知的財産戦略大綱では、国際的に評価される日本のコンテンツ産業の代表例として、アニメとゲームソフトが挙げられている（知的財産戦略会議, 2002）。
* 2 JAnicAが2008年に行った調査によれば、アニメ産業の従事者たちの平均年収は全職種合計で255.2万円（有効回答数542人）であり（日本アニメーター・演出協会, 2009）、同様に2014年時調査では、332.8万円（有効回答数756人）となっている（日本アニメーター・演出協会 実態調査プロジェクト委員会編, 2015）。
* 3 ここでいう3Dアニメとは、立体映像のことではなく、3DCG技術を用いて制作されたアニメを意味する。2Dアニメとは、第5章でみたように、基本的には手書きによる描画に基礎を置く表現技法によって制作されるアニメである。それに、3DCG技術によって製作された映像が用いられることもあるが、完全な3Dアニメとしてのテレビシリーズは、2013年に放送された『蒼き鋼のアルペジオ―アルス・ノヴァ―』まで存在しなかった。それに対して、アメリカ合衆国のアニメ産業では、2000年代に、作品の主流が2Dアニメから3Dアニメへと完全に移行した（増田, 2007, pp. 22-25）。
* 4 本文中に登場する会社名は全て仮名であり、表6-1に対応する。
* 5 R社によれば、2000年頃は受注した仕事の半分がデジタルであったが、2002年頃には全てがデジタルに切り替わったという。また、K社も、2000年から2年ぐらいで完全にデジタルに置き換わったと述べていた。
* 6 工程の説明の出典は第5章と同じである。
* 7 一部の企業では、タブレット上で原画や動画を作成しているが、調査当時の日本企業では未だ限定的であった。しかし、それも2014年頃から変化しつつある（増田, 2015）。
* 8 制作進行とは、アニメ制作の各話あるいは全体のスケジュール管理担当者であり、各アニメ会社間の物流も担う（多田, 2002, pp. 216-219；神村, 2009, p. 146）。なお制作進行は、管理系職種としては一番基本的なものであり、アニメーターなどの技術系職種ではない新人が、最初に配属される職種である。制作進行の上位職種には制作デス

クが存在し、さらにその上にプロデューサーが存在する。したがって、制作進行の作品に対する責任の範囲は、制作デスクやプロデューサーよりは、相対的に狭い。

*9 本調査の背景会社（O社，P社，Q社）においては、絵の具も少し使うが、既にほぼコンピューター上での背景作成に移行していた。しかし同時に全ての会社が、他社の例として、完全にデジタル制作をする背景会社もあれば、相変わらず絵の具のみで制作する背景会社もあると、述べていた。

*10 フィルムという物理的なメディアを切り貼りする加工が必要なポジ編集と異なり、コンピューターを利用して、自由度の高い映像データの編集を行う手法のこと。

*11 たとえば、M社によれば、新人が10人いたならば、5年で半分になり、10年経って2人残れば良い方だと、他社の経営者とも話しているという。L社は、必ずしも能力が十分ではない者も含めて、新人のうち入社3年後も業界に残っているのが3～4割と述べていた。

*12 T社は、彩色の99％は海外に外注されている、と指摘していた。

*13 仕上げや動画などの各種制作単価は、会社や作品によって変動するため、およその目安として挙げる。なお、特段の記載がない限り、事例に挙げる制作単価はテレビシリーズを基準にしている。動画1枚200円弱とする根拠は、各社への聞き取りである。

*14 最初期のテレビアニメでは月3000枚の動画を描けたが、現在は500枚描ければ優秀な方であるとも、H社は述べていた。

*15 日本アニメーター・演出協会（2009）によると、動画マンの平均年収は、104.9万円（n=101）である。また、日本アニメーター・演出協会 実態調査プロジェクト委員会編（2015）では、111.3万円（n=56）である。

*16 国内に動画工程を有する調査対象企業では、11社中7社が、明確に教育課程としての動画工程を有していた。

*17 M社によれば、家庭向けの比較的簡単な作品の中には、デジタル仕上げを行っても、裏からの影塗りの必要がないものがあり、影を塗る作品に比べて、生産性が良いという。青年向け作品が増大したことによっても、裏面からの影塗りの必要性が増大したといえよう。

*18 編集会社は調査できていないが、撮影工程も編集工程も、発注元が内製を進めている点は同様である。それゆえ、程度の差はあっても、編集会社が直面する状況の傾向も変わらないと考えられる。

*19 1人の原画マンが、1回に受注する数量は、かつての十分の一ぐらいにまでなった（T社）。したがって、テレビシリーズ1話に関与する原画マンが、かつては4～7人程度であったにもかかわらず、現在は10～15人ぐらいになっている（L社）。

*20 日本アニメーター・演出協会 実態調査プロジェクト委員会編（2015）における制作者の自由回答からは、制作本数の多さから2010年代にも制作現場の混乱が起きていることがうかがえる。

*21 テレビシリーズ1話分の制作を担当するスタッフの集まりを、「班」と呼ぶ。1巡目は、A班が第1話、B班が第2話……、2巡目はA班が第7話、B班が第8話……、というように、それぞれの班が順番に各話を担当することで、テレビシリーズは制作される。

*22 テレビ局などの出資元よりも制作会社に対して厳しい見方をしているものの、久美 (2014) が、アニメ制作者の低賃金労働が生じた経緯について詳しく論じている。

*23 比較的有名な企業が立地する場所としては、白石市、富山市、京都市、徳島市などがある (高橋, 2011)。

*24 歴史的なアニメビジネスの変遷について、詳しくは氷川 (2011) がまとめている。

*25 ここでの主張は、テレビ局と異なり、他の流通部門企業が、生産部門企業たるアニメ会社の判断を尊重し自由行動を認める、ということではない。広告主となる玩具会社などが関連製品の販売で利益を得るという直接の利害関係があるため、作品内容への介入をするという問題もある。たとえば、1979年の放送開始から長期にわたりシリーズが制作され、関連商品の売上げも莫大な「ガンダム」シリーズの当初作品でも、視聴率が低迷した時期に広告主から番組内容への介入があった (日経BP社技術研究部編, 1999, pp. 95-96)。重要なのは、テレビ局という同質的な少数企業の一様な価値観に産業内が染まりにくい点である。

第7章　家庭用ビデオゲーム産業における分業と産業集積

1. はじめに

　ここまで議論したテレビ番組制作業とアニメ産業は、支配力の強弱はあれど、テレビ局に代表される流通部門の立場が強く、生産部門である番組制作会社とアニメ会社は、その結果生じる不利益を被っていた。第2章で確認したように、こうした流通部門と生産部門の相克は、文化産業全般に付き物の現象である。
　ところが家庭用ゲーム産業は、これから明らかにするように、生産部門に対する流通部門の支配力が弱く、生産部門に軸足を置きながらも流通部門にも深く関与する企業が複数存在する珍しいコンテンツ産業である。番組制作業もアニメ産業も、その立地と集積現象には、流通部門の立地選択に深く影響を受けていた。流通部門の支配力が相対的に弱いコンテンツ産業では、いかなる要因から生産部門企業は立地を決定し、集積利益を得るのだろうか。
　本章では、流通部門の弱さが特徴的なコンテンツ産業である家庭用ゲーム産業の集積現象を解明し、第9章における他コンテンツ産業との比較検討に貴重な知見を獲得する。その上で、東京都における産業集積の限界とそれを乗り越える試みについて第8章で議論する。なお本章では、全盛期を過ぎて不況期にありながらも、まだ全盛期の産業構造が色濃く残っていた2000年代前半頃までの日本の家庭用ゲーム産業を事例として取り上げている。それを踏まえて、ゲーム産業研究における、本章の分析視角の位置づけを明確にしよう。
　東京都における産業集積については、馬場・渋谷（1999, 2000）が先駆的存在である。彼らは、関連産業の違いに基づき集積内各地域の特色分けを行った上で、集積要因を検討している。水鳥川（2008）も、企業間同士の相互取引が少

ないながらも、人材確保や既存企業からのスピンアウトといった理由からゲーム会社が集積していったと指摘している。

東京都以外の産業集積については、第8章でもとりあげる福岡市について、パソコンのソフトウェア会社からのスピンアウト企業を中心に、良好な開発環境を生かして成長してきたと水鳥川（2008）は論じている。また海外に目を転じると、Cohendet and Simon（2007）が、世界最大級のゲーム会社が存在するモントリオールにおいて、都市に根差したゲーム開発者コミュニティの存在が創造性寄与していると論じている。

このようにゲーム産業集積の研究は一定の蓄積があるが、次章以降でみるような家庭用ゲーム産業独特の企業間関係を十分考慮に入れているとはいいがたい側面がある。この点では、比較的早い時期に蓄積された成果も個別企業に焦点を当てていた。たとえば、個別企業史の把握に重点を置いたルポルタージュとして、Cohen（1984）、Sheff（1993）、大下（1993）などがある。また、小橋（1997, 1998）と砂川（1998）は、個別企業を対象としてゲーム開発に適した組織編成を論じた。

一方、地理的視点はないが、複数企業を対象とした組織形態研究をまとめたのが新宅・田中・柳川編（2003）であり、本書の研究視角にとって示唆に富む。すなわち、ゲーム産業独特の企業間関係や、外注先の利用形態によって企業特性が異なるという産業構造である。こうした産業構造を考慮に入れた地理的研究として Johns（2006）は、生産ネットワークのグローバル化という視点からゲーム産業の取引関係を分析しているが、産業集積内にまで立ち入った分析は行っていない。加えて、第2章で検討した上に、テレビ番組制作業とアニメ産業の分析結果からも明らかなように、コンテンツ産業集積を理解するためには地域労働市場の視点が欠かせないにもかかわらず、管見ではそれに十分焦点が当たっているとはいえない。

そこで本章では、ゲーム産業特有の分業形態を明確化した上で、分析の重点を労働市場と取引関係に置き、ゲーム産業の地理的特性を読み解いて産業集積現象の理解へと繋げる。

本研究手法は以下の通りである。まず調査対象は、ゲームソフトの開発・発売を行う企業（以下ゲーム会社と略す）である。これらの抽出作業には、企業

年鑑類である高橋（2001）、シィ産業研究所（2002）と、3つのゲーム会社リンク集を使用した[*1]。そして、各企業 HP や関係者による確認を経て、最終的に460社がアンケート送付先となった。これらの企業に対して、2002年5月に郵送と電子メールでアンケートを発送し、同年6月までに回収した。このうち19社は宛先不明、ゲームと関係がないなどの理由によって無効となったため、最終的な送付先は441社である。有効回答は54社から得られた（回収率12.2%）。次に、アンケート回答企業を中心に2002年7月から11月にかけて追加調査を実施した。対象企業数は50社であり、調査形態の内訳は、対面調査が42社、電話・メール調査が8社である。このうち、アンケートに回答していない企業が9社あり、そのうち1社は専門学校である。なお、追加調査のことを、便宜上ここからは聞き取り調査と呼ぶことにする。

2. ゲーム産業の概観

(1) 産業史と現状

もともとゲーム産業は業務用ゲーム機を皮切りにして、アメリカ合衆国で1970年代に勃興した。当地では、家庭用ゲーム市場も立ち上がり、順調に発展していたが、1982年に「アタリショック」と呼ばれる市場崩壊が発生し、家庭用ゲーム産業がほぼ壊滅した[*2]。

一方まさにその頃、1983年に日本では任天堂が家庭用ゲーム機「ファミリーコンピュータ（以下 FC と略す）」を発売し、現在にいたるゲーム産業隆盛の嚆矢となった（表7-1）。任天堂は FC の成功を足掛かりにして、アメリカ市場の開拓も進めた。さらに、携帯型ゲーム機を発売し、他社の挑戦も斥けてゲーム機の世代交代も果たすなど、任天堂はゲーム産業の主導的役割を果たしてきた。

しかしこの構図は、ソニー・コンピュータエンタテインメント（以下 SCE と略す）が「プレイステーション（以下 PS と略す）」を発売した1994年を境に崩れ、次の世代でも「プレイステーション2（以下 PS2 と略す）」を擁する SCE がデファクトスタンダードを保持し続けた[*3]。その後は、Microsoft 社の市場参入や Wii による任天堂の巻き返しがあり、FC やスーパーファミコン（以下

表7-1 据置型ゲーム機の変遷

企業名	第1世代	第2世代	第3世代
任天堂	ファミリーコンピュータ(1983)	スーパーファミコン(1990)	NINTENDO64(1996)
セガ	SC-1000(1983)	メガドライブ(1988)	セガサターン(1994)
ソニー			PlayStation(1994)
マイクロソフト			
その他		PCエンジン(NEC; 1987)	3DOリアル(松下電器; 1994)

企業名	第4世代	第5世代	第6世代
任天堂	GameCube(2001)	Wii(2006)	Wii U(2012)
セガ	ドリームキャスト(1998)		
ソニー	PlayStation2(2000)	PLAYSTASION3(2006)	PLAYSTASION4(2014)
マイクロソフト	Xbox(2002)	Xbox360(2005)	XboxOne(2014)
その他			

注：代表的なものだけ記入している。また各世代分けは、登場時期を基準にした筆者の判断に基づく。機種名の後ろにある括弧内の数字は日本における発売年である。
(矢田(1996)、砂川(1998)、藤田(1999b)、『デジタルコンテンツ白書』各年版により作成)

SFCと略す）時代ほどの圧倒的に優位な地位を占める企業は現れていないが、全体的にはSCEの優勢が継続している。

経年的な市況をみると（図7-1）、ソフトの市場規模は1997年を頂点にして2005年までに4割以上縮小し、本章の調査はこの不況期に行われている。携帯機であるNintendo DSやWiiの成功により、2000年代後半には一定の巻き返しが見られたが、ゲーム機本体の売れ行きほどにはソフトが売れなかった。2010年代には携帯電話やスマートフォン上で遊ぶゲームの伸張もあり、2000年代前半の不況期をさらに割り込む数字となっている。したがって、市況への連動傾向が明瞭な参入・退出企業数を確認すると、常に新規参入企業は存在するが、現存企業数の頂点は1997年である（図7-2）。つまり、日本の家庭用ゲーム産業の国内市場の成長期は1997年に終わりを告げ、2000年代半ばに多少の反発はあったが、長い縮小期を経験しているといえよう。一方、北米、欧州共にやはり家庭用ゲームの市場は2008年以降縮小傾向にあるが、それまでの2000年代には順調な成長をしていたため、日本より大きな市場規模を有している[4]。その市場における日本企業の存在感は、2000年代前半までと比べて薄らいでいるのは確かだが[5]、各社にとって海外市場の重みは増している（図7-3）。

2. ゲーム産業の概観

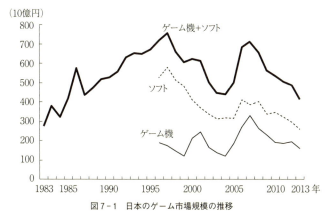

図7-1　日本のゲーム市場規模の推移
注：1995年までは『レジャー白書』に、1996年からは『CESAゲーム白書』に基づく。
（余暇開発センター編『レジャー白書』各年版、コンピュータエンターテインメントソフトウェア協会『CESAゲーム白書』各年版により作成）

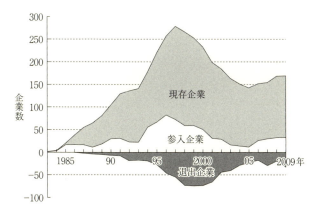

図7-2　ゲーム産業における参入退出企業数の推移
注：『大技林2011』は、1983年から2011年6月までに日本で発売された全てのゲームソフトに関して発売企業などの情報を網羅している。これを元にして、以下の手順で参入・退出と現存企業数を集計した。第1に、ある企業が初めてソフトを発売した年を参入年とした。第2に、参入した企業が、少なくとも2年間にわたって新しいソフトを発売しなかった場合に退出したと判断した。なぜなら、典型的なプレイステーション3世代のソフトの開発には1年半程度かかるとされるためである。それゆえ、2010年から2011年の間の退出企業数は算出できないため、図に記載していない。
（金田一 監修（2011）により作成）

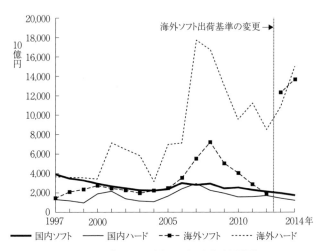

図7-3　日本のゲーム産業の国内・海外別出荷規模
注：海外向けのゲームソフトに関して、2012年までは日本法人による海外向け出荷本数のみの数値であり、海外法人による海外向け出荷分は含まれていない。2013年からは、海外法人による海外向け出荷分を含んでいる。
（コンピュータエンターテインメントソフトウェア協会『CESAゲーム白書』各年版により作成）

(2) ゲーム産業における機能分業形態

　一口にゲーム会社といっても、本章2節1項でみたような1990年代後半から2000年代前半の不況も一因となって資金力の高低が明瞭となり、機能分業が進展した。ゲーム産業の機能分業形態は、必ずしもコンテンツ産業一般のそれと適合的ではない部分もあるため、生稲（2003）も参考にして、本書ではゲーム会社が携わる機能に基づいて4分類する（図7-4）。以後、これらの分類を「業態」と呼ぶ。なお、本章で取りあげる時期のゲーム産業の公開・小売は基本的に小売店が担い、ゲーム会社と密接な分業関係を築いているとはいえなかっため、本書では議論の中心には据えない[6]。

　SCEや任天堂など、一般的にゲーム会社として想起されるであろう企業は、プラットフォームホルダーと呼ばれる。この存在が、他のコンテンツ産業とゲーム産業の決定的な違いである。この企業の機能は、第一義的にゲーム機の製造と提供にあるが、自社製ゲーム機向けに、自社でゲームソフトを開発・発売する面と、他社からゲームソフトの供給を受ける面も見逃せない。他のゲーム会社が、あるゲーム機向けのソフトを供給する場合、メディアの製造をそのゲ

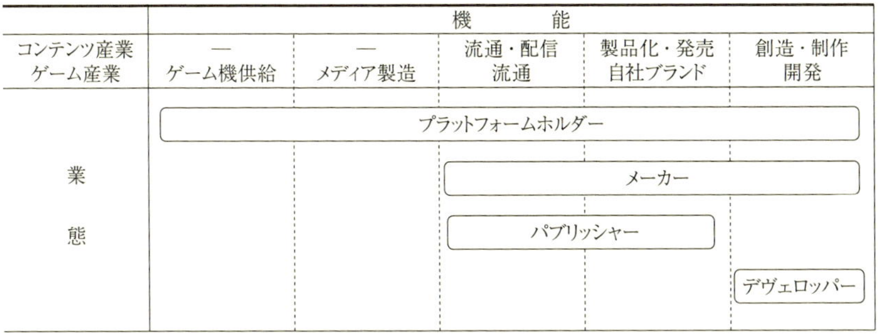

2. ゲーム産業の概観

コンテンツ産業 ゲーム産業	機　　能					
	ゲーム機供給	メディア製造	流通・配信 流通	製品化・発売 自社ブランド	創造・制作 開発
業　態	プラットフォームホルダー					
			メーカー			
				パブリッシャー		
						デヴェロッパー

図7-4　ゲーム産業における業態別関連機能
「流通」、「自社ブランド」、「開発」に関しては、それぞれの業態において必ず関与するとは限らない。
(聞き取り調査により作成)

ーム機のプラットフォームホルダーに委託することが義務付けられている。プラットフォームホルダーは、他のゲーム会社から開発を終えたゲームソフトのマスター ROM の提出を受け、ゲーム内容を審査した後、問題がないようであればメディアを製造する。したがって、プラットフォームホルダーには、ハード販売のみならず、製造委託料というかたちの収入源が存在している。さらに、ゲームを開発するための機材やツール類も販売している[*7]。こうした収入源としては、流通への関与も挙げられるが、その主目的は収益の確保ではなく、需給動向を把握し、過剰供給による市場崩壊を防ぐと共に、他のゲーム会社の参入障壁の高低を調整する市場コントロールにある（藤川,1999）。こうした、ゲーム機すなわちコンテンツ再生機器とメディアの製造を独占的に担う企業は、他のコンテンツ産業に存在しない。

　プラットフォームホルダーから、ゲーム機の提供やメディア製造といった機能を省いたものが内製型パブリッシャーであり、「自社の責任に基づいて資金を調達し、自社開発を行い、発売元となる（自社ブランド）」。これに付随して、一般的には宣伝・営業活動も行う[*8]。そして、開発資金を自社調達しているため、基本的に権利は全て保有する[*9]。これが、最も基本的なゲーム会社の業態といえるだろう。開発機能を内部に持つ主な理由には、開発ノウハウを自社に蓄積させたいという実利的なものだけではなく、ゲームを自ら作りたいという感覚的なものもある。なお内製型パブリッシャーであっても、後述する外

製型パブリッシャー的活動やデヴェロッパー的活動をする事例は存在する。

外製型パブリッシャーは、「自社の責任に基づいて資金を調達し、開発はすべて外部委託し、発売元となる」ため、開発機能を自社内に持たない点が、内製型パブリッシャーとは異なる。開発機能を内部に持たない理由は、販売活動が開発部門の意見に影響を受ける、優秀なクリエイターには高給を支払わねばならず無理が生じる、といったものが主である。なお以上二つの業態では、一部の大手企業が流通機能も持ち合わせている。

デヴェロッパーは、「他社からの開発委託に基づいて、開発のみを行う」。他社からの開発委託に基づくことは、共同出資を除外すれば、自社資金によるゲーム開発を行わないことを意味する。したがって、製品売上本数の多寡にかかわらず、一定の開発委託費を獲得できるため、比較的リスクが少ない。そのため、発売元と売上本数に応じたインセンティブ契約[*10]の締結は珍しくないが、基本的にその製品の権利を有しない。また、開発機材を自社内では持たずに、請負先からの貸与に依存する企業も多い。このようにデヴェロッパーは制約が大きいため、不自由な開発を嫌う企業は、資金規模の大小にかかわらず内製型パブリッシャーを選択する。

次に業態間の関係を明確にする（図7-5）。プラットフォームホルダーは他のゲーム会社に、開発委託をすることがある。これは、プラットフォームホルダー特有の機能とは関連がなく、他のゲーム会社間の開発委託と同じものである。開発委託は、デヴェロッパーだけではなく内製型パブリッシャーも請ける。その理由は、他社の版権を利用したゲームを開発したい、経営安定のため、自社の特殊技術を見込まれた、などである。逆にゲーム会社が開発委託をする理由は、内部に開発機能を持たない外製型パブリッシャーは当然として、自社開発人員の不足という量的なものと、社内に存在しない技術やアイデアの利用が必要という質的なものがある。なお、必ずしも発売元が主体的に開発委託をするとは限らず、積極的に企画提案をしてきた企業に対して開発資金を提供し、開発委託先とする場合もある。

このように、各業態が有する機能は異なるため、多様な取引関係が形成されているものの、開発委託の取引階層は浅い。その理由の一つには、自社技術や製品の品質を守ろうとするゲーム会社の意識の強さから、企業間契約に守秘義

2. ゲーム産業の概観

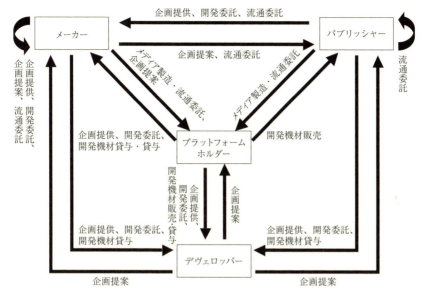

図7-5 ゲーム産業における企業間関係
注:各ゲーム会社の共同出資流通会社に関しては省略してある。
(聞き取り調査、矢田(1996)、柳川・桑山(2000)、浅野(2001)より筆者作成)

務が多く、時に再外注が禁止されるため、制度的に難しいことが挙げられる。もう一つには、ゲーム制作工程の特色が挙げられ、これが主である。

(3) 開発工程と工程分業

　ゲーム開発[*11]にかかる費用、人数、期間は、対象とする機種やゲーム内容によって大きく異なる。参考までに、調査当時主流であったPS2の標準的な数値を示すと、制作費が2～3億円、開発人数が20～30人、年月が1年半程度である。これらの数値は、世代が新しくなるごとに上昇しているため(小山, 2010)[*12]、ゲーム会社にかかる負担は増加傾向にある。

　当時標準的であったゲーム開発工程を図7-6に示すが、このように理想的な一方通行のゲーム開発は稀である。システム系ソフトウェア開発では古典的かつ一般的なウォーターフォール型開発工程[*13]と異なり、ゲーム開発では、仕様書もあまり重視されずに、しばしば工程が行きつ戻りつしゲーム内容の試行

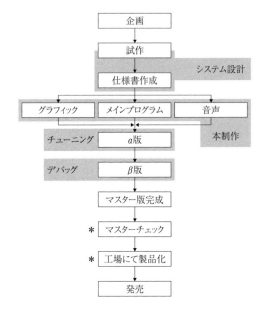

図7-6　家庭用ビデオゲームの開発工程
注：灰色の部分は、並行して進む工程を意味する。また、＊が付いている工程は、プラットフォームホルダーが担当する。（浅野（2001）、高橋（2001）により作成）

錯誤が続く。これは、ゲームの性質上作ってみないことには、製品の良し悪しの判断が難しいとされていたからである。したがって、企業や人によっても工程の進め方や各職種が担当する作業の範囲は一定しないため、本項におけるゲーム開発工程の説明はあくまでも一例にすぎない[*14]。

「企画」では大まかなゲーム内容を定め、予算や必要人員などを概算する。この時期には、管理者、企画立案者、市場担当者など少数の人間が、実現性を議論する。そして、「試作」にて簡易版ゲームを制作・吟味の上、正式に開発を決定する。

ゲーム産業では、一般的にゲーム開発チームをラインと呼び、ある企業には2本のラインがあるといえば、同時に二つのゲーム開発ができるという意味になる。ただし、ラインの意味は多義的である。ライン間にほとんど人材の移動がなく、相互に独立したプロジェクトといえる場合もあれば、各ラインの繁閑に合わせたライン間の人材移動が活発で、垣根が不分明な場合もある。さらに

2. ゲーム産業の概観

は、1本のゲーム開発が終了した時に、いったん解散するラインもあれば、続けて次のゲーム開発に移るラインもある。つまり、ゲーム産業におけるチーム編成は、一般にライン制とされるものの、各企業によって内実が大きく異なる。

さて「仕様書作成」は、開発に必要となる詳細な情報を決める工程である。そして、本格的にスケジュールを定め、必要な予算や人数を割り出し、試作、仕様書作成と同時並行に近い形で「システム設計」が進む。システム設計は、ゲームを開発するために必要となるソフトウェア（ツール）を整備する工程であるが、以前のツールの再使用や市販品の購入も一般的なため、省略する場合もある。「メインプログラム」は、ゲームの主要データを作成する中心的工程である。「グラフィック」では、映像データが作成される。1990年代中頃より3DCGの利用が一般化するにつれ、作業量が最も多い工程は、プログラム工程から当工程へと移行した。特殊な技能が要求されるCGムービーやアニメーションなどは、ゲームの中で挿入的に使用されるため、外注されることも多い。音楽や声が作成される「音声」も、開発工程からの分離が容易なため、外注の活用が最も進展しており、ゲーム会社から派生した音楽専門会社も多く、音楽家や声優の活用も一般的である。各種データが完成すると、それらをある程度動く一つのプログラムとして統合・修正し「α版」を作る。そして、改めてゲーム内容を検証・修正して、ほぼ完成に近い状態にしたものが「β版」である。α版からこのβ版にかけて、ゲームを正常に動作させるために、不具合を発見し修正する「デバッグ」を行う[*15]。不具合の発見には特殊な技術が必要な上、担当する人員が基本的に他の工程に関与しないため、専門の「デバッグ会社」への外注が近年増加している。この修正が完了すると、完成品として「マスター版」をプラットフォームホルダーに提出する。プラットフォームホルダーは、これを元に不具合やゲーム内容を検査する。問題があれば、ゲーム会社側で修正して再提出する。プラットフォームホルダーが再検査して問題がなければ、メディアの製造が開始され発売に至る。つまり、家庭用ゲームの開発工程においては、最終段階までプラットフォームホルダーが関与せず、作品内容への介入は非常に限定的である。

ここまでみてきたように、当時のゲームの開発工程には、外注化が進んでいる工程もあった。しかし、作業量としてはメインプログラム工程もしくはグラ

フィック工程が一番大きく、それらの工程内における分業はほとんど進展していなかったため、開発の大部分は通常1社が担当していた。なぜなら、ゲームの品質は開発者間コミュニケーション密度の高さに大きく依存し、仕様書の精度も大抵低いため、ゲーム内容の試行錯誤が繰り返され、ゲーム制作の最重要部分であるプログラム工程および、それと密接に関わるようなグラフィック工程の分割は難しいとされていたからである[*16]。

3. ゲーム会社の立地と経営

(1) ゲーム会社の立地傾向

2002年時の日本のゲーム会社427社の本社立地は、首都圏だけで349社（全国に対して81.7%）に達し、中でも東京都区部が279社（同65.3%）を占め、次に企業数が多い関西圏でも44社（同10.3%）を数えるのみであった。東京都内

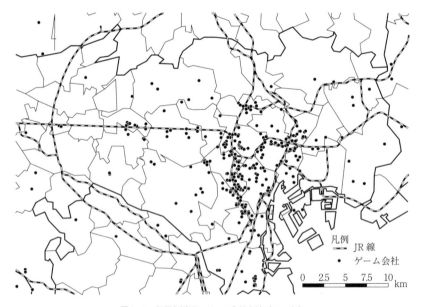

図7-7　都区部近辺のゲーム会社立地（2002年）
注：アンケート送付先を元にしているため、詳細な立地確認手法については本章1節の調査概要を参照のこと。
（各社HP情報により作成）

3. ゲーム会社の立地と経営

におけるゲーム会社の立地傾向は、当時のソフト系IT企業の立地傾向（国土交通省国土計画局大都市圏計画課, 2002）と非常に近い。しかも、JR山手線沿線から、その内部にかけて立地が集中しており（図7-7）、特定地域への企業集中が明確である。

この結果を反映して、本調査対象企業の立地も首都圏に集中する（表7-2）。そしてこれら企業の業態は、外製型パブリッシャーが少数で、内製型パブリッシャーとデヴェロッパーがほとんどを占めている[*17]。売上高と従業員数双方から企業規模をみると、中小企業が多数派だが大企業も存在する。また、企業規模と業態に明確な相関は見出せず、業態選択が必ずしも資金問題によって決定されないことを裏付ける。

表7-2 業態別調査対象企業概要

項目	階級	in-P 件数	(%)	Con-P 件数	(%)	D 件数	(%)	不明 件数	(%)	合計 件数	(%)
立地	首都圏	17	65.4	6	100.0	18	69.2	4	100.0	45	72.6
	（東京都区部）	11	42.3	6	100.0	10	38.5	1	25.0	28	45.2
	（東京都市町村部）	1	3.8	0	0.0	5	19.2	2	50.0	8	12.9
	東海圏	3	11.5	0	0.0	0	0.0	0	0.0	3	4.8
	関西圏	4	15.4	0	0.0	6	23.1	0	0.0	10	16.1
	その他	2	7.7	0	0.0	2	7.7	0	0.0	4	6.5
	合計	26	100.0	6	100.0	26	100.0	4	100.0	62	100.0
売上高（百万円）	0～100	3	17.6	0	0.0	9	39.1	1	33.3	13	23.6
	100～500	7	26.9	0	0.0	9	34.6	2	50.0	18	29.0
	500～1,000	1	3.8	1	16.7	0	0.0	0	0.0	2	3.2
	1,000～5,000	4	15.4	3	50.0	4	15.4	0	0.0	11	17.7
	5,000～	8	30.8	2	33.3	1	3.8	0	0.0	11	17.7
	未回答	3	11.5	0	0.0	3	11.5	1	25.0	7	11.3
	合計	26	100.0	6	100.0	26	100.0	4	100.0	62	100.0
従業員数（人）	1～19	9	34.6	2	33.3	11	46.2	2	50.0	24	40.3
	20～49	5	19.2	0	0.0	6	23.1	1	25.0	12	19.4
	50～100	3	11.5	2	33.3	4	15.4	0	0.0	9	14.5
	100～	9	34.6	2	33.3	4	15.4	1	0.0	17	24.2
	未回答	0	0.0	0	0.0	0	0.0	1	25.0	1	1.6
	合計	26	100.0	6	100.0	26	100.0	4	100.0	62	100.0

注：「首都圏」は東京都、千葉県、埼玉県、神奈川県を、「東海圏」は愛知県、岐阜県、三重県を、「関西圏」は京都府、大阪府、兵庫県を指すものとする。なお、本社ではなくゲーム事業の拠点を立地点として扱っており、以下の図表に関しても同様である。従業員数にはアルバイトを含む。「in-P=in-house Publisher」は内製型パブリッシャー、「Con-P=Contact Publisher」は外製型パブリッシャー、「D」はデヴェロッパーであり、以下の図表も同様である。

（アンケート調査、聞き取り調査、各社有価証券報告書により作成）

表7-3 事例企業の特徴

		A社	B社	C社	D社
概要	創業年	1997	1987	1999	1990
	立地場所	東京都区部	関西地方	東京都区部	東北地方
	資本金（万円）	1,000	2,700	300	380
	売上高（万円）	40,000	20,000	7,000	13,000
	従業員数（人）	10	31	21	24
事業形態	業態	メーカー	メーカー	デヴェロッパー	デヴェロッパー
	自社内主要工程	企画、シナリオ、グラフィック	全て	グラフィックと音声	プログラミング
	他事業	別会社でPCゲームを制作	携帯用コンテンツと民生機器	web、CAD関係	パッケージ・システムソフト
労働力	採用対象	中途採用のみ	中途採用のみ	中途採用のみ	新卒採用中心
	採用手段	公募	公募	伝	公募
	離職傾向	多い	長期・短期在職者に二極化	ほとんどなし	ほとんどなし
取引関係（ゲーム関係）	発注元数	なし	6	12	1
	発注元所在地	—	主に首都圏	主に首都圏	首都圏
	外注先数	N.A.	アニメ会社とゲーム会社	7	なし
	外注先所在地	主に首都圏	関西圏	主に首都圏	—
	主要外注分野	シナリオ、原画、プログラミング	グラフィック、音声	プログラミング	—

（アンケート調査、聞き取り調査により作成）

立地決定過程では、賃料の高低もさることながら、偶然性に左右される創業者の出身地や自宅といった要素に大きく影響された上で、企業経営にとって重要な労働市場と取引関係要素が考慮される。ただし、業態の違いによってゲーム会社の経営戦略は大きく異なるため、集積利益の享受法も一様ではない。また、産業集積内・外の企業同士の比較によって、より集積利益の特徴が鮮明になる。それゆえ本節では、立地地域（集積地域内・外）と担当機能の相違に基づき企業群を分類の上、主として労働市場と取引関係に注目して、各分類における各種傾向の典型を示す事例4社を取り上げ、産業集積発生の要因を明らかにする（表7-3）。なお外製型パブリッシャーについては、首都圏にしか存在せず数も少ないため事例を挙げない。

(2) 労働市場の特性

人件費がゲーム開発費用に占める割合は大きい上[*18]、開発作業はルーチン

ワークではなく要求される労働者の能力水準が高いために、ゲーム会社は人材を非常に重視する。よって、こういった特性が共通する他のコンテンツ産業と同じく、人材は企業行動に強い影響を与える要素となる。

ゲーム会社の雇用形態は、規模にかかわらず正社員が一般的であり、調査対象企業49社の正社員比率の平均は78.1％である[19]。待遇面では、アルバイトに時間給が多く、正社員と契約社員は共に月給制あるいは年俸制であり[20]、歩合制はまずない。契約社員として採用する主な理由には、ゲーム開発案件ごとの短期契約、試用期間、本人の希望などがある。

従業員属性をみると、男女比が約8：2と女性が少なく、平均年齢は20代中頃から後半に集中しており低い。また、正社員が中心の雇用形態であるにもかかわらず、アンケート回答企業のゲーム部門離職率の平均（34社）は11.8％であり、サービス業全体の2001年度離職率2.1％の約6倍という高率に達していた[21]。

なぜ離職率は高いのか。一つのゲーム開発終了が節目となって人材の入れ替えが発生しやすい点や、一般にいわゆるクリエイターは、組織への帰属意識が薄く、金銭的な要素よりも自らの興味や関心に重きを置く気質が強いため仕事を選ぶ傾向にあり、その結果離職率が高くなる点は見逃せない。しかし、より根本的な理由としてゲーム開発における人間関係悪化の起こりやすさがある。興味・関心に基づいた離職という説明も、実はそれに行き着く場合が多い[22]。一般的に良質なゲームは、開発者の強いこだわりから生まれるといわれるが、時間や予算の制約などもあり、大抵のゲーム開発は妥協の繰り返しとなる。そして、多数の人間が開発に関わるため、さまざまな意見がぶつかることになり[23]、仕事に対するクリエイターの強いこだわりも相まって、最終的に感情的対立が生じやすく、離職につながる。そのほかの離職理由としては、進歩する技術への不適応もある。特に、3D映像が主流となった1990年代中頃以降、高度な専門知識への要求が高まるようになった。なお、要因が人間関係であれ技術であれ、離職には非自発的なものも少なからず存在する。

一方、離職率が高いからといって、企業の採用基準は決して緩くない。技術的要求水準が高度化した上に、大手内製型パブリッシャーの求める人材は、管理者や企画者的な要素が強まっていた。これは、1本のゲーム当たりの制作人

員増加傾向に加え、デヴェロッパーの活用も進展し、高い管理能力の必要性が高まったためである。さらに、中小内製型パブリッシャーやデヴェロッパーであっても、管理能力への要求は出てきていた。こういった傾向は、結果的に人材の高学歴化を促した。

また、離職率の高さからもわかるように中途採用者の活用が進んでおり、システム系ソフトウェア業やアニメ産業など、他産業からの中途採用者も存在していた。新卒者は、ゲーム制作に必要な技術力や感覚という面で基本的に即戦力にならず、企業内育成の必要がある。加えて、ゲーム制作に必須の協調性を有しているか判断が難しい。よって、新卒者よりも中途採用者が一般的に好まれる。中途採用の手段としては、採用者の能力などに関して確実性が高い伝手が一般的には好まれるものの、それでは必要人数の確保が難しい。また、伝手による採用が試みられるほど優秀な人材の絶対数は少ない上に、そのような人材の引き抜きは他社とのトラブルにもつながりかねず、特に中小企業では躊躇される。こういった理由から、ゲーム会社の採用手段は自社 HP や求人情報雑誌を利用した公募が中心となる[*24]。

データの制約から定量的にはいえないが、東京都区部を離れると、中途採用者の採用が極端に難しくなる点と、都区部内であっても立地点を変えると、応募してくる人材の居住地点も大きく変わる点が、中途採用者の就業選好として確認される[*25]。この背景には、東京中心部を離れることへの抵抗感や、通勤距離の増大を嫌うといった、中途採用者の心理的要素がある。別の言い方をすれば、その程度の理由であっても、ゲーム産業では就業選好の重要な要因なのである。ただし、こういった現象は、同じ大都市圏であっても関西圏では確認されなかった。

労働市場における最大の特徴は、雇用形態が正社員中心でありながら、人間関係が悪化しやすいために人材回転率が高いことにある。一方、能力水準の確実性から中途採用を各企業が好むため、ゲーム産業では中途労働市場が確立されている。そして中途採用者は、就業先として都区部を好む傾向が強く、労働市場は東京都区部に偏在している。つまり、ゲーム会社が求める人材を獲得するためには、集積地域内におけるわずかな距離の違いも考慮する必要があり、東京都区部への立地が決定的に重要となる。たとえばＣ社は、横浜市の本社

3. ゲーム会社の立地と経営　　　　　　　　　　　　　　　　167

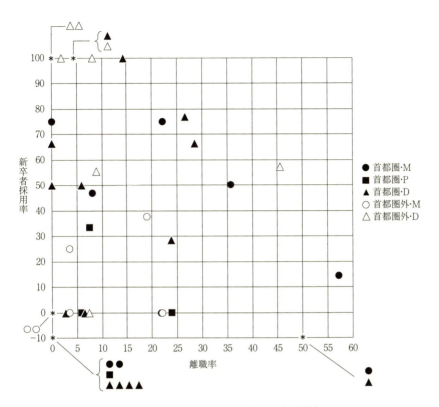

図7-8　アンケート回答企業の離職率と新卒者採用率
注：新卒者採用率は2001年におけるゲーム関係従業員採用者数のうち新卒者の占める割合であり、アルバイトは含まない。離職率は注21を参照のこと。なお、離職率の－10は採用がないことを意味する。
（アンケート調査により作成）

と目黒区の事業所を1箇所に集約する際に、従業員の利便性と取引先との近接性を考慮して、新宿区に立地点を定めている。

とはいえ、業態の違いが影響し、全ての集積内企業が集積利益を享受し、全ての集積外企業がその立地から不利益を被るとは限らない。それは、各企業の離職率と新卒者採用率から明らかとなる（図7-8）。前述したように、ゲーム会社の人材定着率は全般的に低く、中でも特に低い企業は首都圏に集中する。それに対して首都圏外の企業、特にデヴェロッパーは、比較的定着率が高いといえる。一方新卒者採用率をみると、首都圏外においては、内製型パブリッシャ

ーに低い企業が多いのに対し、デヴェロッパーでは高い企業が多い。首都圏の企業は、外製型パブリッシャーを除いて目立った偏りはみられないが、企業規模が小さいために、そもそも採用をしていない企業の多さが特徴的である。つまり、首都圏において人材の出入りがほとんどない企業は集積利益を享受していないし、首都圏外の内製型パブリッシャーにおける新卒者採用率の低さからは、集積外の不利益を確認できない。

　事例からも、A・D社は集積利益や集積不利益の影響を受けているが、B・C社はそうではないといえる。すなわちA社では、ゲーム内容に強くこだわる経営者と従業員との間に見解の衝突が生じやすく定着率が低いが、公募によって十分な中途採用者を確保できるとしている。またD社では、他社から孤立した立地条件のために、例年離職がほとんど無く、採用も新卒者が中心である。ところがB社の場合、集積地域外に立地するにもかかわらず、公募中心の中途採用のみで、必要労働力が確保可能であるという。さらにC社は、半数近い従業員がアルバイトであるものの社員はほとんど離職しない上に、公募では求める人材が集まらないとして基本的に採用を伝手に頼っている。集積地域内よりも集積地域外の企業の人材確保が容易という逆転現象は、知名度の差によって生じていると考えられる。つまり、内製型パブリッシャーの知名度は一般的にデヴェロッパーよりも高いため、比較的幅広い人材の応募が期待できる。よって業態の違いは、集積地域外に立地する不利益の補完や、集積利益の低減に影響を与え得るといえよう。

　立地と業態の違いが影響し、各社の置かれた労働市場環境には、新卒中心の採用や固定的な労働力など、通常ゲーム産業では不利とみなされる要素が散見される。しかしこれらの要素は、続いてみていく各社が有する取引関係およびゲーム以外の事業への取り組み方の違いから、必ずしも企業経営にとって著しく不利とまではいえない。

(3) ゲーム会社間取引関係の特性
　ゲーム会社間の取引には、機能分業に当たる「丸投げ外注（もしくは丸請け）」と工程分業に当たる「一部外注（もしくは一部請負）」の2形態がある[*26]。

　丸投げ外注には、企画の主導権が外注先にある場合とない場合がある。2002

年時点では、市況の低迷から、大手企業もどのようなゲームが消費者に受け入れられるか判断がつきかねているため、企画を含む丸投げ外注が増加しているといわれていた。とはいえ、丸投げ外注は自社による品質管理を難しくするため、自社内に開発機能を持つ内製型パブリッシャーは、必ずしも積極的ではなかった。逆に、受注企業は丸請けを好む。なぜならば、丸請けは一部請負よりも自社の自由度が高く、自社技術力の高度化にもつながるからである。また、受注企業が開発の主導権を持つのが普通であるため、一部請負に比べて、発注企業と受注企業の間に密接な情報交換が必要ではない。

一方、一部外注の状況はもう少し複雑である。全般的にゲーム開発の仕様書の精度は低いが、メインプログラム工程やそれと密接な関係を持つ特定グラフィック工程に比べると、音声やムービーあるいは一部グラフィック工程などは比較的仕様を固めやすい。前者の工程では、ゲームデータ量の増大に伴い、自社内工程内分業が進展しつつある。一方で、仕様変更内容を主として決定する企画担当者は、開発現場との接触を密にせねばならないため、密接な情報交換が難しい他社との工程内分業は一般的ではない。したがって、社内外注が人手不足などを理由にしばしば活用される。つまり、これら工程の社外外注とは、当該工程全体の外注を意味する。しかも、これら工程はゲームの根幹部分であるため、大抵は他の工程も同時に外注され、プログラム単独で社外外注の対象となることは少ない。ただし、ゲームの規模自体が小さい場合や、長年の取引を通じて強い信頼関係や詳細な技術特性の把握がある場合は、社外外注もしばしば活用される。それに対して、後者の工程の外注は容易である。特に、音声はゲーム音楽会社に外注したほうが安上がりであるため、外注が好まれる。デバッグも、検査であるため開発工程からの分離は容易であり、特殊なノウハウも必要とされるため、デバッグ会社への外注は珍しくない。

既述したようにゲームの開発工程は定型的ではないため、取引に伴い交換すべき情報量が多く、インターネット、FAX、電話などを利用した確認や指示などは頻繁にある。加えて、ゲームで重視される感覚的要素を効率的に伝達するために、対面接触による打合わせが欠かせない。この頻度は必ずしも一定せず、情報技術の発展に伴い回数も減少気味であったが、丸投げ外注の打合わせ頻度は、開発の初期段階で比較的多く、中間段階では月2回から4回程度、完

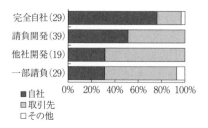

図7-9 アンケート回答企業の打ち合わせ場所
注：それぞれの項目の取引先は、「完全自社」が自社ブランド作品を自社開発する際の一部外注先、「請負開発」が他者ブランド作品開発を丸請けした際の発注元、「他社開発」が自社ブランド作品の丸投げ外注先、「一部請負」が一部請けの発注元、である。
（アンケート調査により作成）

成間近になるとほぼ毎日、というのが標準的である。一方、一部外注の打合わせ頻度は、仕様書が明確な分野では少なく、仕様書が不明確な分野では、丸投げよりも緊密になる。そして、後者の作業量の方が多いため、全体的に一部外注は丸投げ外注よりも対面接触が求められ、発注企業と受注企業間の近接性が重要になる。実際、取引種別ごとに、取引先が最も多く立地する圏域を確認すると、一部取引では自圏内が82.0%（延べ取引数61）であるのに対し、丸投げ取引では70.0%（同50）である[*27]。

対面接触が行われる場所を図7-9から確認すると、受発注関係に伴う力関係に影響されるものの、開発の中心地で打合わせが行われる傾向がうかがえる。これは、開発の進捗状況把握と、実物を見ながらの相談が、開発現場以外では大抵難しいためである。つまり、2002年頃でも高速通信回線は普及していたが、膨大なデータ量のやり取りは時に困難である。また、開発現場以外では再現不可能な内容もある。加えて、開発現場では、実際の修正を伴う意見交換も容易である。それゆえに、開発の中心地が拠点となる傾向が強い。

このような外注しにくい工程の存在や、丸投げ外注への心理的抵抗感も相まって、外注先数は必ずしも多いものではなく、企業規模にも依存しない。確認できた限りの大手企業（4社）では、外注先数は10～20社程度であり、外注使用が多い中小企業とほとんど変わらなかった。ただし、大手企業の外注先は固定的なものと非固定的なものが組み合わされ、数としては後者が多い傾向がみられるが、中小企業のそれは全般的に固定的である。

以上をまとめると、ゲーム開発における仕様の曖昧さが取引関係の特徴を規定しているといえる。仕様の曖昧さは、関係者間の情報交換、なかんずく対面接触による情報交換の必要性を高める上に、作業量が多いプログラム工程とグラフィック工程における工程分業を難しくする。それゆえに、ゲーム産業の工程分業は、丸投げか、全体の作業量からみてごく一部の外注という両極端な形態が一般的である。そして、信頼性の問題から、新規創業企業が丸請けするのは難しく、一部請負から実績を積み上げる必要がある。その一部請負では、丸請けよりも発注元の意向が強く反映されるため、緊密な情報交換に有利な近接性が重視される。よって、発注元企業との近接性保持が、受注機会の増加に繋がる。多くの新規創業企業は、デヴェロッパーから実績を積み上げるため、立地選択に際しては発注元企業との近接性が重要となる。また発注側としても、潜在的に外注先となり得る企業が近傍に存在することは好ましい。

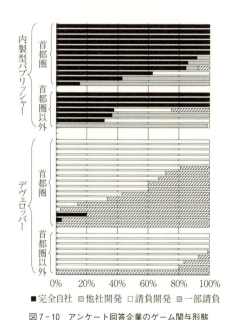

図7-10　アンケート回答企業のゲーム関与形態
注：各企業が1999年度から2001年度にかけて関与したゲームの形態別構成比を算出した。それぞれの形態は、「完全自社」が自社ブランドで自社開発、「他社開発」が自社ブランドで他者開発、「請負開発」が他社ブランドを自社開発、「一部請負」が他社ブランドで開発の一部を担当、である。単位は％である。
（アンケート調査により作成）

各企業の取引内容は、販売・開発への関与状況（図7-10）から確認できる。受注企業は丸請けを好むものの、そもそも内製型パブリッシャーは他社の開発請負業務をあまり好まない。これには、企画の担当や開発費の一部負担がなければ、大抵は全く版権を獲得できないという実利的問題に加え、特に中小内製型パブリッシャーにおいて、自社ブランドを前面に出せないことや、開発条件の制約を嫌うという、感覚的問題も大きい。また前述したように、一般的にゲーム会社は他社への開発委託も好まないため、首都圏の内製型パブリッシャーは基本的に自社ブランドゲームの自社開発（以下完全自社と略す）を志向する。A社も、経営者が自らの志向するゲームを制作したいと考えており、全て完全自社であるが、ゲーム内容に応じた外注先の切替えが妥当と考え、外注も積極的に活用している。この外注先の多くは、伝手によって開拓されており、首都圏に立地している。

ところが首都圏外では、完全自社比率の高い企業と低い企業に二極化する。B社も、自社資金が不十分なため、他社ブランドゲームの自社開発（以下請負開発と略す）業務に積極的である。請負開発は、開発規模が大きく質的要求水準も高いため、最先端技術習得に好都合とB社は考えている。それでも完全自社は、満足感を生み、会社の宣伝になり請負機会も増加させるという。こうした感覚的・実利的動因があるため、デヴェロッパーに転向する意思はない。請負開発発注元6社はすべて首都圏に立地しており、長期的取引関係を結んでいる。逆に、一部外注先は関西圏に立地する7社程度である。

デヴェロッパーをみると、首都圏では一部請負への依存度が全般的に高い。裏返せば、首都圏のパブリッシャーが自圏内のデヴェロッパーに一部外注を積極的に行っている証である。C社でも、2002年に初めて請負開発をするまでは、グラフィックと音声の一部請負が中心業務であり、多数存在するこれらの発注元は全て首都圏に立地している。外注先は固定的で、社内外注の場合が多い。なお、仕事の質を高めるために、一部請負した仕事の再外注は現在打ち切っている。

これとは逆に首都圏外では、1社を除き丸請けの割合が80%を超える。100%一部請負であるとした企業が、D社である。発注元は、首都圏に立地し出資元でもある関連企業1社のみである。この関連企業は、特定の大手企業か

ら丸請けの上、企画やグラフィックを担当し、全てのプログラムをD社に委託している。D社の関係者は、ゲーム制作の序盤と終盤に、関連企業へ常駐し作業する。したがって、D社も純粋に一部請負をしているとはいい難く、請負開発に近いといえるだろう。

(4) ゲーム以外の事業における企業行動

　企業間取引関係および労働市場に関する知見をまとめる前に、ゲーム会社の家庭用ゲーム以外の事業（以下ゲーム以外事業と略す）について検討する必要がある。その理由は、1997年からの不況期を経てゲーム以外事業の重要性が増していた時期でもあるため、それがゲーム会社の経営戦略にも大きく影響し、集積利益の検証にも欠かせない要素となるからである。

　そもそも、ゲーム会社の出自は一様ではない。関連産業が多い上に産業自体も新しいため、調査対象企業の40％弱（61社中23社）が異業種からの参入である[*28]。本調査で数が多かったのは、業務用ゲーム開発・遊戯用機器製造・ゲームセンターの運営（6社）、PCゲーム開発・販売（5社）、受託ソフトウェア（5社）、アニメ・CGなどのコンテンツ制作（4社）、一般製造業（3社）である。この中では、受託ソフトウェア、コンテンツ制作からの参入が比較的遅く、1社を除き1990年代からの参入となっている。逆に、創業時からゲーム事業を営みながらも、他事業へ進出していった企業もある。10社以上が参入している事業としては、PCゲーム（31社）、携帯電話用ゲーム・コンテンツ（21社）、受託ソフトウェア（16社）、携帯電話関連を除くコンテンツ制作（20社）、ゲームセンター運営を除く業務用ゲーム（16社）がある。

　これらの事業は、家庭用ゲーム事業よりも収益の確実性が高いという。それゆえ、家庭用ゲーム事業への売上依存度（以下C依存度と略す）を下げれば、一般に経営の確実性が高まるため、他事業への進出に積極的なゲーム会社も少なくない。他事業の収益が、時にゲーム事業にも投資される一つの理由は、ゲーム事業がハイリスクであるがハイリターンでもあるとの認識である。もう一つの重要な理由が、経営者あるいは労働者による、強いゲーム制作関与願望であり、経済要素だけでは説明しきれない動因である。

　ただし、C依存度の高低も、ゲーム会社全体に共通する傾向があるのではな

174　第7章　家庭用ビデオゲーム産業における分業と産業集積

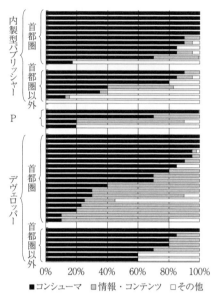

図7-11　アンケート回答企業の2001年度売上高構成比
（アンケート調査により作成）

く、業態と立地により相違がみられる（図7-11）。

　内製型パブリッシャーに関しては、首都圏の企業のほとんどで、C依存度が高い。創業者がゲーム会社の出身であるA社においても、C依存度は100%であり、仮に別会社で営まれているPCゲーム事業も算入すればC依存度は70%弱になるが、高いことに変わりはない。首都圏外では、C依存度が高い企業と低い企業に二極化しているものの、聞き取り調査からは、全体的にC依存度を引き下げようとする意図がみられた。B社も、C依存度が高い企業ではあるが、創業者が大手電気メーカーの出身であり、創業時事業は無線や半導体の製造であったため、経営の柱は、家庭用ゲーム、携帯用コンテンツ、民生機器と考えており、労働者採用では、民生機器製造に必要な理工系の能力を重視しているほどである。こうした傾向はC依存度の平均値からも確認され、前者が85.2%（11社）で後者が48.9%（7社）となる[*29]。

　次の外製型パブリッシャーでも、C依存度が二極化しているが、全体的に家庭用ゲーム事業は重視されていない。その理由は、社内ゲーム制作が皆無であ

るように、ゲーム事業に対する「思い入れ」が他業態よりも薄く、家庭用ゲーム事業は、あくまで全事業中の一業務として捉えているためと考えられる。

　デヴェロッパーのC依存度は、首都圏企業群において二極化し、首都圏外企業群において高く、傾向が内製型パブリッシャーと反対である。C依存度の平均値でみても、前者が59.6%（18社）で後者が76.4%（7社）となる[30]。C社は、デザイナーである創業者がゲーム制作のために設立したこともあり、C依存度が相対的に高いが、web関連、CADデータベース作成などの業務も請負っている。さらに、ゲーム産業の市況悪化に伴う大手企業からの外注の減少を受け、将来的にはPCゲームとキャラクタービジネスにも注力するなど、事業の多角化を志向している。D社は、創業者の出身も創業時事業もゲームではないが、現在の主力事業はゲームであると認識している。ただし、ゲーム制作期間の長期化が赤字幅を拡大する傾向にあるため、システム開発業務の拡充も検討している。

4. 産業集積発生の要因と集積利益

　ここまで確認してきた労働市場、取引関係、C依存度の3要素は、ゲーム会社経営の安定度を大きく左右する。まず、労働市場と取引関係というゲーム事業の視点からみると、首都圏の内製型パブリッシャーとしての優位性を十分に生かす企業は、A社のように、高い離職率と高い一部外注率を活用して完全自社を行うが、一部外注先を頻繁に変える企業は少ない。なお、首都圏の東京都区部以外に立地する企業も、この説明に準ずると思われるが、山手線沿線外延地域では集積利益に強い距離減衰がある[31]。

　一方首都圏外の内製型パブリッシャーでは、B社のように、労働力や一部外注先の使い分けの柔軟性が、首都圏よりも劣る場合がある。それゆえ、他社からの開発を請負ったり、丸投げを活用したりして、内部資源の遊休化を避ける。そして首都圏のデヴェロッパーでは、C社のように離職率が低い場合はもとより高くとも、14社中11社が複数企業からの一部請負によって経営を安定化させているが、発注元は大抵同じである。

　なお内製型パブリッシャーと同様、首都圏の東京都区部以外では、集積利益

に強い距離減衰が働く*32。これに対して首都圏外のデヴェロッパーでは、請負開発の割合が非常に高い上、8社中4社の取引先が1社だけであるものの、すべての企業において長期間にわたる大手企業との取引があるため、経営が安定しやすいと考えられる。それゆえに、たとえ採用者の新卒者採用率が高くとも、新卒者教育をする余裕が各企業に備わっている。

　C 依存度の高さは経営の不確実性の高さともみなせるが、このようにゲーム事業単独でも、各企業はそれぞれの立地と業態を踏まえた、経営上の不確実性削減を行っている。それゆえ、どの企業にとってもゲーム事業が同程度の不確実性を有するとは考えにくい。むしろ、相対的にゲーム事業における不確実性の高い企業が、経営の確実性を確保するために、他事業に多くの経営資源を投入しているといえる。つまり、首都圏外の内製型パブリッシャーは、ゲーム事業における相対的硬直性から生じる内部余剰資源問題が、必ずしもゲーム事業内で解消できないため、他事業への人員配置や、他事業からの収益移譲も活用する。また首都圏のデヴェロッパーも、発注元が一定でなかったり、一部請負が中心であったりして、ゲーム事業における不確実性が否めないため、他事業にも注力する企業が多い。これらの事実から、ゲーム産業の本質的な集積利益が明らかになる。

　コンテンツ産業では、製品が基本的に一品生産である上に*33、需要動向予測が難しいため、第2章1節で述べたように、採算のとれる製品よりもとれない製品のほうが絶対数としては圧倒的に多い。そのため、ゲームが売れなかった場合に生じる損失の補填・低減法が、企業の存続にとって決定的に重要となる。デヴェロッパーは、この販売不振問題を回避するために選ばれる業態ではあるが、発注元からの受注という形で間接的に受ける影響を無視できない。というのも、ゲーム会社の離職率は確かに高いが、雇用形態が正社員中心のため、一つのゲーム制作の終了が雇用期間の終了を意味せず、社内に残留する労働者の方が相対的に多いからである。それゆえ、個別企業行動の根底には不確実性対処意図が潜んでいる。

　ここで注目すべきは、不確実性対処法が立地地域によっても異なる点である。集積地域外企業の対処法は、内製型パブリッシャーにおける発売リスクを相殺できるほどの他事業の存在、デヴェロッパーにおける大手企業との安定的関係

すなわち高い技術力と信頼性というように、内部経済に大きく依存する。一方集積地域内では、外注が生命線の外製型パブリッシャーはいうに及ばず[34]、豊富な労働市場や外注先を活用する内製型パブリッシャーや、複数企業から一部請負やゲーム以外事業などの雑多な業務を手掛けるデヴェロッパーでも、産業集積の外部経済が不確実性への対処法となっている。問題は、十分に不確実性を減少せしめる内部経済の獲得が難しい上に、産業集積外では外部経済効果が得にくいことにある。

　確認できる資料がないため正確な数字はわからないが、1997年以降の国内市場不況期には首都圏外の企業数が著しく減少し、首都圏への集中傾向が相対的に強化されたといわれており、不確実性に対する抵抗力の高い企業は産業集積内に比較的多かったと考えられる。よって、産業集積利益という外部経済の有無が、不況時における首都圏への集中傾向を強めたといえよう。同じく定量データが入手できないため確実とはいえないが、聞き取り調査によれば、相当数の企業が存在した関西圏で、不況の発生を境に企業数が著しく減少したという。よって、関西圏には首都圏のような集積効果が存在しなかったといえよう。その理由として、単純に人口規模に比例して、地域労働市場が小さかったことが考えられる。また、「トーセ」という最大手デヴェロッパーが京都府に立地し外注の多くを請負ったといわれていた。さらに、各企業に自立性を重んじる傾向が強く、外注などで協力しようという文化が希薄だったというしてきもあった。これらの帰結として、関西圏では首都圏よりも外注請負機会が少なくなり、企業間ネットワークが弱かったと考えられる。

　結果的に日本のゲーム産業の空間構造は、首都圏、特に東京都区部における産業集積を中心に形成されていた。集積内には、デヴェロッパーに限らず内製型パブリッシャーや外製型パブリッシャーも多数存在し、各企業の特徴が多様性に富む。しかも、一定の制作能力と制作資金を確保できればソフトの発売自体は比較的容易なため、内製型パブリッシャーや外製型パブリッシャー間にはほとんど取引や情報交換がなく、それぞれが独立的で産業集積を主導する立場の企業が存在しない。それは、第4～6章でみたテレビ番組制作業やアニメーション産業のように、流通・配信機能を持つ少数の企業が、製品化・発売機能の大部分も担い、創造・制作機能にのみ関与する企業を下請化していた現状とは

対照的である。

　ゲーム産業では、流通・配信機能を持つ企業のうちプラットフォームホルダーに、ゲーム機やメディア製造委託料という収益源があるため流通から利益を得ようとする動機が薄く、他の企業も厳しい取引条件を課せないと考えられる[*35]。よって、ゲーム産業独特のプラットフォームホルダーという存在には毀誉褒貶があるが、少なくともゲーム会社の独立性と多様性を保証しているといえるだろう。

　このように各企業の独立性が強いため、産業集積外にも全ての経済活動機能が存在し、地域間分業の特徴を機能分業によって説明できない。ただし、不確実性低減を企図し、集積地域外企業の多くは業態を問わず集積地域内企業との取引関係を持つ。ゲーム産業における取引関係の多くは固定的で、集積地域内企業間の情報共有も希薄なため、製品化・発売機能と創造・制作機能間の取引の特徴には、地域的差異が小さい。取引関係が固定的なのは、製品化・発売機能を持つ企業が多数存在するため個々の手掛ける製品内容の幅が狭く、下請企業を切り替える必然性が薄いからと考えられる。ここまでの空間構造は、機能分業の特徴によって規定されている。

　一方工程分業の特徴は、創造・制作機能における空間構造を決定する。ここでも、恒常的取引関係とは異なる潜在的ネットワークが弱く、製品ごとの一部下請先の切り替えが主流とはいえない。そもそも、プログラムなどの作業量の多い工程は一般的に1社が担当するため、各企業の特徴を規定するような多層的下請構造はみられず、1製品の制作に関わる企業が少数で、切替える余地も少ない。どの企業も自社の企業秘密保持に熱心なため、労働者の移動を通じた一定の技術情報拡散が集積地域内にあるものの、立地点にかかわらず企業間の交流の幅は狭いといえよう。ただし一部取引には近接性が重要なため、取引企業群の立地地域はあまり拡散せず、集積地域内と集積地域外の取引は例外的になりがちである。

　以上の議論から明らかなように、ゲーム会社では幅広く柔軟な取引の切り替えが一般的ではなく、企業間の情報交換が不活発である上に、労働者の採用にも伝手があまり用いられず、制作されるゲームごとの全面的な労働者の入替えが前提ではないが、集積地域内では労働者の自発的企業間移動が多い。つまり

ゲーム産業集積には、充実した地域労働市場や取引機会の多さによる不確実性の減少から集積利益を得る、多数の独立した取引グループが存在していると理解される。こうした企業間ネットワークの規定要因こそ、プラットフォームホルダーの存在や大部分の作業を1社が担当せざるを得ない工程に代表される、ゲーム産業固有の分業形態なのである。

5. 小括

ゲーム産業には複数の業態が存在する上に、他事業に関与する企業は多い。ゲーム事業に関しては、労働者の自発的企業間移動が活発であり、中途採用が好まれる。加えて、労働者の多くは、就業先として東京都区部中心部を選好する。また、業態の違いに代表される経営戦略の違いや制作費用削減などの理由から、外注の利用は一般的なものの、多層的取引階層はみられない。そして一部外注に際しては、迅速な対応が必要となるため企業間の近接性が重要となる。

こうした特性から、地域労働市場の厚みと一部外注における対面接触の利便性を要因として、産業集積が形成された。その結果生じる企業内部資源の節約と仕事の受注可能性の高さが、不確実性の低減という集積利益を生み出し、首都圏特に東京都区部の産業集積を発達させたと考えられる。一方関西圏では、企業間のネットワークが弱かった可能性がある。それゆえ、関西圏にかつて存在した産業集積では不確実性を減少させる効果が弱く、不況期を境にその産業集積が崩壊したものと考えられる。結果的に東京都区部への集積傾向がより顕著となったのである。

ゲーム産業集積では、幅広く柔軟な取引の切替えが一般的ではなく企業間の情報交換が不活発なため、文化的商品に常時存在する取引関係とは異なる人的紐帯が特別な重要性をもつ（Kong, 2000）という指摘は、新規取引開始時と伝手による中途採用時にのみ適合する。よって不確実性の低減効果は、社会的信頼の形成した専門的・個人的関係に基づく新たなコミュニティ（Banks et al., 2000）や、柔軟な専門化が進展した産業集積に特有ではなく、単に専門労働者数と企業数が絶対的に多い地域にも存在しうるといえよう。

コンテンツ産業において強調されがちな動態的ネットワークがゲーム産業では弱く、産業集積の内的構造が比較的静態的で多数の独立グループから形成されている理由は、分業形態の特徴に帰属する。歴史的経緯から影響を受ける機能分業の面からみると、製品化・発売機能を多数の企業が担い比較的自由な経営行動を取り、製品化・発売と創造・制作双方に携わる企業も数多い。また、より担当企業数が少なくなる流通・配信機能においても、ハードの普及を第1義として流通部門的行動から利益を上げようとする動機が薄いプラットフォームホルダーが存在するため、製品化・発売や創造・制作を担う企業に対する立場が特別に強くもない。したがって、各企業の独立性が相対的に高い。また、ゲームソフトすなわち製品特性に起因する工程分業の特徴は、一つの製品制作に関与する企業数を少数に限定し、多層的下請構造の形成を難しくしている。
　ただし、2002年時には深刻化していたゲーム不況を受けて、これまでは自社制作を重視してきた大手企業も、自社製品の新しい方向性を模索するため、丸投げ外注の積極的活用を始めていた。また、ゲームソフト制作規模の大型化によって資金負担が重くなり、中小内製型パブリッシャーを取り巻く情勢は当時から厳しさを増していた。その後結果として、主として資金力のある大手企業が製品化・発売機能を担うようになり、中小企業は創造・制作機能に集中していき、機能分業の特徴が変容していった。工程分業に関しても、既にアメリカの企業を中心にゲーム制作用高機能モジュールの提供が始まっていたため、作り込みを意図して関係者が緊密な対面接触や情報交換を保つ必要性が薄れるかもしれない。このように、ゲーム産業の空間構造が大きく変動する可能性の萌芽が調査時点でもでもみられた。空間構造の変動という観点からは、国際分業の進展もまた見逃せない。多くの日本の産業と同じくゲーム産業でも、中国への外注や現地制作子会社設立が始まっていた。当時では、まだその動きが一部の大手企業に留まっており、委託される工程も限られていたため、産業集積に与える影響は限定的であったが、その後海外への外注は一般化していった。第8章でみる福岡市の産業集積の形成は、こうした2000年代前半に現れ始めていた空間構造変容の延長線上にある。
　ところで、家庭用以外のビデオゲームの普及に伴って家庭用ゲーム産業が苦戦を強いられる2000年代後半より前の時代である1990年代後半からのゲーム

5. 小括

不況は、なぜ生じたのだろうか。一般的な説明としては、ゲームの内容が複雑化し過ぎた、携帯電話の普及が進んだ、などの理由から消費者が以前よりもゲームで遊ばなくなったといわれる（橘, 2006, pp. 28-29）。また、今後進行する少子化の影響も無視できない。一方、ゲーム会社の開発姿勢に問題点が潜んでいるという興味深い指摘がある（米倉・生稲, 2005; 生稲, 2006; 生稲, 2012）。ゲーム会社が製品開発活動を積み重ねた結果、開発費用の削減や開発期間の短縮を可能にする開発ノウハウを獲得してきたが、逆にそれが新しいアイデアや概念を製品に織り込む妨げとなる可能性がある。事実、成功を収めた製品の続編や関連製品が多く発売されるようになっている。蓄積された開発ノウハウを活用するシリーズ製品の発売は、高く安定した企業成果を上げられるため個別企業にとっては合理的であるものの、産業全体としては新規参入企業の減少、既存企業の淘汰、一部企業への売上げ集中化に繋がった。その結果、新しいアイデアなどを活用した新規性の高い製品が生み出されにくくなり、ゲーム産業の停滞を招いたとの主張がなされている。

また和田（2006）によれば、シリーズ製品が重視される傾向は、公開・小売の一翼を担うゲーム専門店のソフト仕入れ傾向にも顕著になっていた。粗利益率が悪く返品も認められないゲームソフト販売の特徴から、販売店の仕入れリスク回避志向が顕著となり、仕入れ担当者が、非シリーズかつ無名であっても可能性を感じる製品の仕入れを断念せざるを得ない状況であった。彼は、それが消費者に新しい製品と出会う機会を失わせ、市場縮小の一因になっている可能性を示唆する。

製品のシリーズ化が推し進められる背景には、上述した産業の成熟化に加え、新ハード登場ごとに高騰する開発費がある。ゲーム会社が一製品ごとに負わねばならないリスクは高くなり、確実に投資を回収するために実績のあるシリーズ製品に投資を集中してしまうのである。この問題は2000年代半ばには広く認識されており、開発費の高騰を抑え新規性の高いソフトが提供されやすい環境整備が進められていた[*36]。したがって、ゲーム産業が不況に陥った一因とその対策が、プラットフォームホルダーのハード戦略に求められる面もあるのは確かである。

しかしプラットフォームホルダーは、流通部門であり生産部門であり、そし

てまたその双方に含まれないハード提供を行うなど、コンテンツ産業の中ではゲーム産業独自の存在である。テレビ番組制作業とアニメ産業における低賃金労働などの問題点は、テレビ局などの流通部門企業による短期的経済性優先行動に大きな原因があったのに対し、ゲーム産業では長時間労働は存在するが、問題になるほどの低賃金労働は見出せない（藤原，2010）。プラットフォームホルダーもその他流通企業も、生産部門企業に対して過酷な取引条件を課していない。ゲーム産業で現在最も問題となっている市場の落ち込みに関しても、結果的にプラットフォームホルダーの責任が否定できないとはいえ、流通部門と生産部門間の相克に原因は求められない。

しかし、プラットフォームホルダーの戦略や流通部門と生産部門の相克とは別の理由で、東京の産業集積、ひいては日本の家庭用ビデオゲーム産業は転換点を迎えつつある。このことについて、第8章では、福岡に誕生したゲーム産業集積と東京のゲーム産業集積を比較しながら、解き明かしていく。

---

* 1　各HPは、
　　ゲーム会社リンク集500（http://plaza12.mbn.or.jp/~takaki/）、
　　ゲーム会社アドレス帳 http://www3.mahoroba.ne.jp/~seibi/gad_cgi/）、
　　ゲーム会社リンク集（http://gamelink.jp)/、GAMESPOT JAPAN：LINK SOFT：A
　　（http://www.zdnet.co.jp/gamespot/link/soft_a.html）
　　を、2001年12月から2002年5月にかけて複数回参考にした。
* 2　この市場崩壊に関する説明は、一般的に粗製濫造の結果とされている。アタリ以外の企業であっても、無制限にアタリ製ゲーム機へのゲームソフト供給が可能であったため、急成長を続ける家庭用ゲーム産業の「出せば売れる」状況に便乗した面白味の無いソフトが大量に供給された。それに対する消費者の反発による消費の冷え込みと、先行きへの見通しの甘さから来た過剰在庫の相乗効果によって、市場崩壊という結果になって表れたといわれる（Sheff, 1993, p. 151-152；相田・大槻，1997, pp. 252-261）。
* 3　公的な標準機関の勧告・指定が事前にないにもかかわらず、市場での競争の結果、他規格を圧倒する高い市場占有率を獲得する、事実上の業界標準をデファクトスタンダードという（桑嶋，2000）。
* 4　エンターブレイン マーケティング企画部編（2006）は、2005年度の家庭用ゲームソフト市場を、北米7,117億円、欧州5,467億円、日本2,908億円と見積もっており、既に2000年代半ばに日本市場が欧米市場に大きく水をあけられていた。

注　　　　　　　　　　　　　　　　　183

＊5　たとえば、日本製ゲームソフトが世界市場に占める割合が、1995年には7割だったのに対して、2009年には3割に落ち込んだという（NHK取材班, 2011, pp. 47-48）。
＊6　オンラインゲームの場合、ゲーム会社がサーバーの運営によって消費者に直接コンテンツを届けているともいえるし、現在はダウンロード販売も一般的になっているため、ゲーム会社が公開・小売にも関与するようになっている。しかし、やはり本調査時期のゲーム会社にとっては一般的事象ではなかったため、やはり本書では議論しない。
＊7　ゲームソフトを開発するためには、プラットフォームホルダーから購入する専用開発機材に加えて、ツールとよばれるソフトウェアが必要となる。値段は一定しないが、矢田（1996）、聞き取り調査などから判断すると、SFCを開発するために必要な機材類は一式500万円〜1,000万円程度であったと推察される。PSではおよそ200万円程度といわれる。
＊8　規模の小さな内製型パブリッシャーでは、宣伝・営業活動をプラットフォームホルダーなどに任せきりにすることもある。また、日本では自社ブランドとして発売した製品であっても、海外で発売する際には、現地の企業を発売元にして、宣伝・営業活動を委託するということはある。
＊9　他社の権利を利用したゲームであれば、権利を独占することはできない。また、資金を他社と共同調達した場合も同様である。
＊10　インセンティブ契約とは成果連動報酬のことである。聞き取り調査によれば、インセンティブ契約がある場合の開発委託費は、固定費$+\alpha$という形式である。つまり、ゲームソフトの売上本数が一定量以上に到達した場合、それを超えた売上本数に応じて報酬が支払われる。
＊11　ゲーム産業は、情報処理産業用語の影響を受けているため、ゲームソフトを作ることを「開発」と呼ぶ。したがって、映画産業などでいわれるdevelopment（開発）は「企画」工程に当たる。
＊12　聞き取り調査によれば、SFCからPSでは工数が人月計算で10倍になったという。また、PSとPS2では開発人員の比が、最低で1：2、最高で1：5にもなるという。
＊13　システム系ソフトウェアは一般的に、コンサルテーション・システム提案→要求定義・分析→概念設計→基本設計→詳細設計→プログラム設計→コーディング→単体テスト→結合テスト→総合・運用テストの10工程を経て開発される。この工程は詳細設計とプログラム設計を境にして、明確に上流工程と下流工程に分かれる。下流工程は外注利用が一般的であり、多重下請構造が形成されている（岩本・吉井, 1996）。これが可能となる理由は、一度終了した工程に再び戻らないことが前提となるためである。
＊14　本項の説明は、聞き取り調査、および平林（2000）、浅野（2001）、新（2002）を参考にしている。

*15 ソフトウェア上のプログラミングの誤りを「バグ」という。広い意味でのデバッグは恒常的に行われているが、特に集中的にバグの発見作業をするのは、完成間近の段階である。このためデバッグといえば、一般的にこの段階の作業を意味し、当該作業従事者を「デバッガー」という。なお本章では、デバッグ専門企業はゲーム会社の範疇に含めていない。

*16 聞き取り調査によれば、ゲームにおけるプログラミング技術が低いため、とする意見も少数ながら存在した。

*17 以下の文章中では、プラットフォームホルダーも便宜的に内製型パブリッシャーとしている。また、開発機能を子会社に持たせている企業は外製型パブリッシャーとし、制作したゲームを親会社から発売している企業はデヴェロッパーとした。さらに、かつて自社ブランド作品を出していた企業であっても、現在の経営方針などから筆者の判断でデヴェロッパーとしている企業もある。なお、本章1節で触れたアンケートに回答していない企業の内訳は、内製型パブリッシャーが6社、外製型パブリッシャーが2社であり、全て大手企業である。逆に、アンケート回答企業にはほとんど大手企業が含まれていない点には、留意が必要である。

*18 たとえば、会計上で開発費＝人件費としているデヴェロッパーが3社存在するほどである。

*19 2014年の調査でも、ゲーム開発者の雇用形態は正社員中心である（CEDEC 運営委員会・藤原正仁, 2015）。

*20 大手企業の場合、内製中心で人材が内部育成中心の企業では、ソフトの売上に応じたインセンティブ制度は採用されていないが、内製中心であっても内部育成を重視しない企業では、インセンティブ制度が明確に採り入れられているという（砂川, 1996; 生稲・新宅・田中, 1999）。中小企業では、内部育成を重視するかどうかに関わらず、ボーナスあるいは次年度の年俸査定による業績反映が中心である。

*21 2001年度離職率は、厚生労働省編（2002）『労働経済白書（平成14年版）』に基づく。また、本章における離職率は、2001年度離職者／（現在社員＋離職者－昨年度採用者）という計算式に基づく。それぞれの人数にはゲーム以外の職種も含まれる。厚生労働省の計算式は、離職率＝離職者数÷1月1日現在の常用労働者数であるため単純には比較できないが、全体的傾向は変わらないと判断する。なお、離職率の高さは必ずしも好ましいと思われていなかった。というのも、技術水準の高度化も影響し、自社へのノウハウ蓄積を重視する企業は多いが、コード化による蓄積には限界があり、突き詰めればノウハウは人に蓄積されると認識されていたためである。

*22 あるデヴェロッパーがいうには、一般的に離職は仲が悪くなるから発生するという。また、別のデヴェロッパーも自社の離職の9割は人間関係が原因であり、上司と部下の間に多いという。これらの逸話の一般性を、ある内製型パブリッシャーも保証していた。

注

*23 実際のゲーム開発現場の混乱と、その収拾過程については新（2002）を参照のこと。
*24 公募の短所を補う制度として、新卒・中途共にアルバイトや契約社員として採用する試用期間を導入する企業は多い。また、アルバイトからのステップアップ制を積極的に活用する企業もある。
*25 たとえば、神奈川県に立地する一部上場内製型パブリッシャーは、都心に同規模の会社があると、中途採用者がそちらに流れるため、人材集めが厄介だといっている。同じく神奈川県にあるデヴェロッパーは、当地で中途採用者が採れないため、東京都心に別会社を設立している。そして、そこでは中途採用者を集められるが、親会社に異動させようとすると、辞めるという。都区部内の立地移動について、あるデヴェロッパーでは、渋谷区笹塚にいた時は京王線沿線の人が来て、新宿区四谷の時には千葉県や埼玉県からも通勤してきたという。また他のデヴェロッパーでは、世田谷区が従業員の通勤場所には遠いとして、品川区に移転している。
*26 外注形態やその呼び名には企業ごとに若干の相違があるため、「丸投げ外注・請負」や「一部外注・請負」といった用語法は、筆者による一般化である点には留意されたい。
*27 圏域を首都圏、東海圏、関西圏、その他に分け、取引先が一番多く立地する圏域を尋ねた。その際の取引種別は、①一部外注の場合と、一部請負の場合、②丸投げ外注の場合と、丸請けの場合の4種類である。そして、①を一部取引、②を丸投げ取引とした。
*28 異業種を営む親会社がある企業であっても、創業時からゲームに携わっている場合は、異業種参入には含めていない。確認できた限りでは、そのような企業は3社ある。
*29 片側t検定で、p値=0.011となり、有意水準5％で有意である。
*30 片側t検定で、p値=0.051となり、有意水準10％で有意である。
*31 調査対象となった東京都区部以外に立地するメーカーは、親会社の近傍に立地した中小企業1社と、大手企業3社、事実上の個人企業2社である。大手企業は、人材を集めやすい上に、一部外注先をあまり必要としないため、東京都区部に立地する必然性が薄い。それでも、ある1社は中途採用が難しいと述べていた。また個人企業では、そもそも人材採用を考慮していないし、対面接触頻度を落とせる固定的外注先しか使用していないため、東京都区部に立地する必要がないとしていた。
*32 調査対象となった東京都区部以外に立地するデヴェロッパーは8社存在し、人材採用が念頭に無いか、新卒者を育てようという意識が強いため、公募による中途者採用の困難さに問題を感じているのは1社だけであった．また、6社は発注元が固定的であった。
*33 一部のシリーズ化されたゲームや、単純なゲームを例外として、基本的にプログラムの再利用はなされない。
*34 ただし、外製型パブリッシャーは他事業との関係が強いので、確認できた限りでも、

他事業との関係で立地を決めている例が多数であった（4社中3社）。
*35　流通に関与する理由を、聞き取り調査で確認したところ、あるプラットフォームホルダーは、自社のゲーム機を普及させるためとしていた。また、いくつかのメーカーも、自社ソフトに関しては中間マージンを取られたくないためであって、規模の経済を得るために他社ソフトも扱うが、利益は出ないと述べていた。
*36　たとえばプラットフォームホルダーである任天堂は、調査当時以降に発売された据置機の「Wii」（2006年発売）と携帯機の「ニンテンドーDS」（2004年発売）で、開発費の高騰を抑制する戦略を鮮明にしている。これについては、以下の記事も参照のこと（2015年1月26日閲覧）。
http://pc.watch.impress.co.jp/docs/2006/1206/kaigai324.htm,
http://pc.watch.impress.co.jp/docs/2006/1207/kaigai325.htm,
http://pc.watch.impress.co.jp/docs/2006/1211/kaigai326.htm,
http://pc.watch.impress.co.jp/docs/2006/1212/kaigai327.htm.

第8章　家庭用ビデオゲーム開発技術の変化と福岡市におけるゲーム産業集積の誕生[*1]

1. はじめに

　本章では、福岡市におけるゲーム産業集積の成立要因と、そこから導き出される、東京における産業集積の限界について考察する。なお本章の議論は、特記がない限り、福岡市役所と、福岡市に拠点を置く業界団体であるGFF（Game Factory's Friendship）および企業3社[*2]に対して、2011年3月に行った調査の成果を元にしている。調査記録については、和田ほか（2012）を参照されたい。

　東京における産業集積形成は、第7章で明らかにしたように、地域内取引と地域労働市場から得られる集積利益によってもたらされたものであったし、異業種企業との地域内取引もまた重要な意味を持っていた。これに対し、福岡市のゲーム産業集積は、多様な地域内取引によって結びついたものではない。同業種企業が集まり、対外的な発信力を高め、地域における人材の育成と定着などを促すことを目的として結びついている（大渡, 2007）。

　また、福岡市のゲーム産業集積には、地域外との取引によって発達したコンテンツ産業の集積という特徴もある。同様の集積の例としては、ハリウッドとの関係が深いバンクーバーの映像産業が典型的である（Gasher, 1995; Coe, 2000a, 2000b, 2001; Coe and Johns, 2004）。ただし、バンクーバーの場合、発注元の大半はハリウッドの企業という地域外であるものの、集積が確立した結果として、地域内における企業間および労働者間の結びつきも強くなった。この点が、調査時点における福岡市のゲーム産業集積とは異なる。ただし、将来においては、福岡市のゲーム産業集積がバンクバーバーのようになる可能性はある。

すなわち、地域外取引に牽引されて、地域内取引や地域労働市場が発展する可能性である。事実、そうした例は少なくない（Markusen, 1996; Park, 1996）。

こうした現状と特徴だけをみると、福岡市のゲーム産業集積は、まだ発展途上の特徴を持つといえる。しかし、発展途上であるからといって、それが順調に発展していった先に、東京の産業集積と似た特徴を持つようになるとは考えにくい。なぜなら、これからみていくように、福岡市のゲーム産業集積は、産業変革期への対応の遅れを生む要因を内包してしまった東京の産業集積の問題点を解消している側面がみられるからである。

この議論を成立させるために本章で注目する要素は、海外においてミドルウェアやゲームソフトエンジン（以下、エンジンと略す）の進歩と活用が進んだ、という開発技術変化である。これらの用語についての説明は後述するが、技術変化によって企業間取引関係ひいては産業構造も変容を迫られ、産業集積の意義も異なる性質を帯びるようになる。こうした技術変化による産業構造変容という点では、第6章でみたアニメ産業の事例と通底する要素があるため、最終的な第4章における産業比較に基づく考察と結論を導出するに当たって貴重な知見となる。

2. 開発技術の変化と産業集積

(1) 東京都区部におけるゲーム産業集積の形成と開発技術的背景

家庭用ゲーム産業における産業集積の存在については、第7章で議論した。これが形成される背景としては、調査当時（2002年）における開発技術形態の特徴が指摘できる。

2002年頃までの家庭用ゲームソフトの開発に際しては、生稲（2000）や立本（2003）が示したように、製品コンセプトを顧客のニーズと結びつけて具体的な製品にする能力に長けた開発責任者の元で、濃密なコミュニケーションに基づく緊密な調整が求められるものであった。このため、デヴェロッパーに開発をほぼ完全に委託する場合を除き、パブリッシャーとデヴェロッパーは頻繁に情報交換を行うために、地理的な近接性が重要となり、集積内で域内分業を形成していた。

2. 開発技術の変化と産業集積

ただし、この時期の開発工程において、濃密なコミュニケーションと緊密な調整が求められた背景には、二つの要因があったと考えられる。一つ目の要因は、ハードの性能の制約があった。1983年に登場したFCは価格を抑えるため、「枯れた技術」を使用したものであった（小橋, 1998）。その後、次世代のハードが登場するごとに機能が向上していくが、2000年に登場した「PS2」であっても、CPU、GPUこそ高性能であったが、RAM容量が32MBしかないという制約を抱えていた。ハードやメディアの特性がもたらす制約条件の中で、プログラムが軽快に動作することと、潤沢なデータを用いた表現をすることの両立を目指すには、全体での調整が不可欠であった。

もう一つの要因は、日本企業がプロジェクト間でプログラムを共有せず、開発プロジェクトごとにプログラムを開発し、最適化をしようとする考え方が強かった。ゆえに、各プロジェクトでは未知の問題や課題が発生しやすく、それを解決するため濃密なコミュニケーションと緊密な調整が必要とされていたと推察される。

(2) 新しい開発手法の登場が産業集積に与えた影響

これに対し、2000年頃から、欧米を中心として異なる手法での開発手法が台頭した。それに伴い、企業間の分業構造も変化した。

最も大きな変化は、あるゲームソフトの内容全てを、その開発会社が1から作成するのではなく、一部については一種の既成部品である「ミドルウェア」や「エンジン」を用いるようになったことであり、それを開発し提供する企業が現れたことであった。湊 (2015) を参考に簡単に説明すると、ミドルウェアとは、ゲームソフト一般で広く必要とされるような処理の一部を担うプログラムである。絵画でたとえれば、画材から自作する画家もいるにはいるだろうが、通常は既製品を用いて、しかし絵そのものは各画家それぞれの個性が反映された作品となるように、ここでいう既製品の画材がミドルウェアに当たる。また、ゲーム開発でいうエンジンとは、少々乱暴な説明を許してもらえれば、ゲームソフトで必要な処理のうち、扱える範囲がミドルウェアよりも広いプログラムである。それゆえに、ゲーム開発に際して開発会社が独自に作成すべき要素は、ミドルウェアのみを利用するよりもさらに限定的となる。

こうしてゲーム会社は、ミドルウェアやエンジンを活用し、それらが登場する以前よりも限定的な各種データやプログラムを付加するだけで、ゲームを制作できるようになった。しかも、制作が可能になっただけではなく、新規に作成すべき要素が減少し、既に一定の性能が保証された既成部品を用いているため、開発途中で直面する予想外の問題などが少なからず解消されるようになった。

同時に、2000年代に登場した家庭用ゲームのハードは、性能の飛躍的な進歩を遂げていた。そのため、ゲーム会社は、データの容量などを気にせずとも、大容量のメディアと高い処理能力によって問題なく動作することを想定できるようになった。

結果的に、ミドルウェアやエンジンの登場およびハードの性能向上によって、ゲームソフトを開発する度にほとんどのプログラムを新規に作成していた時代に比べ、企業間で開発活動を分業する際の濃密なコミュニケーションに基づく緊密な調整の必要性が減じたと考えられる。これによって、第7章でいう一部取引において企業同士が近接する意義が薄れ、東京都区部を中心とした産業集積に存在する集積利益が相対的に希釈化された可能性がある。

こうした技術変化が進行した時期以降に、福岡市のゲーム産業集積は発展した。ゆえに、第7章でみたような、2002年には既に形成されていた当時の東京都区部を中心とした産業集積と福岡市のそれとでは、両地域における地域資源の違いのみならず、形成時期における技術面での企業外部環境が大きく異なるという側面も、産業集積の特性や集積利益に相違点をもたらしたと考えられる。

次節では、福岡市におけるゲーム産業集積発展の経緯を確認し、その特性および集積利益には技術変化とどのような関係があるのか、東京の産業集積との比較検討通じて明らかにしていく。

3. GFFを核とする福岡市におけるゲーム産業集積の形成

(1) GFFの概要と活動

東京都区部の産業集積は自然発生的に形成されたものであるが、福岡市のそ

3. GFFを核とする福岡市におけるゲーム産業集積の形成

れは企業が意図的に自社の立地する地域で産業集積形成を意図して発展させてきた特徴を持つ。このとき、各企業間や地元自治体などとの連携を支援する組織として、本章冒頭で触れたGFFが設立された。

2011年3月当時のGFFに加盟するゲーム会社12社のうち11社の立地を図8-1に示した[*3]。西鉄福岡（天神）駅を中心とする半径2.5km以内にこれら11社は集まっており、徒歩の行き来も可能な距離圏内に企業が立地している。また、GFF事務局と福岡市役所も天神地区に立地しており、どの企業にとっても交通至便な場所にあるといえるだろう。

GFF設立以前の福岡市における主なゲーム会社の系譜については大渡（2007, pp. 19-22）に詳しいが、1980年代には福岡市や九州他県に定評のあるソフトウェア企業が立地していたという。これらの企業から派生した企業なども誕生し福岡市に立地していたが、立地企業にとっての集積利益が明確とはいえず、福岡市が産業集積といえる状態になる契機が2004年のGFF設立である。

図8-1　福岡市中心部におけるGFF加盟社の立地（2011年）
（各社HP情報により作成）

GFF の設立を主導したのは、福岡市に立地する、レベルファイブ、サイバーコネクトツー、ガンバリオンの3社であり、その経営者である。3社の経営者同士は元々知り合いであり、「福岡をゲームのハリウッドにしていきたい」という夢を持って、2003年に「GAME FACTORY FUKUOKA」というイベントを開催した[*4]。具体的には、人材発掘のためのオーディションや、ゲームクリエイターの講演、主催・後援各社のゲームソフト体験会などを行った（大渡, 2007, p.26）。その後、3社の間で「事務局を持って本格的に（恒常的に）やっていこう」となり設立されたのが GFF であるため、現在でもこの3社とその経営者達の考えが、GFF の文化を形成しているという。

GFF 事務局によると、GFF 設立以前であれば、福岡市に立地する企業であっても企業同士であるため、互いに密な連携が取れているとはいえなかった。しかし、GFF 発足後になっても加盟企業間で足並みを揃えることが容易とはいえないものの、繋ぎ役となる事務局の存在によって、企業間で連絡が取りやすくなり、足並みを揃えやすくなっているという。このようなことが可能である背景として、加盟企業各社が「福岡を盛り上げていこう」という意思を共有している点が大きいとの認識が示されていた。

さらに、GFF の活動は、ゲーム会社間の連携に留まるものではない。GFF 設立の翌年である 2005 年には、当時産学官連携が注目されていたため、GFF は九州大学との産学連携協定を結び、続いて 2006 年には官である福岡市と協力し、三者で「福岡ゲーム産業振興機構」を設立するに至った。この経緯からも明らかなように、GFF は、福岡市のゲーム会社の総体的な意向の確認や各ゲーム会社への接触ができる明確な窓口であり、なおかつ属人的繋がりに頼らない継続的なシステムであるため、GFF 外部の主体にとっても福岡市のゲーム会社と連携しやすくする効果を生んだ。したがって、GFF の主たる役割は、産学官の連携、なかでも企業間および企業と福岡市の連携の支援となる。大きく分けると、第1に広報・PR、第2に行政が行うイベントへのクリエイターの派遣、第3に企業の現場レベルの交流支援、第4に CEDEC（Computer Entertainment Developers Conference）や GDC（Game Developers Conference）の報告会（勉強会）などである[*5]。

このうち、1点目と2点目は主に対外発信力および対外連携の強化に関係す

るといえる。すなわち、GFF が広報窓口となることで、国内外からの問い合わせなどにも統一的に対応して受注機会損失を防ぐとともに、ウェブサイトの展開やイベントへの協力などによって地域内外に向けて福岡市のゲーム産業の認知度を高めて人材や企業を引きつける意味がある。

　ただし、こうした対外発信と対外連携の最大目的は、優秀な人材の獲得にあるといえるだろう。なぜなら、ゲームソフトの競争力の高低は本質的に人的資源にあるため、GFF 発足以前 2003 年の GAME FACTORY FUKUOKA においても前述した人材発掘のためのオーディションが行われ、福岡ゲーム産業機構が行う各種事業のうち人材育成事業に対して最も積極的との指摘があるように（藤原,2007）、福岡市からみて GFF の中心的活動は人材育成事業にあるからである。実際、各社で温度差はあれども GFF の活動による恩恵として事例3社が唯一共通してあげたのが、全国からの応募が増えたことやインターシップによる良質な人材確保ができたことなど、人材面に関する要素である。

　3点目と4点目については、主に技術情報の共有に関係する。たとえば、本調査直前の 2011 年 2 月 28 日から 3 月 4 日にサンフランシスコで開催された GDC2011 に関しても、4 月に報告会が行われる予定であった。こうした報告会では、サイバーコネクトツーかレベルファイブが、社内レポート用資料をそのまま使って半日ほどの勉強会を開く。その後、多くの場合、職種ごとの座談会・意見交流会が 1 時間程度行われる。そこでは、基本的に自由に話す雰囲気がある。そのため、以前は企業を越えた交流があまり見られなかったクリエイターが、交流できるようになっている。このような特別な機会以外にも、年 4 回ほど、クリエイターの交流会が開催されている。このように、企業を越えて交流することが根付いてきたため、より大きなイベントの受け皿にもなり得るという。たとえば、プラットフォームホルダーであるマイクロソフトが福岡市で開催した「Kinect」の体験会も[*6]、当初は 1 社に提案があったものだが、GFF が中心になって参加企業を拡大した。また、プログラミングに関する若手クリエイターの勉強会なども開催されている。こうしたイベント、セミナーは、1 社内だけで実施すると資金的に負担が大きくなってしまうが、加盟企業各社が一体となって行うことで、資金的負担が軽減され、それぞれの企業にとって無理がなくなるという。

これらの活動を支えるのは、GFF の定例会議である。定例会議は毎月 1 回、水曜日に行われることが決まっているが、詳細は各社社長の予定に応じて決めている。参加者の総数は 30 名くらいである。この定例会議も参加者が多くなってきている。GFF 設立当初は 7 社の代表が集まるくらいであったが、レベルファイブがパブリッシャー事業をはじめた 2006 年 10 月の頃から、ポールトゥウィン、D・A・G など、多くの会社が参加するようになってきた。このような拡大基調も影響して、加盟企業以外の関係者からの見学させてほしいという問い合わせも多くなってきていた。

また、通常の状態ではクリエイターは会社内に閉じこもり気味になってしまうため、共有という形に限らず、クリエイターが最先端の技術情報を学習できるようにするべきという意思が、各社の経営者にあるという。たとえば、ミドルウェアや開発ツールに関する展示やセミナーなどがある GTMF（Game Tools & Middleware Forum）というイベントについて、当初は企業によって参加する・しないという判断が分かれたが、議論の結果として、最先端の技術に触れるようにしたほうがいいという方向性でまとまり、参加者が多くなった。業務の都合があって参加できないということもあるが、社内報告会を行ってもらったり、ビデオを撮影させてもらったりすることで、できるだけ情報を伝えるようにしている。

GTMF への参加の是非が当初は企業によって分かれたように、このような企業外部からの技術情報獲得、まして外部との共有に積極的な姿勢は、第 7 章でもみたように、それまでの日本のゲーム産業においては例外的であったといえる。しかしサイバーコネクトツーによれば、確かに以前のゲーム産業は横の繋がりが薄く大事なことは隠していたが、国際化が進み時代が変化したため、手を組むところでは組んでやろうと意識が変化した。この時の手の組み方は色々あり、GFF はそのための仕組みの一つであるという。

したがって、サイバーコネクトツーの認識では、GFF 設立の背景にあるのは時代の要請であり、それが既存ゲーム産業集積地である東京などではなく福岡市で立ち上がった理由には、設立当時の九州のゲーム会社が大きくなく、機動力があったことが大きかった。サイバーコネクトツー、レベルファイブ、ガンバリオンの 3 社の経営者 3 人がやろうといって即決できたが、東京の大きい

会社であれば、会議の承認を通さねばならず、こうはいかなかっただろうが、当地では機動力によって企業同士が結び付いた、とも述べていた。

ここまで確認した、福岡市におけるゲーム産業集積の形成過程と、その集積利益についてまとめておこう。「福岡をゲームのハリウッドにしたい」という理念を共有する企業群が、GFF という企業団体を核にして、福岡市・九州大学などの地域内他主体を巻き込む形で、情報発信を行って地域外からの人材や企業を呼び込むとともに、技術共有・学習を進めて人材育成と企業競争力強化を進めようとしているのである。和田ほか（2012）に記載したように、海外自治体との交流など他の施策ももちろん行われているが、少なくとも事例3社のいずれか1社でも明確な恩恵があると指摘があったのは上記2要素であるため、それらが主要な集積利益と考えられる。

(2) ゲーム産業における福岡市と東京都区部の地域性相違

本項では、集積利益とは異なるが、ゲーム会社の企業行動に影響を与えうる福岡市の地域性についても、東京都区部との比較を通して確認する。そして、こうした地域性が、前項でみた福岡市における集積利益の維持や強化に寄与していると論じる。

福岡市に立地する利点として、本調査先が強調していた要素を中心に挙げると、第1に拠点維持費用の安さ、第2に比較的若い企業の多さ、第3に強いリーダーシップ、第4に共同体意識、の4点になる。順に説明をしよう。

1点目について、オフィス平均賃料が東京23区の中心部（丸の内・大手町・有楽町）では29,200円／坪・月であるのに対して、福岡市中心部の天神で11,000円／坪・月と4割程度の水準である[*7]。この結果として、事業の維持費用も東京都区部に立地する企業よりも安くなるため、リスクが高い挑戦も可能になる側面があるとされる。具体的には、「東京は維持コストが高いために効率性を優先せざるを得ず、結果として新しいものを創りにくくなる。それに対して、維持コストが低い福岡であれば、芽が育ちやすい状況、『のんびりやりつつ成果を残す』ことが可能になり、結果として、新しいものを創りやすくなるのではないか」（システムソフト・アルファー）、「東京と地方での拠点の維持コストの違いは、重要な要素である。ゲームソフト産業、特にデヴェロッパー

の場合、入金が止まることがある。そのような事態に陥ったときに、東京だと2ヶ月しか維持できないが、福岡なら4ヶ月維持できるのであれば、状況はまるで違ってくる。東京でも福岡でもスタッフ稼働率100%を目指すのは同じでも、後者ではその場しのぎのやりたくない仕事を入れる必要がない。東京のゲーム会社の人と話したことがあるが、『よく考えてみると、福岡はずるい』といわれたこともある」(サイバーコネクトツー)などと指摘されている[8]。また関連して、生活費も安いため、労働者にとっても条件の良い土地でもあるという。

2点目について、GFFの設立を主導したレベルファイブ、サイバーコネクトツー、ガンバリオンの設立年は、それぞれ1998年、1996年[9]、1999年、である。つまり、1997年に始まる不況期以前の、日本のゲーム産業の急成長期には、これらの企業は存在していなかったため、東京都区部に立地する多くの有力企業とは異なり、その時期の成功体験を有していないといえる。ゆえに、1980年代に設立されたGFF加盟社も存在するが、これら3社によって形成されたGFFの文化は、過去の成功体験に基盤を置いていないと考えられる。また、株式公開した時点で当然の帰結として大手企業は儲け主義へと様変わりしたのに対して、自分たちの夢を追い続けられるのが中小企業であり、そのような企業が集まる顕著な地域が福岡市なのではないか、との認識もある(システムソフト・アルファー)。つまり、比較的高い経営の柔軟性を保っている企業がGFF加盟企業の主であるといえよう。

3点目について、2点目とも関わるが、強いリーダーシップを発揮できる創業者が上述3社では現在でも経営者となっている[10]。彼ら同士、お互い交流を行っているだけでなく、自社の開発者が技術交流会に参加しやすい環境を作るように誘導していることが指摘されており、技術共有の場として集積を利用できるようになっている。かつて人材の引き抜き合戦があった東京では、人材の移籍を防ぐために、企業が制作者同士の交流は避ける傾向がある(システムソフト・アルファー)。しかし、先ほどの中心3社間では、「引き抜きはしないでおこう」という紳士協定が結ばれ、GFFでもそれが暗黙に共有されている。同業者同士が仲良くやっていくためのマナーが存在する。

4点目について、加盟各社には皆で福岡を盛り上げていこうという雰囲気が

ある。GFF 事務局によれば、イベントでも情報を発信する場合には、小さい会社も一緒に成長して欲しいと考えているため、GFF の中心となる先述の3社のような大きい会社からは、自社は十分にアピールしているので、小さい企業がアピールする機会にして欲しいと譲る配慮がある。なぜなら、それこそ福岡市がゲームのハリウッドになるための原動力であり、大手の会社が目立っても、有名な会社が福岡にあるで終わってしまい、福岡にゲームありと認知されることにならないためである。システムソフト・アルファーも、福岡のゲーム会社同市の連帯感について言及している。たとえば、3点目で言及した引き抜きなどを行わない背景として、仲間意識があり互いの信用で紳士協定が守られている上に、そもそも GFF 以前から摩擦を嫌って福岡市のゲーム会社同士で引き抜きは行われていなかった。加えて、福岡市のゲーム会社には元から当地が好きな人がいるために、地域外企業からの引き抜きも簡単には応じないだろうという。したがって同社は、福岡市の企業同士は互いに刺激し参考し合っているといえ、その理由は明確ではないが、行きつく先は「福岡が好きだから、福岡という街の同志だから」としか説明できないと述べて、行政がゲーム産業の支援に素早く動いた理由も、同じ街に住んでいる共感があり、福岡市ならではと指摘していた。

　以上の要素が、前項で指摘した、人材獲得と技術共有・学習という福岡市の集積利益の維持や強化に繋がる理由をまとめよう。1点目は、新しい試みや直接収益に繋がらない活動を行う余裕を各企業が比較的確保しやすいことを意味する。2点目は、過去の経緯に縛られたり、非営利活動に対して好意的にはなりにくかったりといった企業文化が弱いことを意味する。したがってこれら二つの要素が下支えして、東京都区部を中心とする日本のゲーム産業の主流文化としては存在しなかった、企業同士の相互協力を行いやすくすると考えられる。3点目と4点目は、こうした相互協力を行った場合に弊害として起きかねない好ましくない形での人材や情報の流出を防ぐ要素であり、各社の心理的抵抗を和らげる働きをすると考えられる。

　また、これら4要素に含まれないが、企業間の近接性も相互協力を容易にしているだろう。なぜなら、前述したとおり GFF 加盟企業のほとんどはほぼ徒歩圏内に立地しているため、企業間の行き来もしやすく、情報交換のための人

材交流や会合への出席などにも支障が少ないと思われる。

4. 開発様式と地域性

　ここまでみてきたように、福岡市のゲーム産業集積は、各企業が意識的に協力体制を構築する形で発展した。この協力の主眼は、人材の獲得と技術共有・学習にある。

　ここで興味深いのは、どの場所に立地していようとも共通の課題となったはずのゲーム開発技術変化への対応策が、東京都区部立地企業ではなく福岡市立地企業において地域的な形態を取った点である。一方の人材獲得については、地理的優位性を持つ東京都区部立地企業とは異なり、地理的には不利である福岡市の地域性を踏まえて、福岡市立地企業が積極的に対応策を練るのは自然であるため、立地地域によって対応が分かれた点に疑問はないため、ここでは考察を深めない。技術変化へ対応するための地域的な協力体制構築が福岡市において先行した理由は、進化経済学でいう経路依存によって生じたロックインの観点から説明できる。

　経済地理学における進化経済学の受容と発展については外枦保（2012）に詳しいが、本章で議論している技術変化への地域的協力体制構築の有無を隔てた要因としては、ロックインの中でもGrabher（1993）のいう認知的ロックインが東京都区部の産業集積内で作用したと考えられる。ロックインは、過去の経緯の累積によってある選択に固定化されている状態を指し、その影響は必ずしも負であるとは限らない。ただ、キーボードのQWERTY配列のように、現在の視点からすれば最適とはいえない選択がロックインの典型事例として挙げられる。そして認知的ロックインとは、地域内の企業間で世界観が同一方向に固定化されてしまい、イノベーションなどが阻害される状態を意味する。

　認知的ロックイン概念に基づき、東京都区部立地企業間で技術共有・学習が進まなかった理由を考察すると、技術を社内に蓄積することによる成功体験に多くの企業が捕らわれてしまった帰結であるといえる。第7章でもみたように、2000年代前半までのゲーム会社間では、取引を伴わない情報交換が希薄であった。このような状況が日本のゲーム産業で一般的であった背景には、ゲーム

4. 開発様式と地域性

産業の黎明期からハードやメディアによる相対的に自由度の低い機能制約を受けながらゲームに「面白さ」を埋め込むため、内製による調整型の開発能力を進化させたゲーム会社が、日本のゲーム産業の主流を担ってきたことがあると考えられる。

　生稲（2012）によれば、ゲーム会社にとって、開発者を内部に抱え込む内製型戦略にはノウハウを活かすような製品が、開発者を外部に求める外製型戦略には新しいアイディアが重要な役割を果たす製品が適合的だとしている。そして、1986年までをゲーム産業の確立期とすると、その継承期最後の時期であった1997年から1999年を対象に分析した結果、開発活動を内部化して開発ノウハウの蓄積と活用を遂行した企業が、良好な販売実績を得られたと指摘している。別のいい方をすれば、日本のゲーム産業の黄金期とでもいうべき時期には、内製型戦略によって成功体験を積んだ企業が多かったのである。ゲーム会社立地の偏りからすると、こうした企業の多くは東京都区部に立地していたと推測され、取引を伴わない企業間の情報交換が希薄であるという当地における産業集積の性格を決定づけたと考えられる。ところが、本章2節2項で確認したような開発技術の変容によって、緊密な調整の必要性が薄れた。それどころか、アメリカ合衆国ではエンジンなどの開発基盤をユーザーまで含めて広く開放する動きが進み、それによって日本のゲーム会社よりも強い競争力を発揮するような事態にまで至った（NHK取材班, 2011, pp. 52-56）。さらに、主にPCゲームではあるが、MOD[11]を認めてゲームの面白さを広げるというのオープン化も1990年代後半から進んだ（さやわか, 2012, pp. 271-282）。つまり、日本のゲーム産業の主軸を担ってきた多くの東京都区部立地企業が得意としてきた制作様式が、2000年代の技術潮流と不整合を起こしてしまっていたと考えられる。

　この時、それまでは基本的に東京都区部が産業集積地として有効に機能していたがために、認知的ロックインが働いてしまい、技術共有を進めるなどの形によって地域として円滑に技術変容に対応することができなかったと解釈できる。したがって、東京都区部ではなく福岡市において立地企業による地域的な相互協力が進んだのは、本章3節で述べたような理由から、後者では認知的ロックインが生じなかったため、といえる。

それでは、福岡市におけるゲーム制作様式が完全にアメリカ型[*12]に移行するかといえば、そうではないと思われる。なぜなら、開発基盤に関する技術情報の共有の大切さは強調されていたが、同時にアメリカ型のゲームとは方向性が異なるソフトウェア制作上の作り込みもまた重要視されているためである。実際、サイバーコネクトツーは、技術情報の共有化を進める理由として、「正しい」競争をしたいからだと述べている。つまり、ゲームはアイディア・面白さで勝負するものであって、ツールやプログラミングといった開発環境面に関する技術は道具に過ぎない。しかし、ゲームソフト開発に関する情報量が莫大になり過ぎて1社だけでは抱え込めなくなったため、それに関して発生した問題の解決に繋がる情報は共有して各社の負担を軽減しようとしているのである。加えて、技術的洗練度ではアメリカ型の企業に日本企業は大きく後れを取っていることもあり、各社で協力して弱みを補おうとしているが、自分達が目指すのはアメリカ的嗜好ではなく日本的嗜好のゲームであって、面白いものであれば世界でも通用する、との認識を示している。さらに、レベルファイブの経営者である日野氏も、小さいところまで作り込まれている日本と海外とではゲーム制作手法が全く異なり、自分達は日本的方向性を追求すると述べている（NHK取材班, 2011, pp. 106-107）。

このように、GFFの設立と運営を主導している2社であっても、アメリカ型の制作様式は目指さないと明言している。といって、東京都区部を中心に確立された旧来型の日本的制作様式とも異なる方向性を指向しているのは、これまでみてきた通りである。したがって、制作様式と地域の関係は図8-2のよう

		開発技術情報	
		抱え込み	共有化
面白さ・アイディア	作り込み	旧来型の東京都区部	GFF設立以降の福岡市
	オープン化		アメリカ（欧米）型

図8-2 地域別制作様式の特徴

にまとめられ、福岡市の産業集積は、東京都区部の産業集積ともアメリカ型とも異なる第三の道を歩もうとしていると考えられる。

　もちろん、こうした特徴は静態的なものではあり得ない。確認できていないが、調査当時以降に東京都区部の産業集積が遅ればせながら福岡市的になった可能性もあるだろう。また、アメリカの大手ゲーム会社であるエレクトロニック・アーツ社による "Battlefield" という人気ゲームシリーズで、2013年から販売されている "Battlefield 4" からは MOD が非対応となったように、アメリカ型企業がソフトウェア制作のオープン化に歯止めをかける可能性も想定される。あくまでも、当時の状況を整理した模式図である点には留意を願いたい。

5. 小括

　本章では福岡市におけるゲーム産業集積の成立要因を、特に開発技術変化の観点から明らかにし、既存の東京都区部におけるゲーム産業集積との相違点について考察を行った。その結果、2000年代にゲームハードの性能が飛躍的に伸びたため、緊密な調整の必要性は薄れる一方で技術情報量も増大して、一社内だけで問題解決をするには負担が重くなったため、取引に基づかない企業間協力の重要性が高まった点を、根本的な成立要因として指摘できる。加えて、日本のゲーム産業の主流を担ってきた企業が多く立地する東京都区部に比べると、相対的に人材獲得の面で不利でもあるため、それを補う必要性も企業間協力を後押しした。

　こうした協力が基本的には円滑に進んだ要素としては、拠点維持費用の安さ、比較的若い企業の多さ、強いリーダーシップ、共同体意識、さらには企業間の近接性、を挙げられる。これらの要素が、認知的ロックインが働いてしまい協力体制構築が進まなかった東京都区部立地企業と、福岡市立地企業の違いを生んだ。

　福岡市立地企業が目指す方向性は、開発技術情報は共有しながらも、内容の面白さの点では社内での緊密な調整に基づく作り込みであると考えられる。したがって、2000年代に競争力の明暗が分かれたアメリカ型ゲーム会社とも東京都区部立地企業を中心とする旧来の日本型ゲーム会社とも、異なる道筋を模

索する企業を支えるのが、福岡市におけるゲーム産業集積であるといえよう。

ただし、福岡市のゲーム産業集積が東京都区部のそれよりも、企業の競争力に寄与するなどと短絡的に主張するつもりはない。まずもって、産業集積地域自体が動態的な存在であるため、本書における調査時点（2002年と2011年）以降に、東京都区部における産業集積の特性が変容している可能性は十分にある。また、そもそも調査時点でも、有力なゲーム会社の絶対数は東京都区部に多かった。2011年時点におけるGFF事務局や加盟企業の認識も、産業集積成立初期の段階にあり、これからどういう方向性で発展させるかをGFF内部で議論している段階というものであった。

実際、福岡市のゲーム会社間の交流は盛んであっても、取引はむしろ不活発であり、特に中途労働者の地域労働市場も形成されているとはいえない。Markusen（1996）やPark（1996）、あるいはバンクーバーの事例からすると、地域外部の企業からの受注を契機に形成された産業集積の発展によって、域内取引が活発化し、地域労働市場も形成されて、集積がさらに進化していくが、本産業集積はそこまでに至っていない。もちろん、ここで検討したような特有の技術特性が存在するゲーム産業において、他産業と同じような産業集積発展経路を辿ると安易に想定するべきではないだろう。本書ではこれ以上の議論は行わないが、本産業集積をより正確に評価するためには、その形成の誘因にもなった技術特性が、他産業の事例とどこまで相違するのか、より詳細に検討する必要がある。その上で、産業集積発展の可能性や方向性について結論を下すべきである。

とはいえ、本書の問題関心に照らすと、初期段階であっても福岡市にゲーム産業集積が成立した事実は、東京都以外の地域で新たな形態のコンテンツ産業集積が誕生し得るという点において、非常に興味深くまた示唆的である。なぜなら、既存の産業集積地の硬直化と新しい産業集積地の活性化は、冗長性への耐性という観点からも読み解ける事象であり、それを可能にする社会的条件の理解を一層深められるからである。そして、こうした読解を進める際に注目すべき要素は2点ある。第1に、東京都に立地する強力な流通部門が存在しないゲーム産業では、やはり流通部門の立地が生産部門企業の動向に大きな影響を与えないがために、流通部門企業が立地しない集積地の可能性が開かれている。

第2に、東京都区部のように一度成立した産業集積地であっても、開発技術変化といった企業外部要因に起因する高い不確実性には十分対応しきれない場合がある。

　第9章では、こうしたゲーム産業の分析から得られた知見を、テレビ番組制作業とアニメ産業のそれと比較検討して、最終的にコンテンツ産業におけるイノベーションと産業集積の関係を解き明かす。

＊1　本章は、筆者も著者の一員である和田ほか（2012）の議論や表現に大きく依拠して、他の共著者の許諾の元に筆者単独で執筆したものである。それゆえ、本章の内容に誤りなどがあった場合の文責は当然筆者に帰すが、評価される点があれば、それには他の共著者の貢献が大きいことを明記する。

＊2　デヴェロッパーのペガサスジャパン、外製型パブリッシャーのシステムソフト・アルファー、福岡と東京双方に拠点を持つデヴェロッパーであるサイバーコネクトツーである。

＊3　2016年1月時点では、いくつかの企業が移転するだけではなく、Air、エレメンツ、算法研究所が加盟企業ではなくなっており、デジタルハーツ、ノイジークロークが加盟企業となっている（http://www.gff.jp/gff/member.html, 2016年1月19日閲覧）。

＊4　このイベントの略称も団体名と同じく「GFF」になるが、双方の正式名称は異なる。

＊5　CEDECは、日本のゲーム会社の業界団体である一般社団法人コンピュータエンターテインメント協会（CESA）が主催するゲーム開発者の技術交流会であり、GDCは各国のゲーム開発者が集い、様々な発表などが行われる世界最大の会議である。

＊6　Kinectは、2010年に発売された、ジェスチャーや音声によってゲーム操作を可能にした新機軸のゲームコントローラーである。

＊7　福岡ゲーム産業振興機構提供の資料による。なお、その資料の原典は『CBRE Office Market Report. 2009』である。

＊8　発言内容は要約している。

＊9　1996年に「サイバーコネクト」として設立されているが、会社名を現行のものに変更した2001年に経営者が交代し、事実上の再出発をしている（http://gigazine.net/news/20120719-cyberconnect2/, 2016年1月25日閲覧）。

＊10　注9でも言及したように、サイバーコネクトツーに関しては、社名変更と経営者交代に合わせて会社の体制も変えているため、現在の経営者が事実上の創業者とみなしても良いだろう。

＊11　MODとはModificationの略語であり、ユーザー側でゲームソフトに新しい機能を追加するプログラムを意味し、操作性の改善や新しいコンテンツの追加などが行われ

る。しかも、元のゲームソフトとは全く別のゲームへと進化する場合もある（徳岡編著, 2015, p. 401）。

*12　ここでいう開発基盤やソフトウェアのオープン化などに力を入れる企業は、アメリカ合衆国に限らずカナダや西欧にもいるが、そのような潮流を生み出したのはアメリカの企業が多いため、便宜上「アメリカ型」と呼称する。

第9章　結論

1. 分析枠組みと知見の整理

　考察に移る前に、ここまで展開してきた議論を簡単に振り返っておこう。
　文化産業とは、一般的に「文化」とされる要素を利用した経済活動を行っている産業の総称であり、近年隆盛著しい。文化産業では、経済的利益を追求する流通部門と創造自体を目的とする生産部門の相克が存在すると共に、前者のグローバル化と後者の集積傾向が確認される。
　それを踏まえて地理学の視点からは、文化製品を生み出す生産部門の集積要因こそ分析の俎上に載せるべきとの認識を得た。文化産業の生産活動とは、美的再帰性の影響下にある研究開発活動にほかならず、模倣による効率性ではなく創造性こそが商品価値を高めるため、「ベスト・プラクティス」の伝播を集積利益とする学習概念は不適である。各企業に必要なのは、「企業が製品を制作し販売する過程において、不可避的に生じる非効率」を意味する冗長性への耐性であると明らかになった。
　ただし、その研究視角に基づく分析は、文化産業の中でも研究開発活動の重要性が大きいコンテンツ産業に対象を限定すべきである。そこで本書では、各企業における冗長性への耐性が産業内の分業特性によって大きく左右されるとの認識に基づき、特に分業が発達していると同時に相互に相違がある映像系コンテンツ産業である、テレビ番組制作業、アニメーション産業、家庭用ビデオゲーム産業という3産業を事例として、それぞれの産業における東京への集積要因を解明した。さらに、アニメ産業とゲーム産業については、制作・開発技術の変化による地理的変容にも触れた。そして、こうした地理的現象と密接な

関係を持つ、各産業が内包する課題も詳らかにした。

　各産業の詳細な実証分析に立ち入る前に、まず市場規模から3産業の比較を試みた。テレビ放送・番組制作業の国内市場規模は最も大きいのに対して、その番組輸出は最も小さい規模に留まっている。一方、テレビ放送も重要な市場であるアニメ産業は、比較的活発な輸出を行っている。さらにゲーム産業は、第7章2節1項で示した情報も踏まえると、時期によっては国内出荷額を上回る輸出を行っており、最も海外市場進出が進んでいる産業といえる。

　テレビ番組制作業は、流通部門に当たるテレビ放送業の動向から極めて強い影響を受ける。創造的な番組制作をあまり求めない傾向にあるテレビ局とは、人間関係に基づいた関係性維持が重要であるため、各制作会社は、制作・営業の利便性から都心部に立地するテレビ局近傍への立地を志向し、東京都心部における産業集積の形成に繋がった。一方、経営環境が悪化したテレビ局から制作費切り下げなどの悪影響を受け、番組制作力の低下が問題視されている。

　アニメ産業の制作工程は、労働集約的な製造業としての側面が強く、上流工程で決められる設定・仕様に従い、実制作をする下流工程に大量の労働者が必要となる。よって、市場の不確実性の高いテレビシリーズに対応して、各工程に特化した中小零細企業が多数乱立するようになったため、各制作会社間の物流と情報交換の利便性を図るために、産業集積が生まれた。取引先の能力把握と信頼性の構築が重視されるため、人的繋がりから仕事が生じている面が強く、東京都西北部における産業集積機能を補強している。テレビ局の影響力はやはり強いが、テレビ番組制作業と比べれば、他の流通経路や収入源が存在するため相対化されている面もある。また、テレビ番組制作業とも共通する厳しい労働環境も存在し、制作技術のデジタル化などに伴って、それが助長される傾向もある。ただ、そうなってしまった一因として、テレビ番組制作業ほどには強さが絶対的ではないテレビ局などの流通部門だけではなく、アニメ会社間の過当競争や経営力不足も否定はできない。それゆえ、多様な戦略を模索するアニメ会社の動きもみられる。

　ゲーム産業では、上記2産業やコンテンツ産業一般にみられるほどの強力な流通部門が存在しないため、それが立地に与えた影響は確認されず、地域労働市場の厚みと一部外注における対面接触の利便性を要因として、東京都区部の

産業集積が形成された。産業集積内では、稠密なネットワークは存在しないが、多数の専門企業と専門労働者が存在するため、経営上の不確実性が減少する。また、ゲーム産業固有の分業形態に規定されて、集積地域内には互いに独立した取引グループが多数存在している。関西圏では外注請負機会が少なく企業間ネットワークが弱かったため、不確実性を減少させる効果が弱く、2000年前後の不況期を境にその産業集積が崩壊したと思われる。一方、2000年代に進行したハード性能の向上と開発技術の変化は、東京都区部における産業集積の限界も露呈させ、その裏返しとして福岡市における産業集積形成に繋がる結果となった。

次節では、各産業から得られたこれらの知見に対して、冗長性への耐性の観点から考察を加え、産業内の創造的イノベーションを昂進させる創造的な場として機能する産業集積はどのようなものであるかを明らかにする。それを踏まえて、最終的に本章第3節において、イノベーションを継続的に発展させる地域の社会的条件とはいかなるものであるかという本書の主題への回答をまとめ、今後の課題も述べる。

2. 創造的な場としての産業集積

文化産業なかんずくコンテンツ産業において、過度な効率性の重視は創造性重視のイノベーションを継続して実現する上での障害となるため、創造的な場とは、各企業の冗長性への耐性を高め得るような場である。したがって、事例となる産業内において各企業の冗長性への耐性は、どのように確保あるいは阻害されているのか、それに産業集積はどのような形で関わっているのかが、考察の焦点となる。

(1) 冗長性への耐性と創造的イノベーション

事例3産業は、それぞれに創造性の減退に繋がる課題を抱えていた。テレビ番組制作作業とアニメ産業は共に、厳しい労働環境がもたらす労働者の離職と能力向上機会の制約という問題に直面している。特に前者は、そもそも創造性の高い番組制作自体があまり必要とされていないため、当然個別企業の努力はあ

るにしても、全体的な産業動向からは明確な対応策が確認できない。ゲーム産業では、シリーズ製品を重視する個別企業の合理的行動が、産業全体における製品の新規性を損なっている。これらは全て、冗長性の減少による創造性の衰退であって、それへの対応策が確認される場合も、冗長性の回復を企図しているとみなせる。

　テレビ番組制作業では、経営環境の悪化したテレビ局が経済性重視の発想を強め、番組内容は有名タレントを起用する方向へと流れ、多様な番組の提供は難しくなってしまった。また、制作会社に渡される制作費は削減され、制作会社が主導権を持つ番組制作は減少するなど、制作会社が主体性を発揮するための条件は厳しさを増している。テレビ局における経営上の余裕が減少したため、リスクが高い新規性の強い番組は敬遠され、制作会社への発注意図が、自社に無い発想を補完するためではなく費用削減のための緩衝としての役割をより期待するようになってしまい、制作会社の余裕も失われてきた。特に、多くの制作会社は、テレビ番組制作以外の収入があまり期待できないため、テレビ局の経済性重視行動の影響をまともに受け止めねばならず、与えられた制作費の中でのみ最善を尽くすことになる。テレビ局と制作会社双方が、より失敗や無駄を許されなくなっており、冗長性の許容が困難になったのである。

　アニメ産業でも、歴史的にはテレビ番組制作業と同じく、制作費の決定基準がその原価に依存しないというテレビ局の行動原理が反映されてしまい、制作費が低く抑えられて低賃金労働問題が生じるようになっていった。しかし、テレビ番組制作業とは異なり、流通部門における取引相手がテレビ局に限定されず、それ以外の流通経路や収入源も期待できる。そのため、テレビ番組制作業と比較すれば、視聴率のようなテレビ局が重視する単一の価値基準に制作会社が囚われにくい一面もある。特に1990年代後半以降は、製作委員会方式の隆盛によってテレビ局の影響力は以前よりも相対化される傾向が顕著になった。ただし、2000年代以降、市場構造が高い質を必要とするパッケージ中心となり、制作技術がデジタル化したことによって、労働環境が以前よりも悪化してしまい、十分な経験を積んで成長する前に離職する労働者の多さが問題視されるまでになり、労働力の質的低下が強く懸念されている。この時には、主に製作委員会に参加する出資元からの干渉によって、制作スケジュールが混乱しアニメ

会社に負担がかかる現象も生じた。つまり、アニメ会社の厳しい経営環境には、テレビ局や映像ソフト会社など流通部門企業が目先の効率性を重視してしまった結果としてもたらされた面も強いが、制作技術変化のように流通部門企業との関係性とは直接関係ない要素も影響を与えている。しかも、アニメに限らずコンテンツ製品の質を絶対的に評価することは困難だが、間違いなく映像品質自体は向上している。したがって、資金調達・流通経路の多様化を背景として、アニメ会社側が産業集積外に立地するなど多様な戦略を模索しようとする萌芽もみられる。これを単純化してまとめれば、生産部門たるアニメ会社側の経営上の余裕つまり冗長性への耐性は、流通部門の行動によって圧迫されることがあるが、それ以外の要素からの影響によっても左右される。加えて、特定の流通部門企業に経営が依存している傾向は弱いため、テレビ番組制作会社よりは相対的にアニメ会社の取り得る選択肢が多く、冗長性への耐性を高める手段としての地方立地などが行える点が確認できる。

　ゲーム産業では、産業の成熟化やゲーム開発費の高騰によって、ゲーム会社が増加し続けるリスク軽減を意図してシリーズ製品に注力し、全く新規の製品が減少したため国内市場縮小に繋がった。一製品当たりの開発費用が高くなったため、ゲーム会社は冗長性への耐性が相対的に下がり、新規性も高いが不確実性も高い製品の市場投入を躊躇するようになった。その対策として、開発費の高騰を抑えるための施策がプラットフォームホルダーによって打ち出されもした。ゲーム会社側の主体的行動としては、福岡市におけるゲーム産業集積の形成が特筆される。このような企業間協力に基づいて技術変化に対応する集団的な動きが、既存の集積地である東京都区部においてみられなかった理由には、認知的ロックイン効果がまず指摘できる。そのような動きが進まなかった理由という消極的な側面からではなく、逆に福岡市では相互協力が進んだという積極的側面からみると、オフィス維持コストが東京都区部よりも低いために、新しい試みや直接収益に繋がらない活動を行う余裕を各企業が比較的確保しやすいことが一因として確認された。この点においては、東京都区部より地域としての福岡市が立地企業の冗長性への耐性を高めていたため、高騰する開発費の抑制に繋がる開発技術変化に対応する社会的条件が整っているといえる。その結果、新規性の高い製品の投入にも意欲的な企業の活動を下支えする産業集積

が形成し得た。ゲーム会社の冗長性への耐性が高まるにせよ低まるにせよ、流通部門企業の動向がほぼ影響を与えていないのは、前2つの産業と比すれば特筆すべき状況である。

　ただし、第7章に関する調査当時（2002年）では、ゲーム会社の主たる市場は売切り型パッケージ中心の家庭用ゲームであったのに対して、それとは流通経路や収益構造が大きく異なるオンラインゲームやモバイルゲームが大きく伸張した。また、既にこのような変化が一般化していた2011年当時の福岡市のゲーム会社もあくまで家庭用ゲームを主力としていた。したがって、新しいゲーム市場の登場によって生じたゲーム会社の経営行動の変化に関する調査を筆者は行っていないため本書で詳しくは論じないが、コンピュータゲーム内の垣根が低くなり、ゲーム会社の収益源が多様化しただけではなく、家庭用ゲームとは全く性格が異なる流通部門が登場したのは確かである。よって、本書で議論している、強力な流通部門の存在を前提としない生産部門を有する企業の経営行動が、既に現在のゲーム産業では傍流になっている可能性については留意が必要である。とはいえ、コンテンツ産業に限らず文化産業一般において基本的に流通部門が強力であるがゆえに、コンテンツ産業間の比較研究には、流通部門の存在感が薄い産業を取り上げる意義は大きい。

　このように、産業によっては調査当時と状況が大きく変化した面もあるが、第2章で既存文献の検討を通じて指摘したコンテンツ産業における冗長性の重要性は、実証からも確認される。新規性の高い大胆な試みでもある創造的製品が数多く制作され販売されるためには、各企業の持つ冗長性への耐性を高めなければならない。逆に冗長性への耐性が低下すると、産業内での冗長性の維持が難しくなり、創造性も毀損される傾向がみられるのである。

　こうした冗長性低下による創造性の毀損が、結果的に創造的イノベーションを阻害して経済的成果の達成も難しくしている傍証は、第3章で確認した、事例3産業における国内市場規模と海外輸出額の逆相関的関係にも表れている。テレビ局は日本国内において最も強力な流通部門であるがゆえに、安定的で巨大な市場規模を築いている。しかし、その強力な流通力による底上げが全く働かない海外輸出に際しては、作品の競争力が直接問われる形になる。その結果、創造性が発揮される余地がきわめて限定的な環境下で制作された作品では、乏

しい経済的成果しか得られないと考えられる。それに対して、テレビ番組制作業よりは生産部門が創造性を追求できるアニメ産業では、結果的に国際的に競争力を持つ作品が多く生産されて、強力な流通力による支援がなくとも海外市場において一定の経済的成果を得られているといえよう。ゲーム産業においては、テレビ局のような国内では強力な流通部門であるがゆえに過度な効率性を重視する企業の意向に左右されないと同時に、国内市場であってもその流通力に依存できない環境下で、多様な生産部門の主体性が色濃く反映されながら作品が生産されてきた。1990年代よりも国際競争力が低下している点は否めないとはいえ、そうした特性は変わらず前2産業に比べて相対的に冗長性が高い状態であるため、未だに海外輸出が高い水準を保てていると解釈できる。

(2) 冗長性への耐性を左右する要素と産業集積の役割

ここで注意すべきは、各企業の経営上の不確実性の低減によって冗長性への耐性が高まる場合もあるが、冗長性を許容しない環境が産業内に醸成され、創造性には負の効果を生む効率性を各企業が追求せざるをえない結果にしか繋がらない場合があることである。事例3産業の中で最も不確実性が低いのは、テレビ番組制作業である。テレビ局から与えられる制作費内で番組制作を行えば、少なくとも赤字には陥らないし、テレビ局との取引関係もまず打ち切られない。ゲームソフトが売れなければ、パブリッシャーでは赤字が発生し、デヴェロッパーも発注元との取引が打ち切られるゲーム産業とは対照的である。しかし、テレビ番組制作業では冗長性が低下し創造性の減少も問題視されているが、新たな流通経路や資金源の可能性も乏しく、他2産業に比して生産部門側からの目立った対応策も確認できなかった。

コンテンツ産業の製品には創造性が欠かせないが、真に創造的製品といえるかどうかは市場に投入してみねば分からないし、その過程で生じる冗長性を企業が耐え抜かなければならないのは、第2章4節で議論した通りである。テレビ番組制作業では、制作費という形で収益が事前に確定しており、テレビ局からの受注も大抵は継続するため、収益面の不確実性は低い。だがその反面、強力な流通部門からの効率性を重視した拘束が強く、制作会社の経営自由度が低くなる。また、収益の上限が明確なため、高い費用をかけてまで創造的製品を

投入する誘因も少なく、効率性を重視した制作が行われてしまう。過度に効率性が重視され創造性を著しく阻害している現象が、産業集積内でも確認できる。

この点で、地域の自然・社会的環境を意味する「ローカルミリュー local milieu」が集合的学習を容易にし、企業の不確実性を減少させ、イノベーションを生み出しやすくするというCamagni（1991a, b）の立論は、コンテンツ産業には不適であるといえよう。模倣が概念的基礎にある学習や、事前調整の精度上昇が主で挑戦を促進しないような形での不確実性低減は、創造性を涵養しない。

重要なのは、製品が市場に投入された後に判明した情報や変化した状況に基づく経営戦略の自由度と取引・労働力柔軟性の確保であり、その結果としての経営の不確実性低減である。すなわち、失敗や急な環境変化への対応力が鍵であり、製品を市場に投入する前段階で過度に効率性を追求して不確実性を削減しても、冗長性への耐性は高まらない。

ゲーム産業には寡占的で強力な流通部門が存在しないため、各ゲーム会社は比較的自由に製品を発売する。ただし、それには失敗するリスクも付きまとうため、東京都区部における集積内の企業は取引先や労働者を入れ替えたりする。生産部門に特化した集積内の企業は、取引先を分散させ、他事業にも注力して、取引が打ち切られるリスクに備える。また、福岡市の産業集積内では、製品投入後の対応ではなく、技術情報共有や人材獲得協力によって経営上の余裕を高めることで、経営上の不確実性を低減し、自分達が考える面白い製品を市場に投入するという挑戦から生じるリスクを取りやすくしている。

アニメ産業では、テレビ局という寡占的で強力な流通部門企業は存在するが、番組制作業における程の支配力は持たないこともあって、相対的に多様な作品の市場投入が行われる。そして、それを可能にするため、元請・下請問わず、作品の内容に合わせて取引先や労働者の入れ替えが行われ柔軟性は高い。産業集積内に立地することで、元請は番組内容や制作量に合わせて下請を選定し、下請は多様な取引先からの受注機会が拡大する。このように、両産業共に集積地への企業立地によって、取引・労働力の柔軟性が増すのである。

ここまでみてきたように、事例3産業共に、冗長性の減少を招いて創造性の減退に繋がる問題をそれぞれ抱えてもいるし、アニメ産業における人材育成環

2. 創造的な場としての産業集積

境の悪化やゲーム産業における認知的ロックインといった産業集積の負の側面が浮上している面もある。ただし、テレビ番組制作業とアニメ産業の比較検討から明らかになったように、生産部門企業の冗長性への耐性を損なわしめて創造性に悪影響を与える大きな原因となっていたのは、流通部門たるテレビ局である。流通部門が創造性よりも経済性を重視するのは当然であるし、またコンテンツ産業といえど経済活動であるからには不可欠な行動である。しかし、その地位があまりに寡占的であると、生産部門企業の創造的活動を圧迫し、経済性と文化性のバランスの取れた正常な産業の成長が覚束なくなる。同じテレビ放送を主要市場としながらも、テレビ局以外の流通部門企業の参入によって多様な流通経路・収入源が成立した結果、相対的には生産部門企業の選択肢が増え、作品の国際的な競争力も確保できているだけではなく、地方立地などの新たな方向性が模索されているアニメ産業とは、大きな違いがある。それゆえ、番組制作業というよりは、この場合は実写映像制作業とでもいうべきであろうが、その作品を扱う流通部門における3機能（製品化・発売、流通・配信、公開・小売）のいずれでも良いからテレビ局以外に関与する企業が増加すれば、生産部門たる番組制作会社あるいは実写映像制作会社の行動も変化し、結果的に創造的なコンテンツが生み出される可能性も高まると考えられる[*3]。

とはいえ、流通部門における寡占企業の存在は生産部門の創造性を抑制して産業の競争力を阻害しかねないが、それを解決したからといって創造的イノベーションが進むとは限らない。なぜなら、本書でみた通り、産業内において冗長性を確保できているか否かが問題の本質であるため、流通部門の寡占性はそれに大きく影響する一因ではあっても、冗長性は他の要素にも左右され得るためである。

以上の考察から、創造性の源泉となる各企業の冗長性への耐性は、流通部門の産業支配力の強弱と立地に大きく左右されるといえる。したがって、流通部門と生産部門の力関係が、後者の創造性を著しくは毀損しない産業において、ある集積の利益が、企業の冗長性への耐性を高める形で説明されうるならば、その産業集積は創造的な場として機能しているとみなせる。

3. 総括

　事例3産業共に最も顕著な集積地が東京であり、その集積要因は労働市場と取引などの企業間関係から理解できる。集積要因に差異が生まれる原因には、歴史的・制度的背景に規定される分業形態と、製品の物的・技術的特性に規定される制作・開発工程が挙げられる。経済的価値を重視する立場である流通部門で寡占化が進行すると、効率性を追求しすぎる傾向にあり、文化的価値を重視する生産部門の創造性を抑制して産業全体の活力を削ぐ危険性がある。

　また、創造的な場として機能する集積地は、立地企業の冗長性への耐性を向上させるのに寄与していることが示された。したがって、コンテンツ産業の集積する場所が必ずしも創造的な場であるとはいえないが、各企業の創造性を高める冗長性への耐性は、産業集積地への立地によっても獲得できるといえる。アニメ産業とゲーム産業の例から分かるように、創造的な場の集積利益は、製品が市場に投入された後に判明した情報や変化した状況に基づく生産部門企業の経営上の自由度と取引・労働力柔軟性に繋がっている。ゆえに、このような集積利益の存在こそが、イノベーションを継続的に発展させる地域の社会的条件である。

　コンテンツ産業集積要因として指摘されることの多い、柔軟な取引関係や専門地域労働力市場、あるいは文化・制度的基盤の存在は重要であるし、創造的な場に存在する集積利益との共通点も多い。しかし、確かに欠かせない要素ではあるものの、それらは各企業の効率性だけではなく冗長性を高める形での集積利益を提供し得ているのか、という視点から改めてコンテンツ産業の集積地を評価しなおす必要があるだろう。実際、テレビ番組制作業の事例にみられるように、流通部門たるテレビ局からの効率性追求圧力が強いため、番組制作会社の企業行動に冗長性の介在する余地自体がそもそも少ない産業集積内では、テレビ局との近接性がもたらす利便性だけが集積利益となっている。創造的な場であってこそ真の集積だとするならば、この集積は擬似的なものにすぎない。

　効率性が創造性に繋がるとは限らないし、また創造的人材の好む雰囲気などがあって地域労働市場が形成されていたとしても、企業を通じて創造的製品が

市場に投入されるか否かは分からない。コンテンツ産業で行われている活動は、純粋に経済的でもないし文化的でもない。双方が適切に釣り合ってこそ、健全な産業成長が期待できる。その鍵概念が冗長性である。これに注目すべきとの主張が、本書の根幹であり独自性となる。

たとえば、創造性と地域に関する近年の議論の中で影響力が大きい創造的階級論（Florida, 2002）や創造都市論（Landry, 2000；佐々木, 2012）は、どちらかといえば前者が産業論、後者が都市論的な立場に立つ。ただ、前者は自ら認めるように Jacobs（1961）、後者は Jacobs（1961, 1984）から（後藤, 2005）、強い影響を受けているという共通点がある。ゆえに、都市の創造性の根幹は多様性にあるとの主張を共有している。確かに、本書でいう冗長性に寄与する生産部門企業の経営上の自由度と取引・労働力柔軟性は、多種の取引相手の存在といった都市の多様性に支えられている面はある。しかし、都市に多様性が存在しても、そこに集積する産業が必ず創造的であるといえないのは、これまでの議論からも明白である。別の言い方をすれば、上述した創造性と地域に関する議論は、都市の多様性へ過度に注目して産業特性を軽視している。それゆえ、議論の核心に据えるべき視点は、都市の多様性ではなく、産業内の冗長性であり、それを高める集積利益である。

多様性を有する大都市のような同一地域に立地していても、創造性に繋がる集積利益を享受できるか否かは産業特性に大きく規定されることが端的に分かる例として、本書で事例として取りあげた3産業の東京における集積利益と不利益、および生産部門の経営行動を大きく左右する要因となる収入の不確実性について整理しておこう（表9-1）。

テレビ番組制作業においては、番組制作会社がテレビ局の行動に強い影響を受け、取引先や労働力の入れ替わりが比較的少ない。この時、テレビ局との近接性による制作・営業の利便性という効率性が集積利益の主軸となる。多様な人材の存在や高度な制作を可能とする環境など、番組制作会社の冗長性への耐性を高め得る集積利益も存在するが、創造的な番組制作への指向が弱いテレビ局との関係性の中では、その強みは十分に発揮されていない。テレビ局からの制作費に経営が依存しているため、確実に収入が得られる点では不確実性は低いといえる。しかし、番組制作会社が自由な経営戦略を採る余地はきわめて小

表9-1 東京における産業別集積利益・不利益と不確実性

集積効果	項目	テレビ	アニメ	ゲーム
利益	*経営戦略の自由度*	極低	低	高
	取引・労働力調整の柔軟性	低	高	高
	取引の効率性	高	高	高
不利益	ダンピング競争	高	高	なし
	労働環境悪化	高	高	低
生産部門の収入の不確実性		低	中	高

注：斜体は冗長性への耐性に関係する集積利益。テレビ番組制作作業は2000年代半ば アニメ産業は2000年代ゲーム産業は2000年代前半の状況に基づいている。また 「高低」の基準は事例3産業間の比較に基づく相対的なものである。

(筆者作成)

さく、番組内容に応じた取引・労働力調整も少ない状況下にある。さらには、テレビ局からの強い制作費引き下げ圧力によって、同一地域立地制作会社間でダンピング競争に陥るという集積不利益も発生している。これらの結果として、生産部門が創造性を追求しがたく、国際的に競争力のある作品をほとんど生み出せていないのである。

　アニメ産業では、取引・労働力調整の柔軟性が達成されており、効率性の追求と共に作品内容に合わせた人材の入れ替えが行われており、アニメ会社における冗長性への耐性向上にも寄与している。ただここでも、流通部門の力が強いこともあり、制作技術変化が助長した厳しい労働環境下においてアニメ会社の冗長性への耐性が減衰される面は指摘できる。また、稠密な取引関係の裏返しとしてアニメ会社間で単価の情報なども流れてしまい、ダンピング競争を招くという集積不利益も存在する。しかし、流通部門にテレビ局以外の企業も存在するため、特定の流通部門企業による影響力が相対化されやすく、アニメ会社が経営戦略の自由度を確保できる余地は比較的大きい。また、その裏返しとして、流通部門から支払われる制作費への依存が弱いアニメ会社もいるために、パッケージが売れないと十分な収入が確保できない問題も発生する。したがって、テレビ番組制作作業よりは、収入の不確実性が高いといえる。これらの結果として、生産部門による創造性追求がある程度可能になり、国際競争力のある作品が生み出されていると考えられる。

3. 総括

　ゲーム産業では、内製型パブリッシャーはいうにおよばず、デヴェロッパーであっても取引が打ち切られる可能性があるという点で、作品の売れ行きという高い不確実性に生産部門の収入は左右される。ただし、本調査の限りでは集積不利益としてのダンピング競争の存在は確認されない。また、取引先こそ比較的固定的なものの、特に産業集積内では活発な労働力の入れ替えを通じて柔軟性が確保され、流通部門の力が弱いため各ゲーム会社の経営自由度は高い。それが冗長性への耐性を生み、ゲームソフト開発費の高騰に伴うシリーズ作品の増大が主因となった1990年代後半から2000年代前半の不況下においても、集積内のゲーム会社がより多く存続することを可能にしていた。こうして多様な作品が生み出され、他産業に比べれば高い国際競争力を保持し続けている。

　よって、ゲーム産業の集積利益は、効率性と創造性の両面で有効に機能する一方で、創造性に悪影響をおよぼすような集積の不利益は少ない。それに対しアニメ産業では、同じく効率性と創造性の両面に繋がる集積利益も確認されるが、強い集積不利益も存在する。特にテレビ番組制作業では、創造性に寄与する集積利益が非常に弱いにもかかわらず、集積の不利益が顕著になっている。同一地域に立地する産業でも、その内実は全く異なるのである。したがって、産業特性に注意を払わないで創造性と地域の関係を問うても、非常に限定的な議論にしかならない点には、十分な注意を払うべきである。

　最後に、本書の課題も述べておく。本書の調査時期以降、テレビ番組制作業とアニメ産業におけるネット配信の進展、アニメ産業における3D制作技術の一般化、ゲーム産業におけるソーシャルゲームやモバイルゲームの隆盛など、当時とは状況が大きく変わってしまった面があるにもかかわらず、こうした情報を十分に取り込めていない。よって、それを踏まえた分析も今後進める必要があるが、変化が早いというコンテンツ産業の特徴に振り回されて、新しい事象から生じる表面的な変化の追跡に終始すべきではない点は強調したい。本書で示した、流通部門と生産部門の相克や冗長性への耐性といったコンテンツ産業における普遍的かつ根本的な要素を着目点にして、それらの事象からの影響の有無を検討すべきである。

　また、より本質的な本書の限界として、ある産業の経年的な変化や、流通部門と生産部門の関係性のような異なる産業間でも共通する要素における相違点

の分析を通じて、質的に冗長性の高低や変化は論じられるものの、それの計量的な測定手法は確立できていない点がある。そのため、どの程度の冗長性が適切であるのかといった指標化された基準の提示もできていない。この問題は、各企業における冗長性への耐性に関しても同様である。それゆえ、その手法の検討を今後進める必要があるだろう。ただし、そのような計量的研究を行う際にも検討すべき要素を見定めた点に本書の最大の貢献があり、フィールドワークに基づく研究ならではの成果である。

＊3　新たな流通経路という点で、ネット配信の登場は、テレビ局の寡占性を弱める点で興味深い動きである。しかし、結局地上波テレビ局がネット配信の主導権を握ってしまうと、番組制作会社にとっては実質的に流通経路や収入源の多様化を意味しないかも知れない。

参考文献

相田洋・大槻敦（1997）:『新・電子立国 4 —ビデオゲーム巨富の攻防』NHK 出版.
浅野耕一郎（2000）:『ゲーム業界 危機一髪!!』翔泳社.
アニメ人材育成・教育プログラム製作委員会編（2008a）:『アニメの教科書—第 1 編「日本のアニメ産業」』アニメ人材育成・教育プログラム製作委員会.
アニメ人材育成・教育プログラム製作委員会編（2008b）:『アニメの教科書—第 2 編「アニメの制作」』アニメ人材育成・教育プログラム製作委員会.
生稲史彦（2000）: 家庭用ゲームソフトの製品開発—消費者感性のシミュレート—，（所収 藤本隆宏・安本雅典編著『成功する製品開発 産業間比較の視点』有斐閣: 187-207).
生稲史彦（2003）: ソフトビジネスにおける企業像，（所収 新宅純二郎・田中辰雄・柳川範之編『ゲーム産業の経済分析—コンテンツ産業発展の構造と戦略』東洋経済新報社: 167-205).
生稲史彦（2012）:『開発生産性のディレンマ—デジタル化時代のイノベーション・パターン』有斐閣.
生稲史彦・新宅純二郎・田中辰雄（1999）: 家庭用ゲームソフトにおける開発戦略の比較—開発者抱え込み戦略と外部制作者活用戦略—，『ディスカッションペーパー』，http://www.computer-services.e.u-tokyo.ac.jp/p/itme/dp/dp22.pdf （2015 年 10 月 13 日閲覧）.
池上惇（2003）:『文化と固有価値の経済学』岩波書店.
池田信夫（2006）:『電波利権』新潮社.
石黒昇（1980）: アニメ・ディレクターのアニメ史 1，（所収 石黒昇・小原及梨子『テレビ・アニメ最前線—私説 17 年史』大和書房: 78-104).
石光勝（2011）:『テレビ局削減論』新潮社.
一小路武安（2012）: 日本アニメ産業における情報技術導入，『赤門マネジメント・レビュー』11(6): 349-376.
市村元（2004）: ローカル放送局の現状と課題，（所収 松岡新兒・向後英紀編著『新現場からみた放送学』学文社: 141-161).
伊藤裕顕（2003）:『放送ってなんだ？テレビって何だ？—現在・過去・未来 ローカルからの視点』新風舎.
伊藤裕顕（2005）:『放送ってなんだ？テレビって何だ？—デジタル時代にけたぐりっ!』新風舎.
稲田植輝（1998）:『最新放送メディア入門』社会評論社.
井山利秋（2005）: 東京都城西地域におけるアニメ産業集積の今後と自治体アニメ産業振興支援の現状・課題について，『法政大学政策科学研究所ディスカッション・ペーパー・

シリーズ』(4), http://www.i.hosei.ac.jp/~hpsci/intro/pdf/WP2005-04.pdf (2015年10月3日閲覧).

伊豫田康弘 (2004)：放送産業の構造, (所収 松岡新児・向後英紀編著『新現場からみた放送学』学文社：92-110).

岩本純・吉井博明 (1998)：『「情報」の商品化と消費』学文社.

碓井広義 (2003)：『テレビの教科書——ビジネス構造から制作現場まで』PHP研究所.

内山隆 (2011)：「日本と海外のアニメ政策」, (所収 高橋光輝・津堅信之編著『アニメ学』NTT出版：230-250ページ).

浦谷年良 (1994)：体験的映像メディア産業論,『放送学研究』44：93-117.

NHK取材班 (2011)：『NHKスペシャル 世界ゲーム革命』

エンターブレイン マーケティング企画部編 (2006)：『ファミ通ゲーム白書2006』エンターブレイン.

大下英治 (1993)：『セガ・ゲームの王国』講談社.

大塚英志・大澤信亮 (2005)：『「ジャパニメーション」はなぜ敗れるか』角川書店.

大渡理恵 (2007)：地方都市におけるゲーム産業発展の可能性～福岡に立地するデベロッパーの実態分析を中心に～,『九州経済調査月報』(5)：15-28.

小田桐誠 (2004)：『テレビのからくり』文藝春秋.

各務洋子 (2002)：アメリカのメディア産業における競争と統合, (所収 菅谷実・中村清編著『映像コンテンツ産業論』丸善：60-86).

笠原唯央 (1996)：『テレビ局の人びと——視聴率至上主義の内情とプロダクションの悲喜劇』日本実業出版社.

片岡俊夫 (2001)：『新・放送概論——デジタル時代の制度をさぐる』日本放送出版協会.

片岡義朗 (2003)：「新世紀エヴァンゲリオン」=日本のTVアニメビジネスの転換点, 早稲田大学国際学部 秋学期寄付講座 2003年12月11日資料.

片岡義朗 (2011)：「日本のアニメ市場」, (所収 高橋光輝・津堅信之編著『アニメ学』NTT出版：152-183).

金田信一郎 (2006)：『テレビはなぜ、つまらなくなったのか——スターで綴るメディア興亡史』日経BP社.

神村幸子 (2009)：『アニメーションの基礎知識大百科』グラフィック社.

河島伸子 (2009)：『コンテンツ産業論——文化創造の経済・法・マネジメント』ミネルヴァ書房.

河島伸子・生稲史彦編 (2013)：『変貌する日本のコンテンツ産業——創造性と多様性の模索—』ミネルヴァ書房.

河本久廣 (2003)：『よくわかる放送業界』日本実業出版社.

キネマ旬報映画総合研究所編 (2011)：『アニメプロデューサーの仕事論』キネマ旬報社.

清成忠男 (1997)：シリコンバレーの現代的意義, (所収 清成忠男・橋本寿朗編著「日本型産業集積の未来像」東洋経済新報社：19-43).

金田一技彦 監修 (2011)：『全件検索可能CD-ROMデータベース付き 超絶大技林2011年秋

完全全機種版』徳間書店.
窪田順生（2011）：弱者の犠牲でようやく成り立つ歪んだテレビ番組制作の裏側，『週刊ダイヤモンド』99(3)：52-57.
隅部紀生（2004）：デジタル放送とメディアの融合，(所収 松岡新兒・向後英紀編著『新現場からみた放送学』学文社：125-140).
隈元信一（1992）：連鎖倒産の不安に怯える，『AERA』5(11)：13.
久美薫（2014）：訳者解説 アニメーションという原罪—"Drawing the Line"を訳しながら考えたこと，(所収 シート，T. 著，久美薫訳『ミッキーマウスのストライキ！—アメリカアニメ労働運動100年史』合同出版：571-610).
桑嶋健一（2000）：デファクト・スタンダード，(所収 高橋伸夫編『超企業・組織論』有斐閣：77-86).
芸団協・芸能文化情報センター編（2005）：『第7回 芸能実演家・スタッフの活動と生活実態—調査報告書2005年版』社団法人日本芸能実演家団体協議会.
公正取引委員会（2015）：「テレビ番組制作の取引に関する実態調査報告書」，http://www.jftc.go.jp/houdou/pressrelease/h27/jul/150729.files/150729honbun.pdf．(2015年7月30日閲覧)
公正取引委員会事務総局（2009）：「アニメーション産業に関する実態調査報告書」，http://www.jftc.go.jp/pressrelease/09.january/090123houkokusyo01.pdf．(2012年2月27日閲覧)
古賀太（1994）：映画とその変容，(所収 佐々木晃彦監修 松本正道編『芸術経営学講座—映像編』東海大学出版：31-46).
国土交通省国土計画局大都市圏計画課編（2002）：『平成14年版ソフト系IT企業の実態調査報告書』財務省印刷局.
後藤晃・武石彰（2001）：イノベーション・マネジメントとは，(所収 一橋大学イノベーション研究センター編『イノベーション・マネジメント入門』日本経済新聞社：1-23).
後藤和子（2005）：『文化と都市の公共政策—創造的産業と新しい都市政策の構想』有斐閣.
小長谷一之・富沢木実編著（1999）：『マルチメディア都市の戦略』東洋経済新報社.
小橋麗香（1993）：間接制御型ネットワークと不確実性，『六甲台論集』41(2)：114-125.
小橋麗香（1997）：日本における家庭用テレビゲームソフトウェアの開発，『国際研究論叢』10(3・4)：81-107.
小橋麗香（1998）：ソフトのイノベーション—任天堂のデファクトスタンダード形成とソフト開発—，(所収 伊丹敬之・加護野忠男・宮本又郎・米倉誠一郎編『ケースブック 日本企業の経営行動3 イノベーションと技術蓄積』有斐閣：334-360).
コンピュータエンターテインメントソフトウェア協会（各年版）：『CESAゲーム白書』コンピュータエンターテインメントソフトウェア協会.
佐々木雅幸（2012）：『創造都市への挑戦—産業と文化の息づく街へ』岩波書店.
佐藤郁哉（1999）：『現代演劇のフィールドワーク—芸術生産の文化社会学』東京大学出版会.
佐藤郁哉（2005）：ゲートキーパーとしての出版社と編集者，『一橋ビジネスレビュー』2005

冬：36-51.

佐藤輝彦（2012）：放送コンテンツの製作取引適正化に関する制度等について，http://www.google.co.jp/url?sa=t&rct=j&q=&esrc=s&source=web&cd=1&ved=0CB0QFjAA&url=http%3A%2F%2Fwww.soumu.go.jp%2Fsoutsu%2Fhokkaido%2FC%2Fu-Land%2F2012%2Fimg%2F0207e.pdf&ei=7nGaVPN24dmYBfbngMgO&usg=AFQjCNHQFrij7vnSVOHsilNVmgaX06ojWA&bvm=bv.82001339,d.dGY&cad=rja．（2014 年 12 月 24 日閲覧）

さやわか（2012）：『僕たちのゲーム史』星海社．

シィ産業研究所（2002）：『情報処理・ソフトウェア会社録 2002 年版』シィ産業研究所．

指南役 2011．『テレビは余命 7 年』大和書房．

島野功緒（2005）：『比較 日本の会社 放送〔新訂版〕』実務教育出版．

「新映像産業白書 1995」編集委員会編（1995）：『新映像産業白書 1995』財団法人ハイビジョン普及支援センター．

新清士（2002）：『ゲーム開発最前線「侍」はこうして作られた―アクワイア制作 2 課の 660 日戦争』新紀元社．

新宅純二郎・田中辰雄・柳川範之 編（2003）：『ゲーム産業の経済分析―コンテンツ産業発展の構造と戦略』東洋経済新報社

新宅純二郎（2000）：ゲームソフト開発における開発者マネジメントと企業成果に関する研究，http://www.gbrc.jp/content/old/PDF/20000914.PDF（2015 年 10 月 13 日閲覧）．

新宅純二郎（2003a）：ベンチャー企業によるソフト市場の発展，（所収 新宅純二郎・田中辰雄・柳川範之編『ゲーム産業の経済分析―コンテンツ産業発展の構造と戦略』東洋経済新報社：97-115）．

新宅純二郎（2003b）：米国ゲーム市場の現状と日米比較，（所収 新宅純二郎・田中辰雄・柳川範之編『ゲーム産業の経済分析―コンテンツ産業発展の構造と戦略』東洋経済新報社：291-312）．

新宅純二郎・生稲史彦（2001）：アメリカにおける家庭用ゲームソフトの市場と企業戦略―現状報告と日米比較，http://www.e.u-tokyo.ac.jp/~shintaku/TVGAME/DP010217.pdf．

新宅純二郎・田中辰雄・生稲史彦（2000）：家庭用ビデオゲーム開発企業に関する実態調査―製品戦略，製品開発，人的資源管理における 3 つの企業類型―，『ITME Discussion Paper』(47)，http://www.gbrc.jp/content/old/PDF/200003.pdf（2015 年 10 月 13 日閲覧）．

新宅純二郎・和田剛明（2002）：ゲームソフト市場における高初期値逓減型の売上パターン，（所収 メディアクリエイト総研編『2002 テレビゲーム産業白書』メディアクリエイト：198-205）．

鈴木健二（2004）：『地方テレビ局は生き残れるか―地上波デジタル化で揺らぐ「集中排除原則」』日本評論社．

数土直志（2007）：「アニメーション」，（所収 財団法人デジタルコンテンツ協会編『デジタルコンテンツ白書 2007』財団法人デジタルコンテンツ協会：104-109）．

砂川和範（1998）：日本ゲーム産業にみる起業者活動の継起と技術戦略—セガとナムコにおけるソフトウェア開発組織の形成，『経営史学』32(4)：1-27．
純丘曜彰（2004）：『きらめく映像ビジネス！』集英社．
角谷優（1994）：テレビ放送の歩み，（所収 佐々木晃彦監修 松本正道編『芸術経営学講座④ 映像編』東海大学出版：157-174）．
CEDEC 運営委員会・藤原正仁（2015）：ゲーム開発者の就業とキャリア形成 2014，http://cedec.cesa.or.jp/2014/documents/enquete_final.pdf（2015 年 11 月 15 日閲覧）．
総務省情報通信政策局（2006）：通信関連業実態調査報告書，http://www.e-stat.go.jp/SG1/estat/List.do?bid=000001024353&cycode=0．（2015 年 1 月 8 日閲覧）
外枦保大介（2012）：進化経済地理学の発展経路と可能性，『地理学評論』85(1)：40-57．
高橋克三編（2001）：『ゲームの全仕事 2002』新紀元社．
高橋克三編（2004）：『ぴあ MOOK 就職カタログ テレビ・ラジオ・芸能の全仕事』学校法人東放学園．
高橋光輝（2011）：「アニメーションにおける人材育成」，（所収 高橋光輝・津堅信之編『アニメ学』NTT 出版：253-284）．
高橋光輝（2014）：『コンテンツ産業論—コンテンツをマネジメントするための必須知識』ボーンデジタル．
滝山晋（2000）：『ハリウッド 巨大メディアの世界戦略』日本経済新聞社．
多田信（2002）：『これがアニメビジネスだ』廣済堂出版．
橘寛基（2006）：『図解入門業界研究 最新ゲーム業界の動向とカラクリがよ～くわかる本』秀和システム．
立元幸治（2005）：『誰がテレビをつまらなくしたのか』PHP 研究所．
立本博文（2003）：製品タイプと開発プロセスの適合性，（所収 新宅純二郎・田中辰雄・柳川範之編『ゲーム産業の経済分析—コンテンツ産業発展の構造と戦略』東洋経済新報社：259-288）．
田中辰雄（2003）：コンテンツ産業の経済・経営分析，（所収 新宅純二郎・田中辰雄・柳川範之編『ゲーム産業の経済分析—コンテンツ産業発展の構造と戦略』東洋経済新報社：1-11）．
田中秀幸（2009）：コンテンツ産業とは何か—産業の範囲，特徴，政策—，（所収 出口弘・田中秀幸・小山友介編『コンテンツ産業論—混淆と伝播の日本型モデル』東京大学出版会，113-157）．
知的財産戦略会議（2002）：「知的財産戦略大綱」，http://www.kantei.go.jp/jp/singi/titeki/kettei/020703taikou.html#1-1．（2010 年 1 月 8 日閲覧）．
知的財産戦略本部（2003）：知的財産の創造，保護及び活用に関する推進計画，http://www.kantei.go.jp/jp/singi/titeki2/kettei/030708f.pdf．（2014 年 9 月 24 日閲覧）
知的財産戦略本部（2005）：知的財産推進計画 2005，http://www.kantei.go.jp/jp/singi/titeki2/kettei/050610f.pdf．（2014 年 9 月 24 日閲覧）
津堅信之（2007）：『アニメ作家としての手塚治虫—その軌跡と本質』NTT 出版．

津堅信之（2012）:『テレビアニメ夜明け前―知られざる関西圏アニメーション興亡史』ナカニシヤ出版．
出口弘（2009）: コンテンツ産業のプラットフォーム構造と超多様性市場，（所収 出口弘・田中秀幸・小山友介編『コンテンツ産業論―混淆と伝播の日本型モデル』東京大学出版会，3-39）．
デジタルアニメ制作技術研究会編（2004）:『プロフェッショナルのためのデジタルアニメマニュアル 2003-3004 ～工程・知識・用語～』デジタルアニメ制作技術研究会．
デジタルコンテンツ協会編（2004）:『デジタルコンテンツ白書 2004』デジタルコンテンツ協会．
デジタルコンテンツ協会編（2014）:『デジタルコンテンツ白書 2014』デジタルコンテンツ協会．
デジタルコンテンツ協会編（2015）:『デジタルコンテンツ白書 2015』デジタルコンテンツ協会．デジタルコンテンツ業雇用高度化懇談会編（2007）:『デジタルコンテンツ業の雇用高度化を目指して～デジタルコンテンツ業雇用高度化懇談会 報告書～』デジタルコンテンツ業雇用高度化懇談会．
テレコム・アニメーションフィルム監修（2009）:『アニメーション・バイブル―アニメーション制作の教科書』誠文堂新光社．
電通広告統計部（各年版）:『日本の広告費』電通広告統計部．
電通（各年版）:『日本の広告費』，http://www.dentsu.co.jp/knowledge/ad_cost/．（2015 年 8 月 30 日閲覧）
電通総研編（2000）:『情報メディア白書 2000』電通．
電通総研編（2001）:『情報メディア白書 2001』電通．
電通総研編（2002）:『情報メディア白書 2002』電通．
電通総研編（2003）:『情報メディア白書 2003』ダイヤモンド社．
電通総研編（2004）:『情報メディア白書 2004』ダイヤモンド社．
電通総研編（2005）:『情報メディア白書 2005』ダイヤモンド社．
電通総研編（2006）:『情報メディア白書 2006』ダイヤモンド社．
電通総研編（2007）:『情報メディア白書 2007』ダイヤモンド社．
電通総研編（2008）:『情報メディア白書 2008』ダイヤモンド社．
電通総研編（2009）:『情報メディア白書 2009』ダイヤモンド社．
電通総研編（2010）:『情報メディア白書 2010』ダイヤモンド社．
電通総研編（2011）:『情報メディア白書 2011』ダイヤモンド社．
電通総研編（2012）:『情報メディア白書 2012』ダイヤモンド社．
電通総研編（2013）:『情報メディア白書 2013』ダイヤモンド社．
電通総研編（2014）:『情報メディア白書 2014』ダイヤモンド社．
電通総研編（2015）:『情報メディア白書 2015』ダイヤモンド社．
東京都商工指導所 調査部編（1999）:『情報メディア・コンテンツビジネスの事業化戦略』東京都政策報道室都民の声部情報公開課．

徳岡正肇 編著（2015）:『ゲームの今―ゲーム業界を見通す18のキーワード』SBクリエイティブ.
富沢木実（1999）: 日本への示唆と可能性,（所収 小長谷一之・富沢木実編著『マルチメディア都市の戦略』東洋経済新報社: 223-269）.
友澤和夫（2000）: 生産システムから学習システムへ―1990年代の欧米における工業地理学の研究動向,『経済地理学年報』46: 323-336.
中川勇樹（2009）:『テレビ局の裏側』新潮社.
中村清（2000）: 放送メディアの経済学的課題,（所収 菅谷実・中村清編著『放送メディアの経済学』中央経済社, 13-38）.
中村清（2002）: 映画コンテンツの供給とその経済学的接近,（所収 菅谷実・中村清編著『映像コンテンツ産業論』丸善, 261-287）.
中村彰典（2013）: アジアデジタルコンテンツ産業の発展―韓国, 中国における産業形成とASEAN諸国への展開―,（所収 河島伸子・生稲史彦編『変貌する日本のコンテンツ産業: 創造性と多様性の模索』ミネルヴァ書房, 307-349）.
永山貞則・松田芳郎（1996）: サービス業基本調査による分析,（所収 守屋秀夫研究代表『アートマネジメント（芸術経営）機能と効果に関する総合研究（研究課題番号: 05306007）』平成5～7年度科学研究費補助金（総合研究(A)）研究成果報告書: 1-12）.
西正（1998）:『図解 放送業界ハンドブック』東洋経済新報社.
西正（2003）:『テレビ局再編! メディアの黙示録―テレビネットワーク崩壊の予言』角川書店.
西正（2004）:『放送業界大再編―デジタル放送が巻き起こす地殻変動』日刊工業新聞社.
日経BP社技術研究部編（1999）:『アニメ・ビジネスが変わる』日経BP社.
日経BP社技術研究部編（2000）:『進化するアニメ・ビジネス』日経BP社.
日本アニメーター・演出協会（2009）:『アニメーター労働白書』日本アニメーター演出協会.
日本アニメーター・演出協会 実態調査プロジェクト委員会 編（2015）:『アニメーション制作者実態調査報告書2015』日本芸能実演家団体協議会.
日本情報処理開発協会（2005）:『産業技術の実用化と市場に関する調査研究―映像コンテンツ産業の実情と課題』日本情報処理開発協会.
日本機械学会（1997）:『機械工学辞典』社団法人日本機械学会. 日本動画協会 データベースワーキンググループ（2013）:『アニメ産業レポート2013』日本動画協会.
日本民間放送連盟（1986）:『日本民間放送年鑑1985』コーケン出版.
日本民間放送連盟（1987）:『日本民間放送年鑑1986』コーケン出版.
日本民間放送連盟（1988）:『日本民間放送年鑑1987』コーケン出版.
日本民間放送連盟（1989）:『日本民間放送年鑑1988』コーケン出版.
日本民間放送連盟（1990）:『日本民間放送年鑑1989』コーケン出版.
日本民間放送連盟（1991）:『日本民間放送年鑑1990』コーケン出版.
日本民間放送連盟（1992）:『日本民間放送年鑑1991』コーケン出版.
日本民間放送連盟（1993）:『日本民間放送年鑑1992』コーケン出版.

日本民間放送連盟 (1994)：『日本民間放送年鑑 1993』コーケン出版.
日本民間放送連盟 (1995)：『日本民間放送年鑑 1994』コーケン出版.
日本民間放送連盟 (1996)：『日本民間放送年鑑 1995』コーケン出版.
日本民間放送連盟 (1997)：『日本民間放送年鑑 1996』コーケン出版.
日本民間放送連盟 (1998)：『日本民間放送年鑑 1997』コーケン出版.
日本民間放送連盟 (1999)：『日本民間放送年鑑 1998』コーケン出版.
日本民間放送連盟 (2000)：『日本民間放送年鑑 1999』コーケン出版.
日本民間放送連盟 (2001)：『日本民間放送年鑑 2000』コーケン出版.
日本民間放送連盟 (2002)：『日本民間放送年鑑 2001』コーケン出版.
日本民間放送連盟 (2003)：『日本民間放送年鑑 2002』コーケン出版.
日本民間放送連盟 (2004)：『日本民間放送年鑑 2003』コーケン出版.
日本民間放送連盟 (2005)：『日本民間放送年鑑 2004』コーケン出版.
日本民間放送連盟 (2006)：『日本民間放送年鑑 2005』コーケン出版.
日本民間放送連盟 (2007)：『日本民間放送年鑑 2006』コーケン出版.
日本民間放送連盟 (2008)：『日本民間放送年鑑 2007』コーケン出版.
日本民間放送連盟 (2009)：『日本民間放送年鑑 2008』コーケン出版.
日本民間放送連盟 (2010)：『日本民間放送年鑑 2019』コーケン出版.
日本民間放送連盟 (2011)：『日本民間放送年鑑 2010』コーケン出版.
日本民間放送連盟 (2012)：『日本民間放送年鑑 2011』コーケン出版.
日本民間放送連盟 (2013)：『日本民間放送年鑑 2012』コーケン出版.
日本民間放送連盟 (2014)：『日本民間放送年鑑 2013』コーケン出版.
野中郁次郎・紺野登 (2003)：『知識創造の方法論―ナレッジワーカーの作法』東洋経済新報社.
ハイビジョン普及支援センター (1998)：『映像情報化の諸機能の有機的連携に関する調査報告書』ハイビジョン普及支援センター.
「発掘! あるある大事典」調査委員会 (2007)：調査報告書，http://www.ktv.jp/info/grow/pdf/070323/chousahoukokusyo.pdf. (2014年12月25日閲覧)
馬場靖憲・渋谷真人 (1999)：東京ゲームソフトクラスター：企業の空間的集積の考察，『研究技術計画』14(4)：266-278.
馬場靖憲・渋谷真人 (2000)：東京ゲームソフトクラスター：形成要因の総合的考察，『研究技術計画』15(1)：33-48.
浜野保樹 (2003)：『表現のビジネス コンテント制作論』東京大学出版会.
林紘一郎 (2001)：「情報財」の取引と権利保護―著作権を巡る「法と経済学」的アプローチ，(所収 奥田正寛・池田信夫編著『情報化と経済システムの転換』東洋経済新報社，171-202).
葉山宏孝 (2010)：『AD残酷物語―テレビ業界で見た悪夢―』彩図社.
半澤誠司 (2001)：東京におけるアニメーション産業集積の構造と変容，『経済地理学年報』47：56-70.

半澤誠司（2005）：家庭用ビデオゲーム産業の分業形態と地理的特性，『地理学評論』78：607-633．
氷川竜介（2010）：「1. 2009年アニメ産業総括 1-2. 注目すべき動向」，（所収 日本動画協会データベースワーキンググループ著『アニメ産業レポート2010』日本動画協会：10-12）．
氷川竜介（2011）：『アニメビジネス48年の軌跡 ロトさんの本 EX-1』IRD工房．
氷川竜介（2015）：2-1. -(2) TVアニメ—企画と製作の最前線—，（所収 日本動画協会 データベースワーキンググループ編『アニメ産業レポート2015』日本動画協会：23-27）．
ヒューマンメディア（2014）：『日本と世界のメディア×コンテンツ市場データベース2014』ヒューマンメディア．
平林久和（2000）：『ゲーム業界就職読本2001年度版』アスペクト．
福川信也（2001）：武蔵野地域におけるアニメ産業集積と自治体の役割，『産業立地』40(7)：40-45．
福富忠和（2007）：コンテンツとは何か，（所収 長谷川文雄・福富忠和編『コンテンツ学』世界思想社：2-16）．
藤川佳則（1999）：ソフト開発を推進するダイナミズムの源泉—任天堂とソニーのビジネスモデル間競争，（所収 竹内高弘ほか編『マーケティング革新の時代 第2巻—製品開発革新』有斐閣：363-387）．
藤田直樹（1998）：米国におけるビデオ・ゲーム産業の形成と急激な崩壊—現代ビデオ・ゲーム産業の形成過程(1)，『経済論叢』(京都大学) 162(5・6)：440-457．
藤田直樹（1999a）：「ファミコン」登場前の日本ビデオ・ゲーム産業—現代ビデオ・ゲーム産業の形成過程(2)，『経済論叢』(京都大学) 163(3)：311-328．
藤田直樹（1999b）：「ファミコン」開発とビデオ・ゲーム産業形成過程の総合的考察—現代ビデオ・ゲーム産業の形成過程(3)，『経済論叢』(京都大学) 163(5・6)：511-528．
藤津亮太（2010）：2. 各分野解説 2-1. TVアニメ，（所収 日本動画協会 データベースワーキンググループ編『アニメ産業レポート2010』日本動画協会：13-15）．
藤原正仁（2007）：ゲームにおける産学官連携：福岡ゲーム産業振興機構の人材育成戦略，『デジタルゲーム学研究』(1)：94-97．
藤原正仁（2010）：ゲーム開発者のキャリア形成，（所収 デジタルゲームの教科書制作委員会『デジタルゲームの教科書—知っておくべきゲーム業界最新トレンド』ソフトバンククリエイティブ．483-504）．
藤原正弘（2009）：コンテンツ産業の構造と市場概観，（所収 出口弘・田中秀幸・小山友介編『コンテンツ産業論—混淆と伝播の日本型モデル』東京大学出版会：41-60）．
藤本隆宏（1997）：『生産システムの進化論—トヨタ自動車にみる組織能力と創発プロセス』有斐閣．
古川智史（2013）：東京における広告産業の組織再編と地理的集積の変容，『地理学評論』86-2：135-157．
牧村康正・山田哲久（2015）：『「宇宙戦艦ヤマト」をつくった男 西崎義展の狂気』講談社．

増田弘道（2007）:『アニメビジネスがわかる』NTT 出版.
増田弘道（2011）:『もっとわかるアニメビジネス』NTT 出版.
増田弘道（2014）: 1. 2013 年アニメ産業総括 1-1. 市場動向概観, (所収 日本動画協会 データベースワーキンググループ編『アニメ産業レポート 2014』日本動画協会：6-13).
増田弘道（2015）: 1. 2014 年アニメ産業総括 1-1. 市場動向概観 ―過去最高のアニメ産業市場。パッケージ売上減少を劇場・配信・ライブ市場が補填―, (所収 日本動画協会データベースワーキンググループ編『アニメ産業レポート 2015』日本動画協会：6-13).
増淵敏之（2010）:『欲望の音楽―「趣味」の産業化プロセス』法政大学出版局.
松井剛（2010）: ブームとしての「クール・ジャパン」―ポップカルチャーをめぐる中央官庁の政策競争, 『一橋ビジネスレビュー』58(3)：86-105.
松原宏（2006）:『経済地理学―立地・地域・都市の理論』東京大学出版会.
水野真彦（2005）: イノベーションの地理学の動向と課題, 『経済地理学年報』51(3)：205-224.
水野真彦（2007）: 経済地理学における社会ネットワーク論の意義と展開方向―知識に関する議論を中心に―, 『地理学評論』80(8)：481-498.
水鳥川和夫（2008）: コンテンツ産業の東京集中と地方展開, (所収 山崎茂雄・宿南達志郎・立岡浩 編『知的財産とコンテンツ産業政策』水曜社：201-238).
湊和久（2015）: ミドルウェアとゲームエンジン, (所収 徳岡正肇 編著『ゲームの今―ゲーム業界を見通す 18 のキーワード』SB クリエイティブ：327-349).
宮町良広（2003）: 英米の産業集積と地域における学習・イノベーション, (所収 大分大学経済学部編『グローバル化と日本の経済・社会』ミネルヴァ書房，227-245).
三好寛（2003）: 日本のアニメーション・スタジオ史 第 1 回報告, 『財団法人徳間記念アニメーション文化財団年報 2002-2003』(2)：23-30.
三好寛（2004）: 日本のアニメーション・スタジオ史 第 2 回報告, 『財団法人徳間記念アニメーション文化財団年報 2003-2004』(3)：23-39.
メディアクリエイト総研編（2006）:『2006 テレビゲーム産業白書』メディアクリエイト.
モール ミドリ（2001）:『ハリウッド・ビジネス』文芸春秋.
森川洋（2000）: ヨーロッパにおける企業間ネットワークの研究動向, 『地理科学』55：47-66.
矢田真里（1996）:『ゲーム立国の未来像―世界をリードするコンテンツビジネスのすべて』日経 BP 社.
山口且訓・渡辺泰著, プラネット編（1977）:『日本アニメーション映画史』有文社.
山口康男編著（2004）:『日本のアニメ全史―世界を制した日本アニメの奇跡』テン・ブックス.
ヤマサキオサム（2009）:「今、アニメ業界で何が起こっているのか！」, http://www.janica.jp/club/modules/director/details.php?bid=2&uid=9.（2011 年 9 月 27 日閲覧）
山本健兒（2005）:『産業集積の経済地理学』法政大学出版会.
山本健太（2007）: 東京におけるアニメーション産業の集積メカニズム―企業間取引と労働

市場に着目して—,『地理学評論』80(7): 442-458.
勇上和史 (2006): アニメ産業における労働,『日本労働研究雑誌』(549): 49-51.
勇上和史・浅尾裕・諏訪康雄・井山利秋・藤本隆史著 (2005): コンテンツ産業の雇用と人材育成—アニメーション産業実態調査—,『労働政策研究報告書』(25): 1-117.
湯川抗 (1998): コンテンツ産業の地域依存性—マルチメディアガルチ—,『FRI 研究レポート』(40): 1-35.
湯川抗 (1999): コンテンツ産業の発展と政策対応—シリコンアレー—,『FRI 研究レポート』(47): 1-44.
湯川抗 (2001): 東京におけるネット企業の集積—日本版シリコンアレーの発展に向けて,『Economic Review』5(1): 8-33.
余暇開発センター編:『レジャー白書各年版』社会経済生産性本部.
吉田孟史 (2005): ソフト・イノベーションとしての経験革新,『組織科学』39: 4-14.
リスト制作委員会編 (2000):『Animage アニメポケットデータ 2000』徳間書店.
米倉誠一郎・生稲史彦 (2005): 日本のゲームソフト産業—シリーズ戦略の罠,『一橋ビジネスレビュー』2005 冬: 52-69.
脇浜紀子 (2001):『テレビ局がつぶれる日』東洋経済新報社.
鷲谷正史 (2004): コンテンツ・プロデュース機能の基盤強化に関する調査研究 アニメーション製作, http://www.meti.go.jp/policy/media_contents/downloadfiles/producer/New_Folder/3/03-17.pdf. (2015 年 8 月 30 日閲覧)
和田剛明・一小路武安・半澤誠司・生稲史彦・張永祺 (2012): 福岡のゲーム産業における産業集積とイノベーションの可能性に関する調査報告書,『MMRC DISCUSSION PAPER SERIES』379: pp.1-45, https://www.google.co.jp/url?sa=t&rct=j&q=&esrc=s&source=web&cd=1&cad=rja&uact=8&ved=0CB0QFjAAahUKEwi7k6T22vvIAhVC4qYKHVrZC_k&url=http%3A%2F%2Fmerc.e.u-tokyo.ac.jp%2Fmmrc%2Fdp%2Fpdf%2FMMRC379_2012.pdf&usg=AFQjCNEI7LtwceLzXQ6utRDHdZTTdcanvw. (2015 年 8 月 30 日閲覧)
Aage, T. and Belussi, F., 'From fashion to design: creative networks in industrial districts', *Industry and Innovation*, 15-5, 2008, pp. 475-491.
Abernathy, W. J. and Clark,K.B. (1985): "Innovation: Mapping the winds of creative destruction," *Research Policy*, 14: 3-22.
Aksoy, A. and Robins, K. (1992): "Hollywood for the 21st century: Global competition for critical mass in image markets," *Cambridge Journal of Economics*, 16: 1-22.
Aoyama, Y. (2005): "Consumption and distribution in the information age: a research agenda for economic geography," *Annals of the Japan Association of Economic Geographers*, 51: 101-114.
Aoyama, Y. and Izushi, H. (2003): "Hardware gimmick or cultural innovation? Technological, cultural, and social foundations of the Japanese video game industry," *Research Policy*, 32: 423-444.

Arai, Y., Nakamura, H., Sato, H., Nakazawa, T., Musha, T. and Sugizaki, K. (2004): "Multimedia and internet business clusters in central Tokyo," *Urban Geography*, 25: 483-500.
Asheim, B. and Coenen, L. (2007): "Face-to-face, buzz, and knowledge bases: sociospatial implications for learning, innovation, and innovation policy," *Environment and Planning C: Government and Policy*, 25: 655-670.
Barnatt, C. and Starkey, K. (1994): "The emergence of flexible networks in the UK television industry," *British Journal of Management*, 5: 251-260.
Bathelt, H. (2002): "The re-emergence of a media industry cluster in Leipzig," *European Planning Studies*, 10: 583-611.
Bathelt, H. and Boggs, J. S. (2003): "Toward a reconceptualization of regional development path: Is Leipzig's media cluster a continuation of or a rupture with the past?," *Economic Geography*, 79: 265-293.
Bathelt, H. and Gräf, A. (2008):"Internal and external dynamics of the Munich film and TV industry cluster, and limitation to future growth," *Environment and Planning A*, 40: 1944-1965.
Bathelt, H., Malmbelg, A. and Maskell, P. (2004): "Clusters and knowledge: local buzz, global pipelines and the progress of knowledge creation," *Progress in Human Geography*, 28-1: 31-56.
Bassett, K., Griffiths, R. and Smith, I. (2002): "Cultural industries, cultural clusters and the city: the example of natural history film-making in Bristol," *Geoforum*, 33: 165-177.
Beck, U. (1994): "Self-dissolution and self-endangerment of industrial society: What does this mean?," In Beck, U., Giddens, A. and Lash, S. eds. *Reflexive Modernization: Politics, Tradition and Aesthetics in the modern social order*, Oxford: Blackwell: 174-183. ベック, U. 著, 松尾精文・小幡正敏・叶堂隆三訳（1997）：工業社会の自己解体と自己加害―それは何を意味するのか？―,（所収 ベック, U.・ギデンズ, A.・ラッシュ, S. 著『再帰的近代化―近現代における政治, 伝統, 美的原理』而立書房：318-334）.
Blair, H. and Rainnie, A. (2000): "Flexible films?," *Media, Culture and Society*, 22: 187-204.
Brown, A., O'Connor,J. and Cohen, S. (2000): "Local music policies within a global music industry: cultural quarters in Manchester and Sheffield," *Geoforum*, 31: 437-451.
Camagni, R. (1991a): "Introduction: from the local 'milieu' to innovation through cooperation networks," In Camagni, R. eds. *Innovation Networks: Spatial Perspectives*, London and New York: Belhaven Press: 1-9.
Camagni, R. (1991b): "Local 'milieu', uncertainty and innovation networks: towards a new dynamic theory of economic space," In Camagni,R. eds. *Innovation Networks: Spatial Perspectives*, London and New York: Belhaven Press: 121-144.
Caves, R. E. (2000): *Creative Industries: Contracts between Art and Commerce*, Cambridge: Harvard University Press.

Christensen, C. M. (2000): *The Innovator's Dilemma: When New Technologies Cause Great Firms to Fail*, Enlarged and Revised edition, Boston: Harvard University Press (original edition, 1997). クリステンセン, C. M. 著, 玉田俊平太監修・伊豆原弓訳 (2001):『イノベーションのジレンマ—技術革新が巨大企業を滅ぼす時—増補改訂版』翔泳社.

Christopherson,S. (1996): "Flexibility and adaptation in industrial relations: The exceptional case of the U.S. media entertainment industries," In Gray, L. S. and Seeber, R. L. eds. Under The Stars: *Essays on Labor Relations in Arts and Entertainment*, Ithaca and London: ILR Press an imprint of Cornell University Press: 86-112.

Christopherson,S. (2002): "Project work in context: regulatory change and the new geography of media," *Environment and Planning A*, 34: 2003-2015.

Christopherson, S. and Storper, M. (1986): "The city as studio; the world as back lot: The impact of vertical disintegration on the location of the motion picture industry," *Environment and Planning D: Society and Space*, 4: 305-320.

Christopherson, S. and Storper, M. (1989): "The effects of flexible specialization on industrial politics and the labor market: The motion picture industry," *Industrial and Labor Relations Review*, 42: 331-347.

Coe, N. M. (2000a): "On location: American capital and the local labour market in Vancouver film industry," *International Journal of Urban and Regional Research*, 24: 79-94.

Coe, N. M. (2000b): "The view from out West: embeddedness, inter-personal relations and the development of an indigenous film industry in Vancouver," *Geoforum*, 31: 391-407.

Coe, N. M. (2001): "A hybrid agglomeration? The development of a Satellite-Marshallian industrial district in Vancouver's film industry," *Urban Studies*, 38: 1753-1775.

Coe, N. M. and Johns, J. (2004): "Beyond production clusters: towards a critical political economy of networks in the film and television industries," In Power,D. and Scott, A. J. eds. *Cultural Industries and the Production of Culture*, NewYork: Routledge: 188-204.

Cohen, S. (1984): *ZAP! The rise and fall of Atari*, New York: Arthur Pine Associates. コーエン, S. 著, 熊沢孝・ルディー和子訳 (1985):『先端"遊び"ビジネスの旗手「アタリ社の失敗」を読む』ダイヤモンド社.

Cohendet, P. and Simon, L. (2007): "Playing across the playground: paradoxes of knowledge creation in the videogame firm," *Journal of Organizational Behavior*, 28(5): 587-605.

Cook, P. and Morgan, K. (1998): *The Associational Economy: Firms, Regions, and Innovation*, New York: Oxford University Press.

Cornford, J. and Robins,K. (1992): "Development strategies in the audiovisual industries: The case of North East England," *Regional Studies*, 26: 421-435.

DCMS (1998): "Creative Industries Mapping Documents 1998," https://www.gov.uk/

government/publications/creative-industries-mapping-documents-1998（2014 年 9 月 24 日閲覧）.
DCMS (2001): "Creative Industries Mapping Documents 2001: Foreword," https://www.gov.uk/government/uploads/system/uploads/attachment_data/file/183544/2001part1-foreword2001.pdf（2014 年 9 月 25 日閲覧）.
Eberts, D. and Norcliffe,G. (1998): "New forms of artisanal production in Toronto's computer animation industry," *Geographische Zeitshchrift*, 86: 120-130.
Florida, R. (1995): "Toward the learning region," *Futures*, 27: 527-536.
Florida, R. (2002): *The Rise of the Creative Class: And How It's Transforming Work, Leisure, Community and Everyday Life*, New York: Basic Books. フロリダ, R. 著, 井口典夫訳（2008）:『クリエイティブ資本論：新たな経済階級の台頭』ダイヤモンド社.
García, M. I. Fernández,Y. and Zofío, J. L. (2003): "The economic dimension of the culture and leisure industry in Spain: National, sectoral and regional analysis," *Journal of Cultural Economics*, 27: 9-30.
Gasher, M. (1995): "The audiovisual locations industry in Canada: considering British Columbia as Hollywood North," *Canadian Journal of Communication*, 20: 231-254.
Gertler, M. S. (2004): *Manufacturing Culture: The Institutional Geography of Industrial Practice*, Oxford: Oxford University Press.
Gibson, C. and Connell, J. (2004): "Cultural industry production in remote places: Indigenous popular music in Australia," In Power, D. and Scott,A.J. eds. *Cultural Industries and the Production of Culture*, NewYork: Routledge: 243-258.
Gibson, C. and Kong, L. (2005): "Cultural economy: a critical review," *Progress in Human Geography*, 29 (5): 541-561.
Giddens, A. (1990): *The Consequences of Modernity*, Cambridge: Polity Press in association with Basil Blackwell. ギデンズ, A. 著, 松尾精文・小幡正敏訳（1993）:『近代とはいかなる時代か？―モダニティの帰結』而立書房.
Grabher, G. (1993): "The weakness of strong ties; The lock-in of regional development in Ruhr area," In Grabher, G ed. *The embedded firm; On the socioeconomics of industrial networks*, London: Routledge: 255-277.
Grabher, G. (2001): "Ecologies of creativity: the Village, the Group, and the heterarchic organisation of the British advertising industry," *Environment and Planning A*, 33: 351-374.
Grabher, G. (2002a): "Cool projects, boring institutions: Temporary collaboration in social context," *Regional Studies*, 36(3): 205-214.
Grabher, G. (2002b): "The project ecology of advertising: tasks, talents and teams," *Regional Studies*, 36(3): 245-262.
Hesmondhalgh, D. (1996): "Flexibility, post-Fordism and the music industries," *Media, Culture and Society*, 18: 469-488.

Hesmondhalgh, D. (2013): *The Cultural Industries 3rd edition*, London: SAGE.
Hirsch, P. M. (1972): "Processing fads and fashions: An organization-set analysis of cultural industry systems," *The American Journal of Sociology*, 77: 639-659.
Hirsch, P. M. (1978): "Production and distribution roles among cultural organizations: On the division of labor across intellectual disciplines," *Social Research: An international quarterly of the social science*, 45: 315-330.
Hircsh, P. M. (2000): "Cultural industries revisited," Organization Science, 11: 356-361.
Horkheimer, M. and Adorno, T. W. (1947): *Dialektik der Aufklärung - Philosphische Fragmente*, Amsterdam: Querido Verlag. ホルクハイマー，M.・アドルノ，T. W. 著．徳永恂訳（2007）：『啓蒙の弁証法—哲学的断想』岩波書店．
Jacobs,J. (1961): *The death and life of great American cities*, New York: Random House. ジェイコブズ，J. 著，山形浩生訳（2010）：『アメリカ大都市の死と生』鹿島出版会．
Jacobs, J. (1984): *Cities and the Wealth of Nations: Principles of Economic Life*, New York: Random House. ジェイコブズ，J. 著，中村達也・谷口文子訳（1986）：『都市の経済学—発展と衰退のダイナミクス』TBSブリタニカ．
Johanson, F. (2004): *The Meidici Effect: Breakthrough Insights at the Intersection of Ideas, Concepts, and Cultures*, Boston, Massachusetts: Harvard Business School Press. ヨハンセン，F. 著，幾島幸子訳（2005）：『メディチ・インパクト』ランダムハウス講談社．
Johns, J. (2006): "Video games production networks: value capture, power relations and embeddedness," *Journal of Economic Geography*, 6: 151-180.
Kloosterman, R. (2004): "Recent employment trends in the cultural industries in Amsterdam, Rotterdam, the Hague and Utrecht: A first exploration," *Tijdschrift voor Economische en Sociale Geografie*, 95: 243-252.
Krätke,S. (2002a): *Medienstadt: Urbane Cluster und globale zentren der Kulturproduktion*, Opladen: Leske & Budrich Verlag.
Krätke,S. (2002b): "Network analysis of production clusters: the Potsdam/Babelsberg film industry as an example," *European Planning Studies*, 10: 27-54.
Landry, C. (2000): *The Creative City: A Toolkit for Urban Innovators*, London: Earthscan. ランドリー，C. 著，後藤和子訳（2003）：『創造的都市：都市再生のための道具箱』日本評論社．
Lash, S. (1994): "Reflexivity and its doubles: structure, aesthetics and community," In Beck,U., Giddens,A. and Lash,S. eds. *Reflexive Modernization: Politics, Tradition and Aesthetics in the modern social order*, Oxford: Blackwell: 110-173. ベック，U. 著 松尾精文・小幡正敏・叶堂隆三訳（1997）：再帰性とその分身—構造，美的原理，共同体—，（所収 ベック，U.・ギデンズ，A.・ラッシュ，S.『再帰的近代化—近現代における政治，伝統，美的原理』而立書房：205-315）．
Lash, S. and Urry, J. (1994): *Economies of Signs and Space*, London: SAGE.
Macknnon, D., Cumbers, A. and Chapman, K. (2002): "Learning, innovation and regional

development: a critical appraisal of recent debates," *Progress in Human Geography*, 26: 293-311.

Markusen, A. (1996): "Sticky places in slippery space: a typology of industrial districts," *Economic Geography*, 72(3): 293-313.

Maskell, P. and Malmberg, A. (1999): "Localised learning and industrial competitiveness," *Cambridge Journal of Economics*, 23:167-185.

McGray, D. (2002): "Japan's gross national cool," Foreign Policy, (130):44-54. マッグレイ・ダグラス (2003):〈ナショナル・クールという新たな国力〉世界を闊歩する日本のカッコよさ,『中央公論』188(5): 130-140.

Molotch, H. (1996): "LA as design product: how art works in a regional economy," in Scott, A. J. and Soja, E. W. eds. *The City: Los Angeles and Urban Theory at the End of the Twentieth Century*, Berkeley and Los Angeles: University of California Press: 225-275.

Mossig, I. (2004): "The networks producing television programmes in the Cologne media cluster: new firm foundation, flexible specialization and efficient decision-making structures," *European Planning Studies*, 12: 155-171.

Moulaert, F. and Sekia, F. (2003): "Territorial innovation models: a critical survey," *Regional Studies*, 37: 289-302.

Nonaka,I. and Takeuchi,H. (1995): *The knowledge-Creating Company: How Japanese Companies Create the Dynamics of Innovation*, New York: Oxford University Press. 野中郁次郎・竹内弘高著, 梅本勝博訳 (1996):『知識創造企業』東洋経済新報社.

Norcliffe,G. and Rendance,O. (2003): "New geographies of comic book production in north America: the new artisan, distancing, and the periodic social economy," *Economic Geography*, 79: 241-263.

Nye, J. S. Jr. (1990): "Soft Power," *Foreign Policy*, 80 (Aut.): 153-171.

Nye, J. S. Jr. (2004): *Soft power : the means to success in world politics*, New York: Public Affairs. ナイ, J. S. 著, 山岡洋一訳 (2004):『ソフト・パワー――21世紀国際政治を制する見えざる力』日本経済新聞社.

Park, S. O. (1996): "Networks and embeddedness in the dynamic types of new industrial districts," *Progress in Human Geography*, 20(4): 476-493.

Piore, M. J. and Sable, C. F. (1984): *The Second Industrial Divide: Possibilities for Prosperity*, New York: Basic Books. ピオリ, M. J.・セーブル, C. F. 著, 山之内靖・永易浩一・石田あつみ訳 (1993):『第二の産業分水嶺』筑摩書房.

Polanyi, M., (1966): The Tacit Dimension, Garden City: Doubleday. ポランニー, M. 著, 高橋勇夫訳 (2003):『暗黙知の次元』筑摩書房.

Power, D. (2002): "'Cultural industries' in Sweden: An assessment of their place in the Swedish economy," *Economic Geography*, 78: 103-127.

Power, D. (2003): "The Nordic 'cultural industries': A cross-national assessment of the

place of the cultural industries in Denmark, Finland, Norway and Sweden," *Geografiska Annaler*, 85B: 167-180.
Power, D. and Hallencreutz, D. (2004): "Profiting from creativity? The music industry in Stockholm. Sweden and Kingston, Jamaica," In Power, D. and Scott,A. J. eds. *Cultural Industries and the Production of Culture*, NewYork: Routledge: 224-242.
Power, D. and Scott, A. J. (2004): "A prelude to cultural industries and the production of culture," In Power, D. and Scott, A. J. eds. *Cultural Industries and the Production of Culture*, NewYork: Routledge: 3-15.
Pratt, A. C. (1997): "The cultural industries production system: A case study of employment change in Britain, 1984-91," *Environment and Planning A*, 29: 1953-1974.
Pratt, A. C. (2004): "Mapping the cultural industries: regionalization; the example of South East England," In Power,D. and Scott,A.J. eds. *Cultural Industries and the Production of Culture*, NewYork: Routledge: 19-36.
Sadler, D. (1997): "The global music business as an information industry: Reinterpreting econom¬ics of culture," *Environment and Planning A*, 29: 1916-1936.
Santagata, W. (2004): "Creativity, fashion and market behavior," In Power,D. and Scott,A. J. eds. *Cultural Industries and the Production of Culture*, NewYork: Routledge: 75-90.
Schumpeter, J. A. (1934): *The Theory of Economic Development: An Inquiry into Profits, Capital, Credit, Interest, and the Business Cycle*, Cambridge: Harvard University Press. シュンペーター, J. A. 著, 塩野谷祐一・中山伊知郎・東畑精一訳 (1977):『経済発展の理論: 企業者利潤・資本・信用・利子および景気の回転に関する一研究』岩波書店.
Scott, A. J. (1984): "Territorial reproduction and transformation in a local labor market: the animated film workers of Los Angels," *Environment and Planning D: Society and Space*, 2: 277-302.
Scott, A. J. (1988): *Metropolis: from the division of labor to urban form*, Berkeley: University of California Press. スコット, A. J. 著, 水岡不二雄監訳 (1996):『メトロポリス』古今書院.
Scott, A. J. (1997): "The cultural economy of cities," *International Journal of Urban and Regional Research*, 32: 323-339.
Scott, A. J. (1998): "From Silicon Valley to Hollywood: Growth and development of the multimedia industry in California," In Braczyk, H. J., Cooke, P. and Heidenreich, M. eds. *Regional innovation systems: the role of governances in a globalized world*, London: UCL Press: 136-162.
Scott, A. J. (1999a): "The US recorded music industry: On the relations between organization, location, and creativity in the cultural economy," *Environment and Planning A*, 31: 1965-1984.
Scott, A. J. (1999b): "The cultural economy: geography and the creative field," *Media,

Culture and Society, 21: 807-817.
Scott, A. J. (2000): *Cultural Economy of Cities*, London: SAGE.
Scott, A. J. (2002): "A new map of Hollywood: The production and distribution of American motion pictures," *Regional Studies*, 36: 957-975.
Scott, A. J. (2004): "Cultural-products industries and urban economic development: Prospects for growth and market contestation in global context," *Urban Affairs Review*, 39: 461-490.
Scott, A. J. (2005): *On Hollywood: The Place*, The Industry, Princeton and Oxford: Princeton University Press.
Scott, A. J. (2006): *Geography and Economy: Three Lectures*, Oxford: Clarendon Press.
Shapiro, D., Abercrobie, N., Lash, S. et al. (1992): "Flexible specialisation in the culture industries," In Ernste, H. and Verna, M. eds. *Regional Development and Contemporary Industrial Response: Extending Flexible Specialisation*, London: Belhaven Press: 179-194.
Sheff, D. (1993): *Game over: How Nintendo zapped an American industry, captured your dollars, and enslaved your children*, New York: Randam House. シェフ, D. 著, 篠原慎訳 (1993):『ゲーム・オーバー――任天堂帝国を築いた男たち』角川書店.
Storper, M. (1989): "The transition to flexible specialization in the US film industry: External economies, the division of labour, and the crossing of industrial divides," *Cambridge Journal of Economics*, 13: 273-305.
Storper, M. (1997): *The Regional World: Territorial Development in a Global Economy*, New York: The Guilford Press.
Storper, M. and Christopherson, S. (1987): "Flexible specialization and regional industrial agglomerations: The case of the U.S. motion picture industry," *AAAG*, 77: 104-117.
Storper, M. and Venables, A. J. (2004): "Buzz: face-to-face contact and the urban economy," *Journal of Economic Geography*, 4(4):351-370.
Sunley, P., Pinch, S, Reimer, S. and Macrmillen, J. (2008): "Innovation in a creative production system: the case of design," *Journal of Economic Geography*, 8: 675-698.
Sydow, J. and Staber, U. (2002): "The institutional embeddedness of project networks: the case of content production in German television," *Regional Studies*, 36: 215-227.
Throsby, D. (2001): *Economics and Culture*, Cambridge: Cambridge University Press. スロスビー, D. 著, 中谷武雄・後藤和子監訳 (2002):『文化経済学入門――創造性の探求から都市再生まで――』日本経済新聞社.
Throsby, D. (2010): *The Economics of Cultural Policy*, Cambridge: Cambridge University Press. スロスビー, D. 著, 後藤和子・阪本崇監訳 (2014):『文化政策の経済学』ミネルヴァ書房.
Towse. R. (2011): "Creative industries," In Towse. R. ed. *A Handbook of Cultural Economics, Second Edition*, Cheltenham: Edward Elgar: 125-131.
Tschang, F. T. (2007): "Balancing the tensions between rationalization and creativity in

the videogames industry," *Organization Science* 18(6): 989-1005.
Vogel, H. L. (2011): Entertainment Industry Economics: A Guide for Financial Analysis, Eighth edition: Cambridge University Press. ヴォーゲル，H. L. 著，助川たかね訳 (2013):『ハロルド・ヴォーゲルのエンタテインメント・ビジネス―その産業構造と経済・金融・マーケティング』慶應義塾大学出版社.

あとがき

　本書は、2006年度に東京大学大学院総合文化研究科に提出した博士論文を基にして、その後の調査結果などを加えて、1冊の本としてまとめたものである。

　本書を上梓するに当たっては、まずなによりも、調査などにご協力を頂いた、コンテンツ産業の実務家の方々へ、多大なるご協力への深い感謝と、そしてこのような形でのご報告が非常に遅れてしまったことへの心よりのお詫びを申し上げたい。匿名を条件にお話を伺えた方も多いため、企業名や個人名を挙げての御礼は申し上げられないが、二百数十社・団体、三百名以上の方々のご協力がなければ、本書の執筆は不可能であった。コンテンツ実務の現場は日夜大変にお忙しいにもかかわらず、貴重なお時間を割いて惜しげもなく貴重な知見を教えて頂き、さらには掛け替えのない資料のご提供も賜ったにもかかわらず、筆者の怠慢や能力不足などから、博士論文の執筆からも10年近い歳月が経過してしまった。そのため、既に引退なされた、あるいは亡くなられた方もいらっしゃるため、頂いたご厚意への感謝として、少しでもお仕事に役立つ形での成果物のお返しが適わなかったことに痛切な責任を感じる。

　変化の激しい産業を取り上げているため、現状報告的要素は乏しく、最早完全に過去の歴史でしかなくなった情報も本書には多々あるといわざるをえない。そのため基本的な本書の性格も、歴史から得られる教訓を取り上げている、というべきものとなっている。

　ただ、これぞまさに実務家ではない研究者の発想なのであろうが、ある事象について何があったのか、なぜそうなったのかを整理して後世に残すことで得られる普遍的な知見には、社会的意義があるように思う。本書で主張した、不確実性が高い産業におけるイノベーションを継続して起こすための、主体による不断の挑戦を可能にするための地域の社会的条件は、達成するための方策こそ時代や場所の違いによって様相を異にするが、容易に変貌するものではない。

それゆえ、本書の知見が、今も現場で働かれている方に対しての幾ばくかの刺激となったり、現場以外の立場からコンテンツ産業を理解しようとする方にとっての資料となったりという形で、少しでも社会的貢献を果たせるのであれば、筆者にとっては望外の喜びである。

 本書の研究には、平成15年度福武学術文化振興財団「新興文化産業の地理的集積と地域政策の新展開」（研究代表者：松原宏）、平成15年度放送文化基金「テレビ番組制作業の企業経営―番組制作外注と著作権管理」（研究代表者：半澤誠司）、平成24年度科学研究費補助金「コンテンツ産業の技術変容と地方分散」若手研究（B）研究課題番号：24720381（研究代表者：半澤誠司）を使用した。

 博士学位論文執筆時に籍を置いていた東京大学大学院総合文化研究科人文地理学教室では、筆者が学部生の時から、松原宏先生には常に熱心かつ的確なご指導を賜るとともに、寛容に見守っても頂いた。また、谷内達先生、荒井良雄先生、永田淳嗣先生、田原裕子先生、新井祥穂先生にもご指導を賜った。馬場靖憲先生にはご多忙にもかかわらず、博士論文の外部審査委員をお引き受け頂いた。

 その当時から、所属組織や専門の枠を超えて多様な研究者や実務家の方々に、様々な便宜を図って頂いたり、教えを賜り触発を受けたりすることで、筆者の能力が許す限り、本書の議論が深まるとともに、細部への目配りも可能になった。さらに、研究上に留まらず様々な相談に応じて頂いた友人や諸学兄姉まで含めると、とても紙幅に収まりきらないため、忍びないが特にお世話になった極一部の方のお名前だけを記す。生稲史彦先生、香川雄一先生、加藤幸治先生、河島伸子先生、河野祥充氏、後藤和子先生、近藤章夫先生、さかはらあつし氏、佐藤英人先生、新清士氏、新宅純二郎先生、立見淳哉先生、田中辰雄先生、長尾謙吉先生、中澤高志先生、故野島美保先生、原真志先生、増淵敏之先生、武者忠彦先生、水野真彦先生、柳川範之先生、山本大策先生、鷲谷正史先生、和田剛明先生（五十音順）。

 出版に当たっては、株式会社勁草書房と編集部の渡邊光氏にも、筆者の遅筆によって大変なご迷惑をおかけしたが、適切なご編集を頂くことで、本書の完成をみた。また、同社をご紹介頂いた明治学院大学の稲葉振一郎先生にもご心配をおかけしてしまった。にもかかわらず、同社の暖かいご理解と2015年度明

治学院大学学術振興基金からの助成によって、本書が出版可能になった。

　以上、様々な方から頂いた学恩について、改めて篤く謝意を表したい。

　最後になりますが、筆者が研究者の道へ進むことを快く了承し、常に研究活動を理解し支えてもらった母、半澤芳子に深い感謝を捧げます。

2016年1月

　　　　　　　　　　　　　　　　　　　　　　　　　　　　　　著者

初出一覧

　本書の各章は，以下の既発表論文を基に大幅な加筆修正を施したものであり，1～2章，4～5章，7章，9章については，2006年度に東京大学大学院総合文化研究科に提出した博士論文の主要部を構成した．

1章　書き下ろし

2章　半澤誠司（2010）：文化産業の創造性を昂進する集積利益に関する一考察，『人文地理』62(4)：20-39.

3章　半澤誠司（2014）：日本のコンテンツ産業の特徴と立地，『地理・地図資料』2014年度1学期号：3-6.

4章　書き下ろし

5章　半澤誠司（2001）：東京におけるアニメーション産業集積の構造と変容，『経済地理学年報』47：56-70.

6章　半澤誠司（2013）：アニメーション産業における分業体制の変容，『文化経済学』10(1)：20-33.

7章　半澤誠司（2005）：家庭用ビデオゲーム産業の分業形態と地理的特性，『地理学評論』78：607-633.

8章　和田剛明・一小路武安・半澤誠司・生稲史彦・張永祺（2012）：福岡のゲーム産業における産業集積とイノベーションの可能性に関する調査報告書，『MMRC DISCUSSION PAPER SERIES』379：pp.1-45, https://www.google.co.jp/url?sa=t&rct=j&q=&esrc=s&source=web&cd=1&cad=rja&uact=8&ved=0CB0QFjAAahUKEwi7k6T22vvIAhVC4qYKHVrZC_k&url=http%3A%2F%2Fmerc.e.u-tokyo.ac.jp%2Fmmrc%2Fdp%2Fpdf%2FMMRC379_2012.pdf&usg=AFQjCNEI7LtwceLzXQ6utRDHdZTTdcanvw. （2015年8月30日閲覧）

9章　書き下ろし

人名索引

* あ 行
浅野耕一郎 | 159-60, 183
生稲史彦 | 12, 156, 181, 184, 188, 199
池上惇 | 13-4, 17, 35,
池田信夫 | 49-50, 65, 91
石黒昇 | 121
石光勝 | 56, 60, 65, 85
一小路武安 | 124
市村元 | 51
伊藤裕顕 | 51, 55-6, 64-5, 87, 91
稲田植輝 | 50, 58, 91
井山利秋 | 95, 104, 121
伊豫田康弘 | 51
岩本純 | 183
碓井広義 | 50-1, 87, 91
内山隆 | 123
浦谷年良 | 61-2, 65
大澤信亮 | 124
大下英治 | 152
大塚英志 | 124
大渡理恵 | 187, 192
小田桐誠 | 91, 93

* か 行
各務洋子 | 15
笠原唯央 | 74
片岡俊夫 | 48, 90, 103
片岡義朗 | 101
金田信一郎 | 65, 85, 87, 155
神村幸子 | 105, 119-20, 127, 147-8
河島伸子 | 6, 12, 14
河本久廣 | 67
清成忠男 | 17
金田一技彦 | 155
窪田順生 | 60, 92
隅部紀生 | 56
隈元信一 | 60
桑嶋健一 | 182
古賀太 | 57

後藤晃 | 19
後藤和子 | 32, 36
小長谷一之 | 16-7
小橋麗香 | 152, 189
小山友介 | 12, 159
紺野登 | 21, 25

* さ 行
佐々木雅幸 | 8, 17, 93, 215
佐藤郁哉 | 14, 31, 35
佐藤輝彦 | 60
さやわか | 199
指南役 | 56, 60, 85
渋谷真人 | 151
島野功緒 | 59
新清士 | 183-4
新宅純二郎 | 152, 184
鈴木健二 | 55-6, 91
数土直志 | 99
砂川和範 | 152, 154, 184
純丘曜彰 | 61
角谷優 | 59
外枦保大介 | 198

* た 行
高橋克三 | 67, 153, 160
高橋光輝 | 119, 149
滝山晋 | 15
武石彰 | 19
多田信 | 95, 101, 103, 147
橘寛基 | 181
立元幸治 | 85, 87
立本博文 | 188
田中角栄 | 50
田中辰雄 | 4, 152, 184
田中秀幸 | 11-2, 15
津堅信之 | 97, 102
出口弘 | 4, 12
手塚治虫 | 98
徳岡正肇 | 204
富沢木実 | 16-7, 95
友澤和夫 | 20-2

人名索引

＊な 行
中川勇樹 | 60, 82
中村清 | 15
中村彰典 | 4
永山貞則 | 16
西正 | 50-1, 59, 62
野中郁次郎 | 21, 24-5

＊は 行
馬場靖憲 | 151
浜野保樹 | 13, 15, 47, 75
林紘一郎 | 11
葉山宏孝 | 77, 82
半澤誠司 | 16, 95, 119, 123-5
氷川竜介 | 100, 104, 149
久美薫 | 119, 149
平林久和 | 183
福川信也 | 95
福富忠和 | 5
藤川佳則 | 157
藤田直樹 | 154
藤津亮太 | 100
藤原正仁 | 184
藤原正弘 | 13
藤本隆宏 | 14
古川智史 | 16

＊ま 行
牧村康正 | 146
増田弘道 | 46, 99, 102, 124, 134, 147
増淵敏之 | 12, 16, 42
松井剛 | 7
松田芳郎 | 16
松原宏 | 8, 32, 212
水野真彦 | 20-2, 35
水鳥川和夫 | 151-2
湊和久 | 189
宮町良広 | 22
三好寛 | 97
モール，ミドリ | 15, 48
森川洋 | 22

＊や 行
矢田真里 | 154, 159, 183
柳川範之 | 152, 159
山口且訓 | 96, 119
山口康男 | 96, 102, 117, 121, 123, 126, 129
ヤマサキオサム | 135
山田哲久 | 146
山本健兒 | 21-2, 35
山本健太 | 95, 118
勇上和史 | 123
湯川抗 | 16-7
吉井博明 | 183
吉田孟史 | 20, 26
米倉誠一郎 | 181

＊わ 行
脇浜紀子 | 56, 64
鷲谷正史 | 106, 120, 148
和田剛明 | 181, 187, 195, 203
渡辺泰 | 96, 119

＊ A-Z
Aage, T. | 36
Abernathy, W. | 19
Adorno, T. W. | 3
Aksoy, A. | 15, 35
Aoyama, Y. | 20
Arai, Y. | 16
Asheim, B. | 24, 35
Banks, M. | 179
Barnatt, C. | 15
Bassett, K. | 48
Bathelt, H. | 16, 24, 48
Beck, U. | 22
Belussi, F. | 36
Blair, H. | 48
Boggs, J. S. | 16, 48
Brown, A. | 16
Camagni, R. | 22
Caves, R. E. | 15
Christensen, C. M. | 27
Christopherson, S. | 15
Clark, K. B. | 19
Coenen, L. | 24
Coe, N. M. | 15-6, 187
Cohendet | 19, 28, 152

Cohen, S. | 152
Connell, J. | 16
Cook, P. | 22
Cornford, J. | 15-6, 35
Eberts, D. | 95
Florida, R. | 6
García, M. I. | 16
Gasher, M. | 187
Gertler, M. S. | 21
Gibson, C. | 11, 16
Giddens, A. | 22
Grabher, G. | 23
Gräf, A. | 48
Hallencreutz, D. | 16
Hesmondhalgh, D. | 3
Hirsch, P. M. | 14
Horkheimer, M. | 3
Johanson, F. | 27
Johns, J. | 15, 16, 152
Kloosterman, R. | 11
Kong, L. | 11, 179
Krätke, S. | 48
Landry, C. | 17
Lash, S. | 13, 23
Macknnon, D. | 22
Malmberg, A. | 22
Markusen, A. | 188, 202
Maskell, P. | 22
McGray, D. | 7
Molotoch, H. | 17
Morgan, K. | 22
Mossig, I. | 15-6
Moulaert, F. | 22

Nonaka, I. | 21, 25, 28-30, 34-6
Norcliffe, G. | 16, 95
Nye, J. S. Jr. | 7
Park, S. O. | 188
Piore, M. J. | 15, 35, 124
Polanyi, M. | 36
Power, D. | 3, 15, 16
Pratt, A. C. | 3
Rainnie, A. | 48
Rendance, O. | 16
Robins, K. | 15-6, 35, 124
Sable, C.F. | 15, 35,
Sadler, D. | 13
Santagata, W. | 18
Schumpeter, J. A. | 18
Scott, A. J. | 3, 15
Sekia, F. | 22
Shapiro, D. | 15
Sheff, D. | 152
Simon, L. | 19, 28, 152
Staber, U. | 48
Starkey, K. | 15
Storper, M. | 15, 24
Sunley, P. | 36
Sydow, J. | 48
Takeuchi, H. | 21
Throsby, D. | 5, 11, 13, 18
Towse. R. | 11
Tschang, F. T. | 19
Urry, J. | 13-7, 21, 23, 29, 48
Venables, A. J. | 24
Vogel, H. L. | 15

事項索引

＊ア　行
愛知県｜39, 52, 79, 163
アタリショック｜153
アナログ制作｜104, 107-8, 120, 126-8, 139, 142, 144
アナログ放送｜56
アニメ
　アニメ（アニメーション）産業｜1, 9-10, 33, 41, 45-7, 90, 92, 95-8, 101, 114-152, 166, 182, 188, 203、206-10, 212
　アニメーション制作業｜38, 66
　アニメバブル｜99, 128-30, 132, 136-8, 140-1
アニメ会社｜10, 46, 59, 101-4, 107, 121, 125-6, 129-30, 133, 206
アニメーター｜107, 114, 121, 123, 134-5, 137-9, 144, 147
アフレコ｜105-7, 127
暗黙知｜17, 19, 21-2, 24-6, 28, 35-6
一部取引｜170, 178, 185, 190
　一部外注｜10, 168-70, 172, 175, 179, 185
　一部請負｜169-73, 175-7, 185
一県四局政策｜50
1社提供番組｜87
イノベーション｜1
　技術的イノベーション｜20-2
　創造的イノベーション｜27, 31, 84, 207
　ソフト・イノベーション｜20, 26
　ハード・イノベーション｜20
違法ダウンロード｜100
色指定｜105-7, 127-8
インターネット｜4, 8, 14, 43-4, 54-5, 96, 110, 127, 138, 145, 169
インドネシア｜110, 112-3, 117
請負｜168, 170-2, 175-6, 185
映画・ビデオ制作業｜38, 43
映画・ビデオ・テレビジョン番組配給業｜38, 43
衛星放送｜8, 14, 49, 55
絵コンテ｜104-7, 126-8, 137

＊カ　行
演出｜86, 114, 120, 136, 138, 148
エンジン｜188-90, 199
大阪市｜38-9
大阪府｜39, 52, 58, 61, 78-9, 163
音楽配信｜43

＊カ　行
外注
　海外企業への外注｜124, 128-31, 136-8
外部経済｜177
学習｜9, 13, 17-26, 28, 30, 32, 194-5, 197-9
寡占｜9-10, 13, 15, 35, 47, 56, 65-6, 82, 85-6, 89, 103, 209-12
カット｜106, 120
ゲーム
　オンラインゲーム｜43-6, 183, 208, 213
　ゲーム（家庭用ビデオゲーム）産業｜1, 9-10, 33, 41, 46-7, 92, 147, 151-204
　ゲームソフトウェア業｜38
　PCゲーム｜12, 164, 173-5, 199
　ゲーム会社｜29, 46, 111-2, 147, 152-3, 156-9, 161-176, 178, 181-4, 190-2, 195-7, 199, 201
下流工程｜96, 106, 108, 111, 113, 115, 117-8, 120, 183
関係性資産｜95
韓国｜110, 117, 121, 125, 130, 137
完パケ｜64, 69, 81-2
ガンバリオン｜192, 195-6
キー局｜49-51, 53, 55-6, 58, 60-2, 66, 81-2, 84-7, 91, 103, 114, 116, 142
クール・ブリタニア政策｜3-4, 6-7
クラスター｜24
グラフィック｜161-2, 164, 169, 171-3
グローバルパイプライン｜24
グロス請け｜105, 120, 125, 135, 140-2
経済的価値｜13-4, 18-9, 31, 36
形式知｜21, 25-6, 28, 35｜
ゲートキーパー｜31｜
ゲーム以外事業｜173, 177｜
原画｜105-9, 111, 117, 120, 125, 127, 129-30, 132, 136-9, 143-4, 147-9, 164
　原画工程｜127, 129, 138
　原画マン｜106-7, 127, 129-30, 132, 137-8, 143-4,

事項索引　　247

148-9
現像｜105, 107、109, 111, 116, 142
公開・小売｜34, 66, 89, 146, 156, 181, 183
広告代理店｜43, 50-1, 59, 61-3, 66, 71, 103, 119
広告費｜54-6, 60
工程分業｜34, 95-121, 159, 168, 178, 180
効率性｜9, 19, 27-33, 88, 90
ゴールデンタイム｜85, 104
固有価値｜13
コンテンツの創造、保護及び活用の促進に関する法律（コンテンツ振興法）｜4-5

＊サ　行
再帰性｜22-3, 25-6, 30
彩色｜105-7, 117, 120, 127-8, 131, 148
サイバーコネクトツー｜192-6, 200, 203-4
作画
　作画会社｜107, 136, 138-40
　作画工程｜107, 136, 140, 144
撮影
　撮影工程｜138, 141, 148
　撮影会社｜107, 136
札幌市｜38-9
仕上げ
　仕上げ会社｜107, 113, 131, 136, 140
　仕上げ工程｜128, 131-5, 138, 141, 144
システムソフト・アルファー｜196-7, 203
持続性｜2
下請｜16, 59, 61, 90, 92-3, 101, 105, 108, 112-3, 116-9, 124, 133, 140-2, 172, 177-8, 180, 183
視聴率｜51, 65, 81, 85-7, 91, 93, 104, 146, 149
集積利益｜2, 9-11, 16-7, 30-3, 35, 84-5, 88-90, 95, 151, 164, 167-8, 173, 175-9, 187, 190, 192, 195, 197
柔軟性｜10, 13, 29-30, 116, 175, 196
柔軟な専門化｜1517-8, 20, 30, 35, 83-4, 88, 124, 179
受注先｜72-3, 109, 111-3, 121
出版社｜103, 105, 111-2
小規模県｜52-3, 56-7, 61-3, 70-3, 76-93
冗長性｜9, 11, 27-8, 30-1, 33-4, 46, 212-3
冗長性への耐性｜9, 11, 28, 30-3, 118, 202-3, 207-11
情報（の）交換｜24, 30, 114-5, 118, 142, 169,

171, 177-80, 188, 198-9
情報財｜4-5, 33
上流工程｜96, 104, 111, 113, 115-6, 120, 183
新結合｜18
人材育成｜80, 99, 105, 119-20, 123-4, 127, 130, 145, 148, 193, 195
新世紀エヴァンゲリオン｜103
新卒｜76-9, 83, 89, 164, 166-8, 176, 185
人的紐帯｜179
垂直統合｜9, 17, 47
垂直分業｜13, 17, 98, 114-5, 135, 142-3
スキャニング｜120, 128
スーパーファミコン（SFC）｜153-4, 183
スポット収入｜51, 87, 91
スポンサー｜104
3D｜105, 119, 123-4, 126-7, 142, 147, 154, 161, 165
製作委員会｜99, 103-4, 116, 119, 146
制作進行｜128, 139-40, 144-5, 147
制作費｜51-2, 59-65, 81-2, 84-5, 88-9, 93, 98, 101-4, 119, 141, 143, 145-6, 159, 179
生産部門｜9-11, 13-7, 30-5, 41, 47-8, 85, 89, 95, 101, 103, 147, 149, 151, 181-2, 203
正当性検証費用｜27
製品化・発売｜34, 66, 89, 146, 157, 178, 180
西武池袋線｜42, 97, 108, 110
西武新宿線｜108, 110
セル｜107, 115
　セルアニメ｜98, 104, 108, 126
　セル画｜108, 117
創造産業｜2-5, 11
創造・制作｜33-4, 66, 89, 157, 178, 180
創造性と効率性のトレードオフ｜19, 27
創造的緩み｜29
創造都市論｜17, 215
ソニー・コンピュータエンタテインメント｜153
ソフト・パワー｜7

＊タ　行
大規模県｜52-3, 57, 63, 70-83, 86, 93
タイム収入｜50-1, 87
脱工業化｜6-7
多品種少量生産｜15

地域労働市場│10, 17, 75-9, 89, 121, 152, 177, 179, 187-8, 202
知識
　知識・サービス経済化│6-7
　知識創造│18, 21, 24-6, 28-30, 34
　知識の学習│22
地上波│49, 54-6, 73-4, 85, 91, 100
　地上波デジタル化│55-6, 60
知的財産│3-6, 8, 11, 147
中央線沿線│42, 108
中国│6, 117, 130, 180
中途
　中途採用│76, 79, 164, 166, 168, 179, 185
　中途労働市場│79, 83, 166
著作権│6, 60, 63-4, 85, 89, 92, 98, 101-3, 106, 119, 146
地理学│8, 11, 17-8, 20, 27, 32, 35-6, 118
　経済地理学│1, 3, 5-8, 11, 20, 198
2D│105, 123-4, 127, 147
低賃金│76, 113, 129, 143, 149, 182
デヴェロッパー│157-9, 163-4, 166-8, 171-2, 174-7, 184-5, 188, 196, 203
適応能力│28
デジタル化│8, 55, 59, 63, 98, 104, 113, 115-6, 118, 123-49
デファクトスタンダード│153, 182
テレビ
　テレビ局│10, 47-50, 52-3, 55-75, 78-93, 96, 98, 101, 103-5, 114, 116, 120, 146, 149, 151, 182
　テレビシリーズ│98, 101, 104, 106, 108, 114-7, 120-1, 135, 140, 142-3, 147-9
　テレビ番組制作会社→番組制作会社
　テレビ番組制作業→番組制作業
　テレビ放送業
東映動画│97-8, 116, 119, 121, 126
動画
　動画工程│127-35, 143, 148
　動画マン│106-7, 129, 132, 134-5, 138, 144, 148
東京都│38-43, 49-50, 52-3, 57-8, 61-2, 66-86, 88, 91-3, 95, 97, 108-10, 116, 151-2, 162, 202-3, 206
東京都区部│38-9, 41-3, 162-4, 166, 175, 177, 179, 185, 188, 190-1, 195-203
特殊効果│105-7, 120, 127-8
取引関係│17, 72, 74, 83-5, 88, 95-6, 109-13, 116-7, 120, 124-5, 132-4, 143, 145, 152, 158, 164, 168, 171-3, 175, 178-9, 188
取引先│72-3, 75, 77, 89, 109, 111, 115, 143, 145, 167, 170, 176, 185
トレス│105, 107, 120, 126-7

＊ナ　行
内製│98, 108, 111, 114, , 118, 133, 135-48, 157-8, 163, 165-9, 171-2, 174-7, 180, 183-5, 199
内部経済│177
名古屋市│38-9
二次利用権│64, 92
日本アニメーター・演出協会（JAnicA）│107, 123, 129-30, 147-50
任天堂│153-4, 156, 186
ネットワーク
　ネットワーク配分金│50-1
　ニュースネットワーク│49-50

＊ハ　行
ハード・パワー│7
背景
　背景会社│107, 113, 141-2, 148
　背景画│107-8
　背景工程│128, 142
発掘！あるある大事典Ⅱ│92
パブリッシャー
　外製型パブリッシャー│158, 163-4, 168, 174, 177, 184-5, 203
　内製型パブリッシャー│157-8, 163, 165-6, 168-9, 171-2, 174-7, 180, 183-5
ハリウッド│8, 11, 47-8, 187, 192, 195, 197
　ハリウッドメジャー│48
バンクーバー│47, 187, 202
番組制作会社│48, 52, 57-9, 72, 82, 85-6, 88, 90, 101, 103-4, 146, 151, 206
番組制作業│1, 9-10, 33, 38, 42, 45, 47-93, 96, 143, 145-6, 151-2, 177, 182, 203
非効率│27-30, 93
美的再帰性│23, 26, 30
歩合給│114

事項索引

ファミリーコンピュータ（FC）| 153-4, 189
フィリピン | 117
フィン・シンルール | 47
不確実性 | 1, 9-10, 15, 17, 30-1, 33, 88, 176-9, 203
福岡ゲーム産業振興機構 | 192, 203
福岡県 | 52, 79
福岡市 | 10, 38-9, 152, 180, 187-204
プライムタイム | 60-1
プラットフォームホルダー | 156-61, 178-84, 186, 193
フリーランサー | 68, 77-9, 81, 92-3, 98, 104, 108-9, 113-6, 118, 120, 133
プレイステーション（PS）| 153, 183
プレイステーション2（PS2）| 153, 159, 183, 189
文化
　文化産業 | 2-11, 13-36, 151, 206, 209, 211-2
　文化的価値 | 13-4, 18-20, 31, 36
　文化的財 | 13, 27
分業
　企業間分業 | 131-2, 135, 144, 171
　機能分業 | 34, 66, 89, 95, 156, 168, 178, 180
平成新局 | 50
ペガサスジャパン | 203
ベスト・プラクティス | 9, 23
放送行政 | 48-9, 89
放送局 | 42, 47-50, 52, 56, 60-4, 67, 88, 91-2, 137, 141
ポールトゥウィン | 194
ポストプロダクション | 67-8, 105, 127
北海道 | 52, 56, 91

* マ 行
マスメディア集中排除原則 | 49-50
窓口権 | 64
丸請け | 168-73, 185
丸投げ外注 | 168-70, 180, 185
丸投げ取引 | 170, 185
ミドルウェア | 188-90, 194
無形財 | 11
虫プロダクション | 98, 101, 116
無責任艦長タイラー | 103
元請 | 101, 103, 105, 108, 111-4, 114-9, 121, 125, 131-3, 136, 139-42, 210

* ラ 行
ラジオ番組制作業 | 38, 42
リーマンショック | 55, 60, 137
離職 | 76-8, 86, 143, 164-8, 175-6, 184, 207
流通・配信 | 34, 66, 89, 146, 157, 180, 210
流通部門 | 9-11, 13-7, 31-4, 41, 47-8, 66, 85, 88-90, 95-6, 101, 103, 146-7, 149, 151, 180-9, 203, 207, 209-13
レイアウト | 90, 105-7, 126-7
レコード制作業 | 38
レベルファイブ | 192-6, 200
ロイヤリティ | 103
労働市場 | 10, 15, 32, 75-9, 83, 89, 95, 121, 152, 164, 166, 168, 173, 175, 177, 179, 187-8, 202, 206, 211
ロックイン | 22, 198-9, 200-1

* A-Z
BS（Broadcasting Satellite）デジタル放送 | 56, 85
Buzz | 24, 35
CEDEC（Computer Entertainment Developers Conference）| 193, 203
cultural industries | 2-3
D・A・G | 194
DVD | 8, 92, 99-100, 104, 118, 134, 136, 207
ENG（Electronic News Gathering）| 59
FC →ファミリーコンピュータ
GDC（Game Developers Conference）| 193, 203
GFF（Game Factory's Friendship）| 187, 191-8, 200-3
GRP | 86-7, 91
GTMF | 194
NHK | 49, 54, 66, 82, 90, 100
Nintendo DS | 154
OJT | 139
SECIモデル | 25
SFC →スーパーファミコン
The Culture Industry | 2
Uターン | 79, 81, 83
Wii | 153-4, 186

著者略歴

半澤誠司（はんざわ・せいじ）
神奈川県生まれ。
現在 明治学院大学社会学部准教授。専門は経済地理学。

2007 年 東京大学大学院総合文化研究科博士課程修了。博士（学術）。
2007 年 大阪市立大学都市研究プラザ博士研究員。
2009 年 明治学院大学社会学部専任講師に。
2012 年 より現職。

主著：
（共編者）『地域分析ハンドブック—Excel による図表づくりの道具箱』（武者忠彦・近藤章夫・濱田博之と共編，ナカニシヤ出版，2015 年）。
（分担執筆）『シリーズ 21 世紀の地域② コンテンツと地域−映画・テレビ・アニメ』（原真志・山本健太・和田崇編，ナカニシヤ出版，2015 年），『変貌する日本のコンテンツ産業—創造性と多様性の模索』（河島伸子・生稲史彦編著，ミネルヴァ書房，2013 年），『現代の立地論』（松原宏編著，古今書院，2013 年）など。

コンテンツ産業とイノベーション
テレビ・アニメ・ゲーム産業の集積

2016年2月20日　第1版第1刷発行

著　者　半澤　誠司
発行者　井　村　寿　人

発行所　株式会社　勁　草　書　房

112-0005　東京都文京区水道2-1-1　振替　00150-2-175253
（編集）電話 03-3815-5277／FAX 03-3814-6968
（営業）電話 03-3814-6861／FAX 03-3814-6854
本文組版 プログレス・理想社・松岳社

©HANZAWA Seiji　2016

ISBN978-4-326-50418-3　　Printed in Japan

<(社)出版者著作権管理機構 委託出版物>
本書の無断複写は著作権法上での例外を除き禁じられています。
複写される場合は、そのつど事前に、(社)出版者著作権管理機構
（電話 03-3513-6969、FAX 03-3513-6979、e-mail: info@jcopy.or.jp)
の許諾を得てください。

＊落丁本・乱丁本はお取替いたします。

http://www.keisoshobo.co.jp

アンソニー・ギデンズ／門田健一訳
社　会　の　構　成　　　A5判　6,000円
　　　　　　　　　　　　　　　　60273-5

アマルティア・セン／若松・須賀・後藤監訳
合　理　性　と　自　由　上・下　A5判　4,600円
　　　　　　　　　　　　　　　　10239-6

中澤　歩
なぜ日本の公教育費は少ないのか　四六判　3,800円
　　──教育の公的役割を問いなおす　　　65388-1

ウィリアム・フィッシュ
知　覚　の　哲　学　入　門　　A5判　3,000円
　　　　　　　　　　　　　　　　10236-5

W・G・ライカン
言　語　哲　学　　　　　　　A5判　3,600円
　　──入門から中級まで　　　　　10159-7

勁草書房刊

＊表示価格は2016年2月現在。消費税は含まれておりません。